Jean Baptiste Perrin, Paul Girard

A progressive French reader

Thoroughly revised and arranged to be used as a French reader

Jean Baptiste Perrin, Paul Girard

A progressive French reader
Thoroughly revised and arranged to be used as a French reader

ISBN/EAN: 9783337102173

Printed in Europe, USA, Canada, Australia, Japan

Cover: Foto ©Andreas Hilbeck / pixelio.de

More available books at **www.hansebooks.com**

PAUL E. GIRARD'S FRENCH SERIES,

PUBLISHED BY

CLAXTON, REMSEN & HAFFELFINGER,

819 & 821 MARKET ST., PHILADELPHIA.

---

1. A COMPLETE TREATISE ON FRENCH PRONUNCIATION. A new and superior method of teaching and learning to read correctly in French. Adapted to adults or children. This treatise may be used with any French class book. 12mo. 34 pages. Paper cover
25 cents

---

2. A PROGRESSIVE FRENCH READER (PERRIN'S FABLES, with a selection of French Poetry from the best authors). This French Reader, to be used also as a Translator, a conversation book, and a book of composition, has a general and a particular index, to render the translation of the fables easier to the learner. It is followed by a vocabulary of over 2500 classified nouns and adjectives. 12mo. 156 pages, half arabesque $1.00

---

3. PAUL E. GIRARD'S FRENCH GRAMMAR, with exercises and conversational lessons. 12mo. 129 pages, half arabesque   90 cents

---

4. PAUL E. GIRARD'S FRENCH VERBS. The most complete and the clearest treatise on French verbs ever presented to the public. 12mo. 73 pages. Paper cover . . . . 50 cents

---

5. PAUL E. GIRARD'S COMPLETE FRENCH CLASS BOOK, being the whole series above mentioned, bound in one volume 12mo. 326 pages, half arabesque $1.75

Any of the above books may be had at the Author's Residence.

1   (1)

IN PREPARATION

1. A COMPLETE BOOK OF FRENCH AND ENGLISH IDIOMS, with sentences illustrating each idiomatical expression.

---

2. LES AVENTURES DE TÉLÉMAQUE, by Fénélon. A new edition, with a general and particular index, to render the translation easier to the learner, adapted to Paul E. Girard's French Grammar.

---

3. PAUL E. GIRARD'S FRENCH AND ENGLISH DICTIONARY, preceded by a complete treatise on French pronunciation. This dictionary is newly composed from the latest and best French and English Dictionaries, and contains a great number of words not found in other dictionaries.

PAUL E. GIRARD'S

PRACTICAL AND CONVERSATIONAL FRENCH LESSONS,

PRIVATE AND IN CLASSES,

ARE GIVEN AT HIS STUDY,

246 NORTH TENTH STREET,

PHILADELPHIA,

OR AT THE PUPIL'S RESIDENCE.

SCHOOLS AND COLLEGES ATTENDED TO.

A

PROGRESSIVE

FRENCH READER.

(Perrin's Fables.)

THOROUGHLY REVISED AND ARRANGED TO BE USED AS A

FRENCH READER, TRANSLATOR AND BOOK OF
COMPOSITION AND CONVERSATION.

WITH A GENERAL AND PARTICULAR

INDEX,

TO RENDER THE TRANSLATION EASIER TO THE LEARNER, FOLLOWED BY A
VOCABULARY OF OVER TWENTY-FIVE HUNDRED CLASSIFIED
NOUNS AND ADJECTIVES.

————————

BY

PAUL E. GIRARD,

FRENCH TEACHER AT THE FEMALE TEACHERS' INSTITUTE, PHILADELPHIA.

————————

PHILADELPHIA:
CLAXTON, REMSEN & HAFFELFINGER,
Nos. 819 & 821 MARKET STREET.
1871.

MEARS & DUSENBERY, STEREOTYPERS.   MOORE BROTHERS, PRINTERS.

DIRECTIONS

For using this French Reader, Translator, Conversation Book, and Book of Composition.

The General Index.—The words placed in the *General Index*, page 95, must be committed to memory before beginning to translate, as these words are not repeated in the *Particular Index*.

The Particular Index is intended to be used as a key for translating the French fables into a free English translation, and for the learning of the meaning of every word of each fable.

In the French text of the index the numbers prefixed to verbs indicate the conjugation or the class to which each belongs, so that with our method of conjugating verbs through their primitive tenses (see Grammar, page 41, and following), the learner is able to master each verb of his lesson.

French Reader.

The reading lessons must be studied as explained in the complete treatise on French Pronunciation, page 21, No. 67. The pupil must always refer to the rules given in that treatise.

The author recommends the following method to be used with classes as well as with private pupils by the instructor until the pupil reads well. Sentence by sentence the whole lesson is to be read, first, *by sounds*, secondly, *by syllables*, thirdly, *by words*, and then the whole sentence fluently several times if necessary.

For example. Let us read the title and the two first sentences of the first fable.

L'aigle et ses aiglons.

1. *Reading by Sounds.*—Ai—e—é (et)—è (es)—ai—on—(notice the exceptions, Nos. 52 to 68, in the treatise on French pronunciation).

2. *Reading by Syllables.*—L'ai—gle—é (et)—sè (ses)—ai—glons.

3. *Reading by Words.*—L'aigle—et—ses—aiglons.

4. L'aigle et ses aiglons.

Un aigle s'élevait avec ses aiglons jusqu'aux nues.

1. Un—ai—e—é—e—ai—a—ec—è (es)—ai—on—us—au—u.

2. Un—ai—gle—s'é—le—vait—a—vec—ses—ai—glons—jus—qu'aux—nues.

3. Un—aigle—s'élevait—avec—ses—aiglons—jusqu'aux—nues.

4. Un aigle s'élevait avec ses aiglons jusqu'aux nues.

Comme vous regardez fixement le soleil, dirent les petits, il ne vous éblouit pas.

1. O—e—ou—e—ar—é (ez)—i—e—en—e—o—eil—i—e (ent)—è (es)—e—i—il—e—ou—é—ou—i—a (as).

2. Co—mme—vous—re—gar—dez—fi—xe—ment—le—so—leil— di—rent—les—pe—tits—il—ne—vous—é—blou—it—pas.

3. Comme—vous—regardez—fixement—le—soleil—dirent—les— petits—ils—ne—vous—éblouit—pas.

4. Comme vous regardez fixement le soleil, dirent les petits, ils ne vous éblouit pas.

These two examples are more than sufficient to show the progression of this new method, which is systematic and not mechanical as the old one. It is adapted for very young children as well as for adults, for teaching private pupils or large classes. By this method the pupil knows when he is corrected, what the correction *is* and *means*. By this method learners do not need to refer to pronouncing dictionaries to obtain the correct pronunciation of a word, but on the contrary they will be able to detect how dictionaries are sometimes unreliable for pronunciation.

For using this book as a *translator, conversation book,* and *book of composition,* we refer the learner to the directions given for that purpose, under the title of "Theoretical and Practical Exercise," page 48 of the French Grammar.

PAUL E. GIRARD.

FABLES AMUSANTES.

I. L'Aigle et ses Aiglons.

Un aigle s'élevait avec ses aiglons jusqu'aux nues. Comme vous regardez fixement le soleil! dirent les petits; il ne vous éblouit pas. Mes fils, réplique le roi des oiseaux, mon père, mon aïeul, mon bisaïeul, et mes ancêtres l'ont regardé de même : suivez leur exemple et le mien, il ne pourra jamais vous faire baisser les paupières.

Il arrive ordinairement que les vertus et les bonnes qualités du père sont transmises à ses enfans; les leçons et le bon exemple achèvent ce que la nature a commencé.

II. Le Chien et son Ombre.

Un chien, tenant un morceau de viande dans la gueule, traversait une rivière : il vit son image dans l'eau, et crut d'abord que c'était un autre chien qui portait une autre proie : il approche, l'image s'éloigne. Je ne te poursuivrai pas, dit-il, ni ne quitterai ce que je tiens : mon instinct me dit que tu n'es que mon ombre.

Imitez la prudence du chien, et ne quittez jamais la substance pour l'ombre.

III. L'Âne et le Sanglier.

Un baudet eut l'impertinence de suivre un sanglier et de braire après lui pour l'insulter. L'animal courageux en fut d'abord irrité; mais tournant la tête, il vit d'où venait l'insulte : il continua tranquillement son chemin sans honorer le faquin d'une seule parole.

Le silence et le mépris sont la seule vengeance, qu'un galant homme devrait prendre d'un sot.

IV. L'Écrévisse et sa Fille.

Comme tu marches ! disait un jour une mère écrévisse à sa fille. ' Ne saurais-tu aller en avant ? Comme vous marchez vous-même, répondit la fille ; cela m'est naturel. Puis-je aller autrement que vous ne faites ? Je vous vois toujours aller à reculons, vous, mon père, mes frères, mes sœurs, et toute la famille.

Les leçons ne corrigent pas les défauts naturels.

V. Le Singe.

Quelle vie basse et ennuyeuse que celle que je mène dans les forêts avec des animaux stupides, moi qui suis l'image de l'homme ! s'écriait un singe, dégoûté de demeurer dans les bois. Il faut que j'aille vivre dans les villes, avec des gens qui me ressemblent, et qui sont civilisés : il y alla ; mais il s'en repentit bientôt ; il fut pris, enchaîné, moqué, et insulté.

Fréquentez vos semblables, et ne sortez pas de votre sphère.

VI. Le Renard et les Raisins.

Certain renard de Gascogne, quelques-uns disent de Normandie, mourant presque de faim, vit des raisins au haut d'une treille : il en eût fait volontiers un repas ; mais comme il n'y pouvait atteindre malgré tous ses efforts, Ils sont trop verts, dit-il en s'en allant : ils ne sont bons que pour des goujats.

Nous méprisons souvent une chose, parce qu'il n'est pas en notre pouvoir de l'obtenir.

VII. Les deux Pots.

Un pot de terre et un pot d'airain furent un jour enlevés par une grande inondation.   Frère, dit le dernier, n'ayez pas peur ; je ne vous ferai aucun mal.   Oh ! éloignez-vous de moi, je vous prie, répliqua le premier ; car s'il arrive que le courant vous jette contre moi, ou qu'il me jette contre vous, nos constitutions sont si différentes, que vous me briserez en mille morceaux.

La vraie amitié ne saurait subsister qu'entre des égaux.

VIII. La Brebis et le Buisson.

Une brebis, séparée du troupeau, fut surprise par un orage; pour se mettre à l'abri de la pluie, elle se fourra dans un buisson épineux : elle y resta jusqu'à ce que la pluie eût cessé : elle eut bien de la peine à se débarrasser des épines; elle y réussit cependant après bien des efforts, et sortit du buisson sans être mouillée; mais la pauvre bête perdit presque toute sa laine.

On entreprend un procès pour des bagatelles, et après bien du temps, de l'inquiétude, et du soin, on gagne la cause, et quelquefois en la gagnant on se ruine.

IX. Le Villageois et la Couleuvre.

Ésope raconte qu'un villageois trouva sous une haie une couleuvre presque morte de froid : touché de compassion, il la prend, l'emporte chez lui, et l'étend le long du feu. A peine l'animal engourdi sent-il la chaleur, qu'il lève la tête, se replie, et s'élance sur son bienfaiteur. Oh, oh! est-ce là ma récompense? dit le manant. Ingrate! tu mourras. A ces mots, il prend une bêche, et assomme la bête.

Il est bon d'être charitable; mais envers qui? Il faut savoir choisir; parce qu'on rend souvent service à des ingrats.

X. Le Chat et la Chauve-souris.

Un chat ayant été une fois pris dans un filet, promit à un rat qui l'en avait délivré, de ne jamais manger de souris : il arriva un jour, qu'il attrapa une chauve-souris dans une grange. Maître Grippeminaud fut embarrassé; mais il ne le fut pas long-temps. Je n'ose te manger comme souris, dit-il, mais je te croquerai comme oiseau : avec cette distinction consciencieuse il en fit un repas.

Les gens de mauvaise foi ne manquent pas de prétextes ni de raisons pour justifier leur injustice.

XI. Les deux Grenouilles.

Deux grenouilles ne pouvant plus rester dans leurs marais, desséchés par la chaleur de l'été, convinrent d'aller ensemble chercher de l'eau ailleurs; après avoir beaucoup voyagé, elles arrivèrent auprès d'un puits. Venez, commère, dit l'une à l'autre, descendons sans chercher plus loin. Vous parlez fort à votre aise, dit sa compagne, si l'eau venait à nous manquer ici, comment sortirions nous?

Il ne faut jamais entreprendre une action d'importance, sans en considérer les conséquences.

XII. LES DEUX COQS.

DEUX coqs se disputaient la souveraineté d'un fumier. Le combat fut cruel et sanglant, et se maintint long-temps avec un avantage égal de part et d'autre : enfin l'un se retire et va se cacher dans un trou : le conquérant grimpe sur le sommet d'une maison, se bat les côtés avec ses ailes, et chante hautement sa victoire. Un vautour qui planait dans l'air l'entend et le voit, fond soudainement sur lui, et l'emporte dans ses serres.

Cachez vos avantages, et ne vous élevez pas dans la prospérité.

XIII. LA COULEUVRE ET LE GARÇON.

UN garçon, cherchant des anguilles, mit par mégarde la main sur une couleuvre : voyant que cette méprise était un effet de la simplicité, et non de la malice du garçon, Prenez garde une autre fois, lui dit-elle ; car si vous vous mêlez de manier des couleuvres au lieu d'anguilles, vous vous repentirez de vos méprises : vous ne trouverez pas souvent une couleuvre assez juste et modérée pour vous les pardonner.

C'est sagesse aussi bien que justice de ne pas punir une méprise, comme une faute faite avec malice et délibération.

XIV. LE LOUP ET LE PORC-ÉPIC.

UN loup rencontra par hasard un porc-épic : Frère, dit-il, vous me surprenez d'être armé comme vous êtes : nous ne sommes pas en guerre ; c'est un temps de paix ! Croyez-moi, mettez vos soies de côté ; vous les reprendrez, quand vous le jugerez à propos. Ami, répliqua le porc-épic, je ne quitterai pas mes armes. Nous sommes dans un temps de paix, dites-vous : cela peut être ; mais ce n'est pas mon cas. Ne suis-je pas dans la compagnie d'un loup?

Il y a bien des ennemis déguisés dans le monde : l'homme prudent est toujours sur ses gardes.

XV. Le Soleil et la Vapeur.

Vers le soir d'un jour d'été, le soleil vit une vapeur épaisse
et malsaine qui se répandait sur les plus belles fleurs des jardins
et des prés.   Tu as fort bien choisi le temps de mon départ, dit
le soleil, pour répandre ton influence pestiférée, et pour ternir
les beautés de la nature : jouis pour quelques heures du triomphe de ta malignité ; je reviendrai demain matin réparer les
maux que tu auras faits, et mettre fin à ton existence.
Le soleil est l'emblême de la vérité qui dissipe tôt ou tard les
vapeurs de la médisance.

XVI. L'Âne et son Maître.

Un âne trouva par hasard une peau de lion, il s'en revêtit :
ainsi déguisé, il s'en alla dans les forêts, et répandit par tout la
terreur et la consternation : tous les animaux fuyaient devant
lui.   Enfin il rencontra son maître, il voulut l'épouvanter aussi :
mais le bon homme, apercevant quelque chose de long aux deux
côtés de la tête de l'animal, lui dit : Maître baudet, quoique vous
soyez vêtu comme un lion, vos oreilles vous trahissent, et montrent que vous n'êtes réellement qu'un âne.
Un sot a toujours un endroit qui le découvre et le rend ridicule—L'affectation est un juste sujet de satire et de mépris.

XVII. Le Pécheur et le petit Poisson.

Un pécheur tira d'une rivière un fort petit poisson.   Fort bien,
dit le bon homme, voilà un heureux commencement.   Miséricorde, s'écria le fretin, en s'agitant au bout de la ligne, que
voulez-vous faire de moi ?   Je ne suis pas plus gros qu'une
chevrette : il vous en faudrait plus de cent de ma taille pour
faire un plat ; et quel plat ?   Il ne suffirait pas pour votre
déjeuner.   Croyez-moi, rejetez-moi dans l'eau : il y a un grand
nombre de gros poissons qui feront mieux votre affaire.   Petit
ami, répliqua le pécheur, vous avez beau jaser ; vous serez frit
dès ce soir.
Ce que l'on a, vaut mieux que ce que l'on espère.

XVIII. Les Oreilles du Lièvre.

Un lion fut blessé par hasard par les cornes d'un taureau :
dans sa colère, il bannit de son royaume toutes les bêtes à cornes :
5 *

chèvres, béliers, daims, et cerfs décampèrent aussitôt. Un lièvre, voyant l'ombre de ses oreilles, fut alarmé, et se prépara à décamper aussi. Adieu, cousin! dit-il à un autre, il faut que je parte d'ici : je crains qu'on ne prenne mes oreilles pour des cornes. Me prenez-vous pour un imbécille? dit le cousin; ce sont des oreilles, sur mon honneur! On les fera passer pour des cornes, répliqua l'animal craintif; j'aurai beau dire et protester, on n'écoutera ni mes paroles ni mes protestations.

L'innocence n'est pas à l'abri de l'oppression.

___

XIX. L'Âne et le Loup.

Un loup, passant près d'une cabane, fut aperçu par un âne au travers d'un trou qui était dans la porte d'une étable : il se mit à braire de toutes ses forces et à insulter le loup : Écoute, mangeur de brebis et d'agneaux, fléau des troupeaux, animal cruel et sanguinaire, viens ici : je me moque de ta force et de ta cruauté. Faquin, dit le loup, si tu étais hors de ton étable, je te ferais tenir un langage plus poli, mais tu n'es qu'un âne et un poltron.

C'est le caractère d'un poltron d'être courageux, quand il est hors de danger, et d'insulter les autres, quand il est à l'abri de leurs ressentimens.

___

XX. Le Chasseur et son Chien.

Un chasseur accompagné d'un épagneul vit une bécassine, et dans le même instant une paire de perdrix : surpris de cet accident, il mira la bécassine et les perdrix, voulant les tirer toutes; mais il manqua l'une et les autres. Ah! mon bon maître! dit l'épagneul, vous ne devriez jamais viser à deux buts. Si vous n'aviez pas été ébloui et séduit par l'espérance trompeuse des perdrix, vous n'auriez peut-être pas manqué la bécassine.

On ne réussit pas souvent dans ses projets, quand on se propose deux fins; parce que les moyens qu'on prend, divisent trop l'attention.

___

XXI. Le Chêne et le Sycomore.

Un chêne était planté près d'un sycomore : le dernier poussa des feuilles dès le commencement du printemps, et méprisa l'insensibilité du premier. Voisin, dit le chêne, ne compte pas trop sur les caresses de chaque zéphyr inconstant. Le froid peut revenir. Pour moi, je ne suis pas pressé de pousser des feuilles :

j'attends que la chaleur soit constante. Il avait raison. Une gelée détruisit les beautés naissantes du sycomore. Eh bien! dit l'autre, n'avais-je pas raison de ne me pas presser si fort?

Ne comptez pas sur les caresses ni sur les protestations excessives : elles sont ordinairement de courte durée.

XXII. La jeune Taupe et sa Mère.

Ma mère, dit une jeune taupe en élargissant les narines, voici une étrange odeur, ce me semble.—N'entendez-vous pas le bruit des canons?—Regardez, regardez; ne voyez-vous pas une meute de chiens qui viennent à nous? Ma fille, répondit la mère, taisez-vous. Je ne sens, je n'entends, ni ne vois rien. Je croyais qu'il ne vous manquait qu'un sens, et je trouve qu'il vous en manque trois; car vous ne pouvez ni sentir, ni voir, ni entendre.

C'est le défaut des petits-maîtres de faire parade des connaissances, qu'ils n'ont pas : ils montrent par leur caquet ridicule et importun, qu'ils ne sont que des sots, et ne savent rien du tout.

XXIII. Le Lion, le Tigre, et le Renard.

Un tigre et un lion tout épuisés à force de se battre au sujet d'un jeune faon qu'ils avaient tué, furent obligés de se jeter à terre, ne pouvant continuer leur combat. Pendant qu'ils étaient dans cette situation, un renard vint et enleva leur proie, sans qu'aucun des deux combattans pût s'y opposer. Frère, dit le lion au tigre, voilà le fruit de notre sotte dispute : elle nous a mis hors d'état d'empêcher ce coquin de renard d'enlever notre proie : il nous a dupés l'un et l'autre.

Quand deux sots se disputent, ils sont ordinairement les dupes de leurs sottes querelles : un troisième en fait son profit.

XXIV. Le vieux Chat et la jeune Souris.

Une jeune souris sans expérience se hasarda de sortir de son trou : elle fut prise par un vieux chat. Laissez-moi vivre, dit-elle, une souris de ma taille n'est pas à charge dans cette maison; un seul grain suffit pour ma nourriture : une noix me rend toute dodue; à présent je suis maigre : attendez et laissez ce repas à vos enfans. Vous vous trompez, ma petite mignonne, répliqua

le chat; vous parlez à un sourd; vous mourrez: mes enfans ne
manqueront pas d'autres souris.

L'innocence et les raisonnemens ne mettent pas le faible à
l'abri de l'oppression du plus fort.

XXV. Le Loup déguisé.

Un loup, la terreur d'un troupeau, ne savait comment faire
pour attraper des moutons: le berger était continuellement sur
ses gardes.   L'animal vorace s'avisa de se déguiser, et de se -
revêtir de la peau d'une brebis qu'il avait enlevée quelques jours
auparavant.   Le stratagème lui réussit pendant quelque temps;
mais enfin le berger découvrit l'artifice, agaça les chiens contre
lui, qui lui arrachèrent la toison des épaules, et le déchirèrent
en pièces.

Ne vous fiez pas à l'extérieur.   Un homme de jugement et de
pénétration ne juge pas selon les apparences: il sait qu'il y a
bien des loups déguisés dans le monde.

XXVI. Le Rat et l'Éléphant.

Un rat jeune et présomptueux vit un jour un éléphant: Quel
vilain animal! dit-il; qu'il est hideux! ce n'est qu'une masse
informe de matière.   En vérité les gens sont fous de s'amuser à
regarder et à admirer un monstre.   Je suis plus beau: ma peau
est plus fine et plus unie.   . . . .   Il en aurait dit davantage,
mais un chat de bon appétit lui fit voir en un clin d'œil, qu'un
rat n'est pas un éléphant.

Il est ridicule, quelquefois dangereux, de faire l'homme d'importance, et de se comparer à des gens d'un plus haut rang:
c'est une vanité commune à ceux qui ne peuvent se distinguer
que par leur orgueil et leur petitesse.

XXVII. Le Merle et le Lièvre.

Un merle, perché sur un arbre, raillait un lièvre, de ce qu'il
était sous les serres d'un milan, et qu'il fesait de grandes lamentations.   Où est maintenant, lui disait-il, ta vitesse? D'où vient
que tes pieds sont devenus si pesans? . . .   Lorsqu'il parlait
encore, un épervier fond rapidement sur lui, l'emporte, et le tue
au milieu de ses cris.   Le lièvre à demi-mort ne put s'empêcher
de lui dire, Toi qui te croyais, il n'y a qu'un moment, en grande

sureté, et qui te moquais de mon infortune, tu déplores à présent ton sort de même que moi.

Il ne faut pas se moquer des autres ni leur donner des avis, lorsqu'on ne prend pas soin de soi-même.

___

XXVIII. Les deux Taureaux et les deux Grenouilles.

Deux taureaux se battaient dans une prairie : une grenouille les aperçut, et se fourra dans l'eau tout effrayée. Qu'avez-vous? lui demanda une autre grenouille. Ah! répondit la première, nous sommes perdues. J'ai vu deux taureaux se battre. Eh bien! dit sa compagne, laissez-les se battre. Qu'est-ce que cela nous fait?—Quoi! vous n'appréhendez pas le malheur qui nous menace?—Quel malheur donc? Je n'en vois aucun pour nous, quand ils se mettraient en pièces : leur espèce est si différente de la nôtre. Cela est vrai, répliqua la sage grenouille; mais vous ne considérez pas, que le vainqueur ne souffrira pas, que le vaincu reste dans les prairies; par conséquent il viendra se réfugier dans nos marais, et nous foulera aux pieds.

Les petits souffrent toujours des querelles des grands.

___

XXIX. L'Aigle, la Corneille, et le Berger.

Un aigle planait dans l'air : il vit un agneau, fondit sur lui, et l'enleva dans ses serres : une corneille plus faible, mais non pas moins gloutonne, vit cet exploit et entreprit de l'imiter; elle fondit sur un bélier plein de laine et voulut s'en saisir : ses griffes furent tellement embarrassées dans la toison, qu'elle ne put prendre la fuite. Ah! ah! dit le berger, je vous tiens : vous avez beau tâcher de vous débarrasser; vos efforts sont inutiles : vous servirez de jouet à mes enfans.—Vraiment, ils en seront bien aises. Cela apprendra à toute votre race à ne pas imiter un aigle, ni à entreprendre quelque chose au-dessus de votre capacité.

Dans tout ce que vous entreprenez, mesurez vos forces.

___

XXX. Le Berger et son Troupeau.

Un berger haranguait son troupeau. Que vous êtes lâches et imbécilles! dit-il aux béliers; vous ne voyez pas plutôt un loup, que vous prenez la fuite; tenez ferme et ne bougez pas; cela seul suffira pour écarter vos ennemis. Les béliers, les moutons, les brebis, et même les agneaux promirent tous, foi de peuple

d'honneur, de serrer les rangs, de ne pas bouger plus qu'un mur.
Dans le temps qu'ils promettaient ces belles choses, voilà un loup
qui paraît : . . . je me trompe ; ce n'était pas un loup, ce
n'en était que l'ombre : à la vue de cette ombre, adieu promesses
et courage ; tout le troupeau s'enfuit.

Les paroles ne sauraient rendre un homme brave et courageux,
s'il est naturellement timide et poltron.

XXXI. Les deux Chèvres.

Deux chèvres, après avoir brouté, quittèrent les prés pour
aller chercher fortune sur quelque montagne.   Après bien des
tours, elles se trouvèrent vis-à-vis l'une de l'autre ; un ruisseau
était entre elles, sur lequel il y avait une planche fort étroite
que deux belettes auraient à peine pu passer de front.   Malgré
ce danger, les deux chèvres voulurent la passer ensemble, aucune
ne voulut reculer.   L'une pose le pied sur la planche, l'autre en
fait autant ; elles avancent, et se rencontrent au milieu du pont,
et faute de reculer, elles tombèrent l'une et l'autre dans l'eau et
se noyèrent.

L'accident des deux chèvres n'est pas nouveau dans le chemin
de la fortune et de la gloire.

XXXII. L'Homme et la Belette.

Miséricorde ! s'écria une belette, se voyant prise par un
homme, je vous conjure de me donner la vie ; puisque c'est moi
qui délivre votre maison des souris et des rats.   Impertinente,
répliqua l'homme, comment oses-tu te vanter de ce bienfait imaginaire ? Ce n'est pas pour moi que tu viens ici à la chasse ; ce n'est
que pour manger le grain que tu trouves au défaut des souris ;
tu mourras. Il n'eut pas plutôt achevé ce discours, qu'il la tua.

Ceux qui sous prétexte de chercher l'avantage des autres. leur
nuisent et ne recherchent que leur propre intérêt, peuvent se
reconnaître dans cette fable.

XXXIII. L'Oiseleur et la Colombe.

Une colombe fut prise dans les filets d'un oiseleur ; il allait la
tuer, quand la misérable captive déplora ainsi sa destinée. Ah !
malheur à moi ! s'écria-t-elle. Quel crime ai-je commis ? Faut-il
donc que je meure pour un seul grain de froment, que j'ai mangé
pour satisfaire ma faim ? Friponne, dit l'oiseleur, je te rends la

pareille : tu n'as mangé qu'un grain pour satisfaire ta faim ; et moi, je te mangerai pour satisfaire la mienne.

C'est la pratique des hommes de se tromper les uns les autres, pour leur propre intérêt. La passion et la partialité gouvernent le monde.

XXXIV. Le Charpentier et le Singe.

Un singe regardait avec attention un charpentier qui fendait un morceau de bois, avec deux coins qu'il mit dans la fente l'un après l'autre. Le charpentier, laissant son ouvrage à moitié fait, alla diner. Le singe voulut devenir fendeur de bûche, et venant au morceau de bois, en tira un coin, sans y remettre l'autre ; de manière que le bois, n'ayant rien pour le tenir séparé, se referma sur le champ, et attrapant le sot singe par les deux pieds de devant l'y tint jusqu'à ce que le charpentier revint, qui sans cérémonie l'assomma pour s'être mêlé de son ouvrage.

Ne vous mêlez jamais des affaires d'autrui, sans beaucoup de précaution.

XXXV. Le Chien et le Crocodile.

Un chien fort altéré se trouva au bord du Nil : pour ne pas être pris par les monstres de cette rivière, il ne voulut pas s'arrêter ; mais il lapa en courant. Un crocodile éleva la tête au-dessus de l'eau. Ami, lui demanda-t-il, pourquoi êtes-vous si pressé ! J'ai souvent souhaité de faire connaissance avec vous, et je serais charmé, si vous vouliez profiter de cette occasion, qui est la plus favorable que vous puissiez jamais trouver. Vous me faites beaucoup d'honneur, répondit le chien ; mais c'est pour éviter de tels amis que vous, que je suis si pressé.

On ne saurait être trop en garde contre de faux amis, et des personnes d'une mauvaise réputation : il faut les fuir comme des crocodiles.

XXXVI. L'Oiseau moqueur et la Mésange.

Il y a, dit-on, un certain oiseau dans les Indes Occidentales, qui a la faculté de contrefaire le ramage de tout autre oiseau, sans pouvoir lui-même ajouter aucun son mélodieux au concert. Comme un de ces oiseaux moqueurs, perché sur les branches d'un arbre, étalait son talent de ridiculiser. C'est fort bien, dit une mésange, parlant au nom de tous les autres oiseaux, nous

vous accordons que notre musique n'est pas sans défaut ; mais,
de grâce, donnez-nous un air de la vôtre.

Les gens qui n'ont aucun autre talent que celui de trouver
des fautes cachées, se rendent très ridicules, quand ils veulent
ridiculiser ceux qui tâchent de se rendre utiles au public.

XXXVII. L'Avare et la Pie.

Un avare comptait son argent tous les jours. Une pie s'échappa
de sa cage, et vint subtilement enlever une guinée : elle courut
la cacher dans une crevasse du plancher. L'avare aperçut la
pie : Ah ! ah ! cria-t-il, c'est donc toi qui me dérobes mon trésor ! tu ne saurais le nier ; je t'attrape sur le fait : coquine, tu
mourras. Doucement, doucement, mon cher maître, n'allez pas
si vîte : Je me sers de votre argent, comme vous vous en servez
vous-même : s'il faut que je perde la vie pour avoir caché une
seule guinée, que méritez-vous, dites-moi, vous qui en cachez
tant de mille ?

Il arrive souvent que les hommes se condamnent eux-mêmes,
en condamnant les vices des autres.

XXXVIII. Le Loup et l'Âne malade.

Un âne était attaqué d'une fièvre violente, un loup de bon
appétit, apprenant cette nouvelle, alla rendre visite au malade ;
mais il trouva l'étable fermée ; il frappa pourtant à la porte : un
jeune âne, fils du malade, y alla pour voir qui c'était. Mon
ami, dit le loup, de grâce, ouvrez-moi la porte. Comment se
porte votre père ? Je suis venu exprès pour le voir : c'est mon
ami, et je m'intéresse beaucoup à sa santé. Oh ! mon père est
beaucoup mieux que vous ne désirez, répondit l'ânon ; il m'a
commandé de ne laisser entrer personne.

Il y a beaucoup de gens dont les visites aux malades sont
aussi intéressées, que celle du loup à l'âne.

XXXIX. Le Loup et les Bergers.

Un loup, rempli de douceur, s'il en est de tels dans le monde,
se rappela toutes les cruautés qu'il avait commises : il résolut de
ne jamais dévorer ni agneaux, ni brebis, ni aucun autre animal.
Je paîtrai dans le prés, dit-il ; je brouterai plutôt que de m'attirer
la haine universelle : disant ces mots, il vit par le trou d'une
haie une compagnie de bergers qui se régalaient avec un gigot.

Oh! oh! s'écria-t-il, voilà les gardiens du troupeau eux-mêmes, qui ne se font pas scrupule de se repaître de mouton. Quel bruit ces hommes n'auraient-ils pas fait, s'ils m'avaient attrapé à un tel banquet!

Les hommes condamnent quelquefois, ce qu'ils pratiquent souvent eux-mêmes sans scrupule.

XL. La Corneille et le Corbeau.

Une corneille avait trouvé une huitre, elle essaya de l'ouvrir avec son bec: toutes ses peines furent inutiles. Que faites-vous là, cousine? demanda un corbeau. Je voudrais ouvrir une huitre, répondit la corneille: je ne saurais en venir à bout.— Vous voilà embarrassée pour peu de chose, vraiment; je sais un bon moyen pour l'ouvrir.—De grâce, dites-le-moi.—De tout mon cœur : prenez votre proie, élevez-vous en l'air, et laissez la tomber sur ce roc que vous voyez ici près. La sotte corneille suivit l'avis du corbeau, qui se saisit de l'huitre et la goba.

L'intérêt a souvent beaucoup de part dans les avis que l'on donne: il ne faudrait jamais demander ceux des gens artificieux et intéressés.

XLI. La Dinde et la Fourmi.

Une dinde se promenait avec ses petits dans un bois: ils ramassaient les petits grains qu'ils trouvaient dans leur chemin. Comme ils avançaient, ils rencontrèrent une fourmillière. Approchez, mes enfans, dit la dinde, voici un trésor. Ne craignez pas, mangez ces petits insectes sans cérémonies : une fourmi est un morceau friand pour un dindonneau.—Que nous serions heureux, si nous pouvions échapper le couteau du cuisinier! En vérité l'homme est bien cruel et injuste de nous détruire pour satisfaire sa friandise. Une fourmi qui grimpait sur un arbre, entendit le discours de la dinde et lui dit : Avant que de remarquer les péchés d'un autre, examinez votre conscience: vous ne devriez pas pour un seul dejeûner détruire toute une race de fourmis.

Nous voyons les fautes d'autrui, et nous sommes aveugles sur les nôtres.

XLII. Le Chat, la Belette, et le Lapin.

Un jeune lapin sortit un jour de son trou; une belette s'y fourra aussitôt. Le lapin à son retour fut fort surpris de trouver

6

un étranger dans sa maison. Holà, madame la belette, que faites-vous ici? Ce n'est pas votre demeure, sortez de mon trou.—De votre trou! surement, mon petit mignon, vous n'y pensez pas : je suis chez moi. Eh bien, dit le lapin, sans beaucoup disputer, rapportons-nous-en à Grippeminaud; c'était un chat, arbitre de tous les différens qui arrivaient dans le voisinage. La belette consentit à l'accepter pour arbitre. Ils partent, et arrivent devant le juge. Approchez, mes enfans, leur dit-il, je suis sourd. Ils approchent sans se méfier de rien. Grippeminaud, jetant les griffes en même temps des deux côtés, mit les plaideurs d'accord en les croquant l'un et l'autre.

On se ruine souvent par des procès : il vaut mieux s'accorder.

XLIII. Le Renard et le Chat.

Un renard et un chat, l'un et l'autre philosophes, voyageaient ensemble : ils firent en chemin plusieurs réflexions philosophiques. De toutes les vertus morales, dit gravement maître Renard, la miséricorde est assurément la plus noble. Qu'en dites-vous, mon sage ami? N'est-il pas vrai? Sans doute, répliqua Minette, en clignant les yeux : rien ne convient mieux à une créature qui a de la sensibilité. Pendant que ces deux philosophes moralisaient ainsi, et se complimentaient mutuellement sur la sagesse et sur la solidité de leurs réflexions, ils arrivèrent à un village, où il y avait un coq se carrant sur un fumier. Adieu la morale de maître Renard; il court, saisit sa proie, et la mange. Dans le même moment une souris bien dodue déconcerta la philosophie de Minette.

Rien n'est plus commun aux hommes que d'avoir de bonnes notions de la vertu, et de faire le contraire quand l'occasion se présente.

XLIV. Le Singe et le Mulet.

Un mulet fier et orgueilleux se promenait de haut en bas dans les champs : il regardait les autres animaux avec mépris, parlait sans cesse de sa mère la jument, et vantait partout la noblesse de sa naissance et de ces ancêtres. Mon père, disait-il, était un noble coursier, et je puis sans vanité me glorifier d'être issu d'une des plus anciennes familles, féconde en guerriers, en philosophes, et en législateurs. Il n'eut pas plutôt dit ces paroles, que son père, âne infirme et suranné, qui était près de lui, commença à braire, ce qui lui fit rabaisser le caquet, en lui renouvellant le souvenir de son origine et de son extraction. Là-dessus un singe, animal rusé, et qui était là par hasard, lui dit en le sifflant, imbécille que tu es, souviens-toi de ton père; tu n'es que le fils d'un âne.

Parmi les personnes qui se vantent d'une noble extraction, dans les pays étrangers, il y en a dans le cas du mulet, et à qui on pourrait appliquer le sarcasme du singe.

XLV. LA MOUCHE ET LE TAUREAU.

UNE mouche s'était placée sur la corne d'un taureau; elle avait peur de l'incommoder par son poids : Je vous demande pardon, dit-elle, de la liberté que j'ai prise; mais si je presse trop fort sur votre tête, je m'envolerai; vous n'avez qu'a commander. Qui me parle là, demanda messire taureau d'une voix brutale?—C'est moi.—Qui?—Me voici.—Oh! madame la mouche, est-ce vous? Ne vous mettez pas en peine, je vous supplie; vous n'êtes pas si pesante que vous vous imaginez. Je ne me suis pas aperçu, quand vous vous êtes posée sur ma tête, et je ne m'apercevrai certainement pas quand vous jugerez à propos de quitter votre place.

Il est fort commun de trouver de petits esprits, qui s'imaginent être des gens de conséquence : ils ont la sotte vanité de vouloir paraître plus qu'ils ne sont; mais ils deviennent souvent la risée de ceux qui connaissent leur mérite et leur qualité.

XLVI. L'ÂNE ET LE CHIEN.

UN âne, accompagné d'un chien, portait du pain au marché dans un panier; le maître les suivait; passant dans un pré, le dernier s'endormit, et le baudet se mit à brouter. Ami, dit le chien, je n'ai pas dîné aujourd'hui, et l'herbe n'est pas ma nourriture; baisse-toi un peu; je prendrai un petit pain dans ton panier. L'âne ne fit pas de réponse; j'en suis surpris, il est pourtant bonne créature. Miraut recommence; Grison, sans perdre un coup de dent, fait encore la sourde oreille; enfin pressé par les importunités du chien, il lui dit : Je te conseille d'attendre; notre maître ne tardera pas à s'éveiller, et il ne manquera pas de te donner ton dîner. Sur ces entrefaites, un loup affamé sort d'un bois voisin. Cher ami, défends-moi, dit Grison. Camarade, répliqua Miraut, je te conseille d'attendre, que notre maître soit réveillé; il ne saurait tarder; là-dessus le chien s'enfuit, et le loup étrangla le baudet.

Il faut s'aider les uns les autres. Celui qui refuse de rendre service, quand il'le peut, s'expose à être refusé quand il se trouve lui-même dans le besoin.

___

XLVII. Le Loup et la Cigogne.

Un loup fort affamé, et qui plus est fort glouton, avait avalé trop goulument un quartier d'agneau; un petit os pointu lui' était resté dans la gorge; par malheur il ne pouvait pas crier au secours. Il s'agite, ouvre la gueule, baisse la tête, essaye de tirer l'os avec sa patte; peine inutile; il n'en put pas venir à bout. Une cigogne au long cou passa, par hasard, près de la place où maître Loup s'agitait et se tourmentait : Qu'avez-vous, lui demanda-t-elle? Vous me paraissez être embarrassé; puis-je vous être utile? Le loup lui fit signe qu'il avait quelque chose au gosier, qui le gênait. Dame cigogne se met aussitôt à l'ouvrage, et retire l'os avec son bec. Mon salaire, dit-elle. Votre salaire! répliqua le loup; vous badinez; n'est-ce pas beaucoup de vous avoir laissé tirer votre tête de mon gosier! Allez; vous êtes une ingrate; je vous le pardonne pour cette fois-ci; mais ne paraissez jamais devant moi.

Voilà la reconnaissance qu'un homme généreux peut attendre d'un ingrat; non-seulement il oublie les bienfaits; mais il insulte souvent son bienfaiteur.

___

XLVIII. Le Rat et le Chameau.

Un des plus gros chameaux d'Arabie, marchant à pas lents, passa par un village. Un rat, sortant d'une grange, regarda avec surprise un grand nombre de spectateurs qui admiraient le chameau. Ces gens-ci sont fous, dit Ronge-maille; que peuvent-ils trouver d'extraordinaire en cet animal! Il a le cou trop long, la tête trop petite, les oreilles trop courtes, et une espèce de bosse sur le dos; je rougis de la bêtise de ces nigauds.—Sans vanité je puis me vanter d'avoir le corps mieux proportionné. N'ai-je pas la peau plus unie? Mes yeux, mes oreilles et ma tête répondent exactement à la grosseur de mon corps; en un mot, je suis une merveille de la nature; cependant, malgré toutes mes perfections, les hommes (ils sont souvent injustes, j'en conviens) ne cherchent qu'à me détruire et tous ceux de mon espèce : . . . Il en aurait dit davantage; mais un chat lui fit voir, en moins d'une minute, qu'un rat n'est pas un chameau.

Chacun devrait se connaître; cependant il y a dans le monde bien des fanfarons, qui se préfèrent aux personnes au-dessus d'eux par leur naissance, par leur rang, ou par leur esprit.

XLIX. Le Lion et le Lionceau.

Un lionceau, avide d'applaudissemens, évitait la compagnie
des lions, et recherchait celle des bêtes vulgaires et ignobles ; il
passait tout son temps avec des ânes ; il présidait à leurs assem-
blées ; il copiait leurs airs et leurs manières, un en mot, il était
'âne en tout hormis les oreilles. Enflé de vanité, il cherche la
retraite de son père pour étaler ses rares qualités ; il ne pouvait
pas manquer d'en avoir de ridicules. Il brait ; le lion tressaillit.
Sot, lui dit-il, ce bruit désagréable montre quelle compagnie tu
as fréquentée. Les fats découvrent toujours leur stupidité.
Pourquoi êtes-vous si sévère ? demanda le lionceau. Notre sénat
m'a toujours admiré. Que ton orgueil est mal fondé ! répondit
le père ; sache que les lions méprisent ce que les ânes admirent.

Un sot, dit Boileau, trouve toujours un autre sot qui l'admire ;
ce n'est pas le suffrage de telles gens qu'il faut briguer ; c'est
celui des gens d'esprit, de mérite, et de goût.

L. Le Garçon et le Papillon.

Un garçon, se promenant dans un jardin, aperçut un papillon ;
frappé de la beauté et de la variété de ses couleurs, il le pour-
suivit de fleur en fleur avec une peine infatigable, qui lui semblait légère. L'insecte volant était beau ; il tâchait quelquefois
de le surprendre parmi les feuilles d'une rose ou sur un œillet, et
de le couvrir avec son chapeau : un moment après il espérait
l'attraper sur une branche de myrthe, ou le saisir sur un lit
de violettes ; mais tous ses efforts furent inutiles ; l'inconstant
papillon, en voltigeant continuellement de fleur en fleur, éluda
toutes ses poursuites ; enfin l'observant à moitié enseveli dans le
calice d'une tulipe, il s'elança sur la fleur et l'arrachant avec
violence, il écrasa le papillon.—Adieu le plaisir dont il s'était
flatté ; il eut bien du regret d'avoir tué l'insecte.

Le plaisir n'est qu'un papillon peint : il peut amuser dans la
poursuite ; mais si on l'embrasse avec trop d'ardeur, il périt dans
la jouissance.

LI. Le Héron.

Un héron, oiseau qui a le bec fort long et les jambes fort
hautes, côtoyait une rivière, il y vit abondance de carpes et de brochets (le héron est un grand mangeur de poissons) ; il aurait aisément pu les attraper ; mais il n'avait pas faim ; la raison était

6 *

fort bonne. Après quelques momens, l'appétit vint; il retourne au bord de l'eau, pour trouver de quoi manger; mais les carpes et les brochets n'y étaient plus, c'était une grande perte pour lui; il vit des tanches; ce mets ne lui plaisait pas, il lui fallait quelque chose de plus solide. Moi, manger des tanches, dit-il! pour qui me prend-on? Enfin il trouve des goujons.—Des goujons! A-t-on jamais vu un héron manger du fretin! Quoi! ouvrirai-je le bec pour si peu de chose?—Il l'ouvrit pour moins; la faim le surprit, et dans l'extrême besoin, ne trouvant rien autre chose, il fut très-aise de rencontrer un limaçon.

Ne soyons pas si difficiles, et ne dédaignons rien. Souvent en voulant trop gagner, on court risque de perdre tout.

———

LII. La Laitière et le Pot au lait.

Une laitière, ayant un pot au lait sur la tête, allait gaiement au marché; elle comptait en elle-même le prix de son lait. Huit pintes à trois sous la pinte, font vingt-quatre sous; le compte est juste. Vingt-quatre sous sont plus qu'il ne me faut pour acheter une poule. La poule fera des œufs; ces œufs deviendront poulets; il me sera facile de les élever dans la petite cour de notre maison, et je défie le renard, tout rusé qu'il est, d'en approcher. En vendant mes poulets j'aurai assez pour acheter une robe neuve—rouge—que je considère—oui, le rouge me convient le mieux. Je ne manquerai pas d'amans; mais je les refuserai peut-être tous, même avec dédain. Là-dessus la laitière fait de la tête ce qui se passe dans son imagination, voilà le pot au lait à terre. Adieu robe, galans, poule, œufs, et poulets.

Quel est l'homme qui ne fasse des châteaux en Espagne? Le sage aussi bien que le fou; tous ces bâtimens aériens ne sont que l'emblême du pot au lait.

———

LIII. Les deux Lézards.

Deux lézards, animaux ovipares, à quatre pieds et à longue queue, se promenaient à leur loisir sur un mur exposé au soleil; ils se retirent ordinairement dans les haies et dans les trous des murailles. Que notre condition est méprisable! dit l'un à son compagnon. Nous existons, il est vrai; mais c'est tout: le plus petit ciron a cela de commun avec nous. Nous ne tenons aucun rang dans la création. Nous rampons comme de vils insectes, et sommes souvent exposés à être foulés au pied par un enfant. Que ne suis-je né cerf ou quelque autre animal, la gloire des forêts! Au milieu de ces murmures injustes, un cerf qui était aux abois, fut tué à la vue de nos deux lézards. Camarade, dit l'autre à celui qui s'était plaint, ne pensez-vous pas qu'un cerf, dans une pareille situation, ne changeât volontiers sa condition? ainsi, croyez-moi, apprenez à être content de la vôtre, et à ne pas envier celle des autres. Il vaut mieux être lézard vivant que cerf mort.

Une condition obscure et médiocre est souvent la plus sûre : elle met les gens à l'abri des dangers auxquels sont exposés ceux d'un rang plus élevé.

LIV. Le Singe et le Chat.

Mitis et Fagotin, celui-ci singe, et l'autre chat, vivaient ensemble en amis dans une maison de seigneur. Ils avaient été élevés ensemble dès leur plus tendre jeunesse : mais le singe est toujours singe. Étant au coin du feu, ils firent rôtir des marrons. Fagotin en eût fait volontiers un repas : mais il ne savait comment s'y prendre ; pendant que la servante était absente, il dit à Mitis, frère, je n'ignore pas tes talens : tu sais une infinité de petits tours : il faut que tu fasses aujourd'hui un coup de maître. De tout mon cœur, dit le chat ; que faut-il faire? Seulement tirer les marrons du feu, répondit le singe. Là-dessus Mitis écarte un peu les cendres avec sa patte, et puis la retire ; ensuite il recommence ; tire un marron du feu, puis deux, puis trois, et Fagotin les croque. Sur ces entrefaites, la servante entre dans la cuisine, attrape Mitis sur le fait. Maudit matou, s'écria-t-elle ; c'est donc toi qui manges les marrons. En disant cela elle l'assomme avec le manche du balai.

Les petits fripons sont ordinairement les dupes des grands, qui se servent des premiers comme le singe se servit de la patte du chat.

LV. Le Lynx et la Taupe.

Un lynx était couché au pied d'un arbre ; il aiguisait ses dents et attendait sa proie ; dans cet état, il épia un taupe, à moitié ensevelie sous un petit monceau de terre, qu'elle avait élevé.—Hélas! lui dit-il, que je vous plains, ma mie! Pauvre créature! que faites vous de la vie? Vous ne voyez goutte. Sûrement Jupiter en a usé très-mal avec vous, de vous priver de la lumière ; vous faites bien de vous enterrer ; car vous êtes plus d'à moitié morte. Je vous remercie de votre bonté, répliqua la taupe, je suis très contente de ce que Jupiter m'a accordé. Je n'ai pas, il est vrai, vos yeux perçans; mais j'ai l'ouïe extrême- ment fine et delicate.—Écoutez;—j'entends un bruit derrière moi, qui m'avertit de me tirer d'un danger qui vous menace; ayant dit cela, elle s'enfonça en terre. Dans le même instant le javelot d'un chasseur perça le cœur du lynx.

On ne doit pas s'énorgueillir des facultés que l'on a, et mé- priser celles des autres.

LVI. LES DEUX CHEVAUX.

DEUX chevaux se trouvèrent un jour par hasard près d'un bois; l'un était chargé d'un sac de farine, l'autre d'une grande somme d'argent; le dernier, fier de son fardeau, marchait tête levée; il remplissait l'air de ses hennissemens. Misérable esclave d'un meunier, sors du chemin, dit-il à l'autre; ne vois-tu pas que je porte un trésor? Un trésor! dit tranquillement le premier; je vous en fais mon compliment. Je n'ai jamais eu cet honneur- là, je vous assure; la farine est ma charge ordinaire. Dans ce moment ils sont attaqués par une bande de voleurs, qui tombent sur le cheval chargé d'argent, lui enlèvent son trésor, et laissent passer l'autre et sa charge. Frère, dit le cheval du meunier, où est à présent votre trésor? Vous êtes plus pauvre que moi. Apprenez que les grands postes sont souvent dangereux à ceux qui les possèdent; si, comme moi, vous n'aviez porté que de la farine, vous auriez pu voyager en sureté.

L'objet de notre orgueil est souvent la cause de nos malheurs.

LVII. LA GRENOUILLE ET LA SOURIS.

IL y eut un jour une grande dispute entre une grenouille et une souris; chacune prétendait être maîtresse d'un marais. Commère, dit la souris à la grenouille, vous me céderez la place, s'il vous plaît, elle m'appartient de droit: je la possédais avant vous. Moi, vous céder la place! surement vous n'y pensez pas: il y a plus de dix ans que j'y demeure. Apprenez à vous con- naître, et soyez contente de vos trous. La souris, offensée de la réplique de la grenouille, comme un animal d'honneur et de courage, lui donna un cartel; il fut accepté. Les deux rivales, la colère et la vengeance dans le cœur, parurent sur le champ de bataille, armées de joncs au lieu de lances. Le combat allait devenir cruel et sanglant; mais un milan qui planait dans l'air, vit les deux héroïnes, et finit la querelle, en enlevant l'une et l'autre dans ses serres.

Voilà le fruit des disputes parmi des gens faibles : ils sont ordinairement les dupes de leurs querelles.

LVIII. Les deux Truites et le Goujon.

Un pêcheur jeta dans une rivière sa ligne armée d'une mouche artificielle : une jeune truite de très-bon appétit allait avaler l'appas avec avidité ; mais elle fut arrêtée fort à propos par sa mère. Mon enfant, dit-elle, toute émue, je tremble pour vous. De grâce, ne soyez jamais précipitée, où il peut y avoir du danger. Que savez-vous, si cette belle apparence que vous voyez, est réellement une mouche ? C'est peut-être un piège. Croyez-moi, ma fille, je suis vieille : je connais les hommes, et sais de quoi ils sont capables ; ils se tendent des pièges les uns aux autres ; faut-il s'étonner, s'ils en tendent aux poissons ? A peine avait-elle fini de parler, qu'un goujon saisit goulument la mouche prétendue, et vérifia par son exemple la prudence de l'avis de la mère truite.

Il ne faut pas aisément se laisser prendre aux apparences ; les plus belles sont quelquefois trompeuses.

LIX. Le Milan et le Rossignol.

Un milan pressé par la faim, et qui avait passé le jour sans manger, entendit vers le soir un rossignol qui chantait parmi les branches d'un arbre. Bon, dit l'oiseau de proie, voici une musique qui me réjouit les oreilles, mais il faut quelque autre chose à mon estomac ; ce petit musicien doit être un friand morceau. Dans l'instant il vient fondre sur le rossignol et l'enlève. Miséricorde ! s'écria le héraut du printemps ; vous ne serez certainement pas assez barbare pour me tuer ; je ne suis pas capable de vous faire un repas : d'ailleurs, pourquoi me tueriez-vous ? je ne vous ai jamais fait de mal.—Écoutez une petite chanson.— Une chanson ! vous badinez ; ce n'est pas un mets pour un milan. Je ne me soucie pas de votre musique ; ventre affamé n'a point d'oreilles ; ainsi, ma petite musicienne, vous mourrez.

Le nécessaire doit être préféré à ce qui n'est que pour la curiosité, l'ornement, ou le plaisir.

LX. Le Dogue et l'Épagneul.

Voisin, dit un dogue à un épagneul, une petite promenade ne nous fera point de mal : qu'en pensez-vous ? De tout mon cœur, répondit Brisaut; mais où irons-nous? Dans le village voisin, réplique Aboyard; ce n'est pas loin; vous savez que nous y devons une visite à nos camarades.—Les deux amis partent, et s'entretiennent en chemin de plusieurs choses indifférentes. A peine furent-ils arrivés dans le village, que le dogue commença à montrer sa mauvaise disposition en japant et mordant les autres chiens; il fit tant de bruit, que les paysans sortirent sur les deux chiens étrangers, et les chassèrent du village à grands coups de bâton.

Il ne faut pas s'associer avec des gens d'une disposition turbulente et emportée; quelque tranquille et pacifique que l'on soit, on s'expose à être mal traité et battu.

LXI. LE LIÈVRE ET LES GRENOUILLES.

Un lièvre extrêmement triste et timide (ils le sont tous) fesait dans son gîte sous un arbre, mille réflexions sur le malheur de sa condition.—La moindre chose m'effraie, dit-il; une ombre suffit pour me mettre en fuite. Je ne saurais manger le moindre morceau sans crainte, et cette maudite crainte m'empêche souvent de dormir; il s'endormit cependant dans ces réflexions; mais il fut bientôt réveillé par un petit bruit occasionné par l'agitation des feuilles. Malheur à moi, s'écria-t-il en sursaut, je suis perdu; voici une meute de chiens à mes trousses. Il se trompait; ce n'était que du vent. Il court au travers des champs, et arrive bientôt auprès d'un fossé. À son approche, des grenouilles qui étaient sur le bord pour prendre l'air, se jetèrent avec précipitation dans l'eau. Oh! oh! dit-il alors: je ne suis pas le seul animal qui soit craintif; ma présence effraie aussi les gens; elle répand l'allarme dans les marais. Mille grenouilles s'enfuient de peur, et se cachent à l'approche d'un seul lièvre.

On est souvent mécontent de sa condition; parce que l'on ne connaît pas celle des autres.

LXII. LE LOUP ET LE CHIEN MAIGRE.

Un loup, le plus sot de son espèce, trouva un chien hors du bois; il allait l'emporter; le chien lui représenta qu'il était trop maigre. Vous voyez, lui dit-il; je n'ai que la peau et les os; attendez que je sois plus gras. La fille unique de mon maître doit se marier demain; et comme je serai aux noces qui dureront huit jours, vous pouvez aisément juger, que je ne manquerai pas de m'engraisser. Le loup le crut, et le laissa passer son

chemin. Quelques jours après il vint voir si le chien était bon
à prendre : mais Laridon était chez son maître ; il dit au loup
par un treillis, Ami, attendez ; je vais sortir : le portier du logis
et moi, nous serons à vous dans un moment. Le loup se douta
du stratagème ; Oh ! votre serviteur, dit-il, et se mit à fuir de
toutes ses forces.

Le loup était un imbécille, et montre qu'il ne faut pas quitter
le certain pour l'incertain.

LXIII. Le Rat et l'Huitre.

Un rat de peu de cervelle, il y en a de tels dans le monde, las
de vivre dans la solitude, se mit en tête de voyager ; à peine
avait-il fait quelques milles : Que le monde est grand et spacieux !
s'écria-t-il. Voilà les Alpes, et voici les Pyrénées. La moindre
taupinière lui semblait une montagne. Au bout de quelques
jours, le voyageur arrive au bord de la mer, où il y avait beaucoup d'huitres ; il crut d'abord que c'étaient des vaisseaux.
Parmi tant d'huitres une était ouverte ; le rat l'apercevant,
Que vois-je ? dit-il. Voici quelque mets pour moi, et si je ne
me trompe, je ferai bonne chère aujourd'hui : là-dessus il s'approche de l'écaille, allonge un peu le cou, et fourre sa tête dans
l'huitre qui se referme tout d'un coup : et voilà messire Ratapon pris comme dans une ratière.

Ceux qui n'ont aucune expérience du monde sont frappés
d'étonnement aux moindres objets, et deviennent souvent les
dupes de leur ignorance.

LXIV. Le Renard, les Moucherons, et l'Hirondelle.

Un renard, le plus rusé de son espèce, et qui s'était rendu
fameux par le grand nombre de poules qu'il avait mangées, fut
poursuivi par des chasseurs ; n'ayant point d'autre moyen
d'échapper à leurs poursuites, il passa une rivière à la nage ;
quand il fut arrivé à l'autre côté, il trouva le bord si escarpé
qu'il ne put le franchir ; il fut déconcerté à la vue de ce nouvel
obstacle. A l'instant des moucherons vinrent en foule et se
placèrent sur sa tête et sur ses yeux ; ils le piquèrent et sucèrent
son sang. Une hirondelle, volant sur la surface de l'eau, vit
l'embarras du renard : Ami, dit-elle, je vois que ces sangsues
vous tourmentent, sans que vous puissiez vous aider ; je vous en
aurai bientôt débarrassé, si vous voulez : Non, non, dit le renard,
ne le faites pas, je vous prie ; car si vous chassiez ces moucherons qui sont déjà assez pleins, un autre essaim de ces insectes

viendrait prendre leurs places; ils ne me laisseraient pas une goutte de sang dans les veines.

Il vaut mieux supporter avec patience un petit mal présent, que de s'exposer à un plus grand.

LXV. L'Ours et le Charlatan.

Un charlatan, aussi impudent qu'un charlatan puisse être, débitait ses drogues et ses onguens près de la Tour: il se vantait devant la populace d'un grand nombre de maux incurables qu'il avait guéris, et parlait d'Hippocrate et de Galien. Tout le monde l'écoutait avec admiration, lorsqu'un Savoyard passa; il menait un ours par le museau; adieu charlatan, drogues, et onguens; toute la populace courut après l'ours et se moqua de lui. Frères, dit la bête, vous avez tort de vous moquer de moi; je ne suis qu'un ours, il est vrai; mais vous qui êtes hommes et qui vous vantez de votre raison, vous vous laissez mener comme des sots, non-seulement par le nez, mais encore par les oreilles, témoin le charlatan.

L'ours est l'emblême de bien des gens; la seule différence est, que le premier est mené par force, et les autres se laissent mener par intérêt, ou par stupidité.

LXVI. Le Barbet et la Brebis.

Un barbet, nouvellement tondu depuis la tête jusqu'à la queue, courait dans les champs au milieu de l'hiver, tremblant de tous ses membres; il mourait presque de froid, et fesait des cris lamentables. Qu'est-ce qu'il y a? lui demanda une brebis. Vous paraissez tout transi. Hélas! répondit le barbet, il faut que je meure; il n'y a que vous qui puissiez me sauver.—Comment cela, je vous prie?—La chose est facile; vous n'avez qu'à me prêter votre toison, je vous la rendrai.—Et quand?—Dès ce soir; je vous le promets, foi de barbet. La brebis comme une sotte se dépouilla de sa toison, et en revêtit le chien; il ne fut pas plutôt couvert, qu'il tourna le dos à sa bienfaitrice et s'enfuit. Le soir vient, point de barbet. Le lendemain arrive, point de toison. La pauvre brebis eut beau attendre, elle mourut de froid.

Charité bien ordonnée commence par soi-même.

LXVII. L'Âne sauvage et l'Âne domestique.

Un âne paissait dans une prairie auprès d'un bois (c'était en Arcadie); un âne sauvage l'approcha. Frère, dit-il, j'envie votre sort; votre maître, à ce qui me paraît, prend grand soin de vous, vous êtes gros et gras; votre peau est unie et luisante, et vous couchez toutes les nuits sur une bonne litière; tandis que moi, je suis obligé de m'étendre sur la terre. Il ne fut pas longtemps sans changer de langage; le lendemain il vit du coin du bois le même âne dont il avait tant envié le bonheur; il était chargé de deux bâts qu'il pouvait à peine porter; son maître le suivait, et le fesait avancer à coups de bâton. Oh! oh! dit l'âne sauvage, secouant les oreilles, ma foi, je suis fou de me plaindre; ma condition est préférable à celle de mon frère.

Chaque condition a ses peines et ses agrémens, l'homme sage ne se plaint pas de la sienne, et n'envie pas celle des autres: parce que l'on est rarement aussi heureux, ou aussi malheureux que l'on pense.

LXVIII. Le Lion, l'Âne, et le Renard.

Un lion, oubliant une fois sa férocité, alla à la chasse avec un âne et un renard; il aurait pu les tuer certainement; mais il voulait avoir un double plaisir. Nos chasseurs ne furent pas longtemps dans les bois, qu'ils prirent un chevreuil; il fut aussitôt tué. Maître baudet fera les partages, dit le lion; il obéit et fit trois parts de la proie le plus consciencieusement qu'il lui fut possible. Voici la vôtre, dit-il au lion. Maraut, répliqua le roi des animaux, il t'appartient bien, vraiment, de me donner la plus petite part; tu mourras; à l'instant il l'étend sur le carreau. Eh bien, maître Renard, partage; tu as de la conscience. L'animal rusé mit presque toutes les trois parts ensemble pour le lion; il ne s'en réserva que très-peu. Qui est-ce qui t'a appris à partager si bien? demanda sa majesté. Ma foi, Sire, répondit le renard, l'âne a été mon maître.

L'homme sage et prudent sait tirer avantage des fautes et des folies des autres.

LXIX. Le Feu d'artifice et le Brochet.

Il y eut à la fin d'un jour clair et serein un feu d'artifice sur une rivière: au bruit des pétards, et à la vue de mille serpenteaux, tous les poissons grands et petits furent terriblement

7

effrayés. Ah! s'écrièrent-ils, tremblant de peur, le monde va finir. Que chacun de nous songe à sa conscience. Nous le méritons bien, dit un brochet pénitent; nous nous mangeons les uns les autres, sans miséricorde; malheur au plus faible; je m'en repens de toute mon âme. O Jupiter! prens pitié de notre race; fais cesser ce feu exterminateur; je t'en conjure, et te promets, au nom de tous les autres, de ne plus manger ceux de mon espèce.—Pendant que le poisson pénitent implorait la clémence de Jupiter, le feu cessa; la peur cessa aussi, et l'appétit revint; chacun alors ne songea qu'à déjeûner, et le brochet pénitent mangea un autre brochet.

On fait mille promesses quand on est dans un danger; en est-on sorti, on ne pense pas à les accomplir.

LXX. Le Chat et la Souris

Une souris rusée (elles le sont presque toutes) fut prise dans une souricière; un chat de bon appétit, excité par l'odeur du lard, vint flairer le trébuchet; il y vit la souris; quel repas pour messire Grippeminaud! Ma petite commère, demanda-t-il, lorgnant d'un air hypocrite la belle prisonnière, que faites-vous ici? Je suis charmé de vous voir, et las de vous faire la guerre; nous avons trop long-temps vécu en inimitié; si vous pensez comme moi, nous vivrons désormais en amis. De tout mon cœur, répondit Finette.—Quoi! tout de bon?—Oui, sur mon honneur.— Ça voyons; pour rendre notre réconciliation durable, ouvrez-moi la porte; il faut que nous nous embrassions.—Avec plaisir; vous n'avez qu'à élever une petite planche qui est de l'autre côté. Grippeminaud saisit avec ses pattes le morceau de bois où la planche pendait; il se baisse, elle lève; alors Finette s'échappe; le chat court, mais en vain; la souris était dans son trou.

Il arrive quelquefois qu'on sert une personne en tâchant de lui nuire.

LXXI. Le Corbeau et le Faucon.

Un jeune corbeau, dans la vigueur de son âge, volait par dessus les montagnes, pour aller chercher de quoi se nourrir; il rencontra un jour, dans un trou, un vieux corbeau tout pelé et tout goutteux, (fruit de son grand âge) et un faucon charitable qui lui apportait quelque chose à manger; (c'est un fait véritable, Pilpai le rapporte). Je suis bien fou, dit notre jeune étourdi de corbeau, de me donner tant de peine, et de m'exposer à tant

de dangers pour subsister; cependant à peine ai-je de quoi
manger; tandis que mon bisaïeul fait bonne chère sans sortir de
son trou. Ne bougeons pas d'ici. Il le fit et resta tranquille
dans un coin; il attendait sa subsistance du faucon; il fut
trompé. L'appétit vint; le pourvoyeur ne parut pas; enfin se
sentant faible, après avoir jeûné longtemps, il voulut sortir, sa
faiblesse l'empêcha, et il mourut de faim.

Fiez-vous à la providence; mais ne la tentez pas.

LXXII. LA GRENOUILLE ET LE RENARD.

UNE grenouille extrêmement maigre, n'ayant que la peau et les
os, se mit en tête de passer pour médecin, et sortant de son
marais, elle publia qu'elle savait guérir toutes sortes de maux;
les animaux s'assemblèrent autour d'elle. Amis, dit-elle, ne
craignez plus les maladies; j'ai un remède infaillible pour guérir
radicalement les plus invétérées; c'est un spécifique universel
que j'ai trouvé après plus de cinquante ans de pratique et d'expérience; je veux le rendre public pour le bien de la race ani-
male. Un renard, examinant de près la figure de la grenouille,
lui dit avec un air de mépris; Commère, apprenez au moins à
parler, votre jargon est inintelligible. Mais de grâce, dites-moi,
comment osez-vous prétendre guérir les autres? puisque vous ne
sauriez vous guérir vous-même de votre voix rauque, de vos joues
maigres, et de votre corps plein de pustules.

Médecin, guéris-toi toi-même, est un proverbe vérifié dans
cette fable. On doit être exempt des défauts que l'on voudrait
corriger dans les autres.

LXXIII. L'ÂNE BLESSÉ, LE CORBEAU, ET LE LOUP.

UN âne, ayant un abcès sur le dos, paissait dans une prairie;
un corbeau, fort carnassier et amateur des ulcères, fondit sur lui,
et enfonça son bec dans la plaie. Le baudet, se sentant vivement piqué, se mit à sauter, à faire des gambades, et à braire de
toutes ses forces: Le corbeau ne bougeait pas. A cette vue, un
rustre qui se trouvait aux environs, éclata de rire. Un loup
entendant le bruit que fesait l'âne, sortis du bois pour voir ce
que c'était: il s'imagina que le corbeau dévorait maître Grison.
Voilà, dit-il, l'injustice du monde. Un pauvre loup affamé, à la
place de cet oiseau, aurait été sifflé, hué, et assommé, au lieu qu'on
ne fait que rire de la cruauté du corbeau.

Les mêmes choses ne paraissent pas toujours les mêmes à dif-

férentes personnes. L'ignorance et la partialité nous font quelquefois tomber dans des méprises, et l'on condamne souvent
comme crime dans les uns, ce qui dans les autres n'est qu'un
sujet de rire.

LXXIV. LE RENARD ET LE COQ.

FRÈRE, dit un renard de bon appétit, à un vieux coq perché
sur les branches d'un chêne, nous ne sommes plus ennemis ; je
viens vous annoncer une paix générale ; descends vîte que je
t'embrasse. Ami, répliqua le coq, je ne pouvais jamais apprendre une nouvelle plus agréable ; mais attends un petit moment ; je vois deux lévriers qui viennent nous apporter la publi-
cation de la paix ; ils vont vîte, et seront ici dans un instant ;
j'attendrai leur arrivée, afin que nous puissions nous embrasser
tous quatre et nous réjouir de la bonne nouvelle. Votre très-
humble serviteur, dit le renard, adieu ; je ne saurais rester plus
long-temps ; une autre fois nous nous réjouirons du succès de
cette affaire. L'hypocrite aussitôt s'enfuit très-mécontent de son
stratagème, et notre vieux coq se mit à battre des ailes, et à
chanter en dérision de l'imposteur.

Il est bon de savoir repousser la ruse par la ruse, et de se
méfier des insinuations de ceux qui se sont déjà distingués par
leur manque de bonne foi et d'honnêteté.

LXXV. LA FORÊT ET LE BUCHERON.

UN bucheron alla un jour au bois, et regarda de tous côtés
avec un air embarrassé ; sur quoi les arbres avec une curiosité
naturelle à quelques autres créatures lui demandèrent avec empressement ce qu'il cherchait ; il répondit qu'il n'avait besoin que
d'un morceau de bois pour faire un manche à sa coignée. Les
arbres délibérèrent, et il fut résolu presque unanimement, que
le bucheron aurait un bon morceau de frêne ; mais à peine l'eut-
il reçu, et ajusté le manche à sa coignée, qu'il commença à couper
à droite et à gauche, et à tailler sans distinction, de sorte qu'avec
le temps il abattit les plus beaux et les plus grands arbres de la
forêt. On dit qu'alors le chêne parla ainsi au hêtre : Frère,
voilà le fruit de notre sotte générosité.

Rien de plus commun que l'ingratitude ; mais c'est le comble
de la méchanceté, quand un ingrat se sert des bienfaits qu'il a
reçus, contre son bienfaiteur.

LXXVI. L'Araignée et le Ver à soie.

Une araignée, occupée à étendre sa toile d'un côté d'une chambre à l'autre, fut interrogée par un ver à soie, pourquoi elle employait tant de temps et de travail à faire un grand nombre de lignes et de cercles. Tais-toi, insecte ignorant, répondit l'araignée en colère; ne me trouble pas; je travaille pour transmettre mon nom à la postérité; la renommée est l'objet de mes poursuites. Tu n'es qu'un sot de rester enfermé dans ta coquille, et ensuite d'y mourir de faim; voilà la récompense et le fruit de ton ouvrage. Pendant que dame Araignée parlait avec tant de bon sens, une servante, entrant dans la chambre pour donner à manger au ver à soie, vit la feseuse de lignes et de cercles, l'enleva d'un coup de son balai, et détruisit en même temps l'araignée, son ouvrage, et ses espérances de renom.

Il est très-commun de trouver des sots qui méprisent les ouvrages des autres, et se vantent de leurs productions superficielles qui n'ont souvent qu'un jour d'existence.

LXXVII. La Guenon et sa Guenuche.

Jupiter un jour assembla tous les animaux devant son tribunal, pour examiner lequel d'entre eux avait les plus beaux enfans. Toutes les bêtes parurent; la guenon s'y rendit la dernière. A la vue de la guenuche, l'assemblée fit de grands éclats de rire. Votre jugement, dit la guenon clignotant des yeux et fronçant les sourcils ne décidera pas en cette matière; c'est à Jupiter qu'il appartient de donner le prix de la beauté à qui le méritera le mieux. Je trouve dans ma guenuche tant d'agrémens qu'elle me semble digne d'être préférée aux vôtres. Examinez ces petits yeux pétillans, cet air vif et enjoué, ce visage presque semblable à celui de l'homme: ce n'est pas tout, quoiqu'elle n'ait que six semaines, elle sait déjà mille tours, que les vôtres ne sauront jamais, et qu'ils ne pourront jamais imiter. Tous les animaux firent de nouveaux éclats de rire: Jupiter même avec toute sa gravité ne put s'empêcher d'en faire de même, lorsqu'il eut entendu le discours de la guenon, qui paraissait charmée de la beauté et des bonnes grâces de sa guenuche.

Les mères ont de la partialité pour leurs enfans: elles les croient toujours plus spirituels et plus beaux que ceux des autres.

7 *

LXXVIII. Le Lion se préparant à la guerre.

La guerre étant déclarée entre les animaux et les oiseaux (malgré leur instinct, ils sont aussi fous que les hommes), le lion en donna avis à ses sujets, et leur ordonna de se rendre à son camp. Parmi un grand nombre d'animaux qui obéirent aux ordres de leur roi, des ânes et des lièvres se trouvèrent au rendez-vous. Chaque animal offrit ses services pour le succès de la guerre : l'éléphant devait porter les bagages de l'armée, l'ours entreprit de mener les assauts, le renard se proposa de ménager les ruses et les stratagèmes, le singe promit d'amuser l'ennemi par ses tours. Renvoyez, dit le cheval, les ânes, ils sont trop lourds; et les lièvres, ils sont sujets à des terreurs paniques. Point du tout, dit le roi des animaux, notre armée ne serait pas complète sans eux : les ânes nous serviront de trompettes, et les lièvres de courriers.

Il n'y a point de membre dans un corps politique, qui ne puisse être utile. Un homme de bon sens sait tirer avantage de tout.

LXXIX. L'Âne mécontent.

Un pauvre âne, transi de froid au milieu de l'hiver, soupirait après le printemps; il vint assez tôt, et maître baudet fut obligé de travailler depuis le matin jusqu'au soir; cela ne lui plaisait pas; il était naturellement paresseux; tous les ânes le sont. Il désire voir l'été : cette saison est bien plus agréable; elle arrive. Ah! qu'il fait chaud! s'écria maître Grison; je suis tout en eau : l'automne me conviendrait beaucoup mieux. Il se trompa encore; car il fut obligé de porter au marché des paniers remplis de poires, de pommes, de choux, et de toutes sortes de provisions : il n'avait pas de repos; à peine avait-il le temps de dormir. Sot que j'étais de me plaindre de l'hiver, dit-il; je n'avais rien à faire, qu'à boire et à manger; et je pouvais me coucher tranquillement toute la journée, comme un animal d'importance, sur ma litière.

Chaque saison de la vie a ses avantages et ses inconvéniens : l'homme prudent ne se plaint d'aucune.

LXXX. Le Renard et la Cigogne.

Une cigogne rencontra un renard au coin d'un bois : Bon jour, compère, lui dit-elle; il y a long temps que je ne vous ai vu : si vous voulez, nous irons dîner ensemble chez moi. Volontiers, dit maître renard ; je ne fais point de cérémonies avec mes amis : à l'instant ils partent. Le compère avait bon appétit (les renards n'en manquent pas), il espérait faire un bon repas ; mais il comptait sans son hôte. Dame cigogne lui présenta un hachis dans une bouteille si étroite qu'il n'en put tâter. Comment trouvez-vous cette viande ? lui demanda l'oiseau. Fort bonne, répondit l'animal.—Mangez donc . . . . vous ne mangez pas . . . je vous prie, faites comme moi.—J'ai assez mangé, commère ; il faut que vous veniez demain diner chez moi.—De tout mon cœur ; je n'y manquerai pas. La cigogne y alla : le renard l'attrapa à son tour, et lui offrit dans un plat de la bouillie fort claire, qu'elle ne put goûter. Courage, commère, dit-il en lapant ; faites comme si vous étiez chez vous. Vous me régalâtes hier, il est juste que je vous régale aujourd'hui. Il ne parla pas long-temps ; il eut bientôt avalé toute la bouillie, et pour se venger de la cigogne qui s'était moquée de lui la première, il la prit par son long cou et l'étrangla.

Il est dangereux de jouer et de tromper ceux qui sont plus forts et plus rusés que nous.

LXXXI. Le Champignon et le Gland.

Un gland, tombé d'un chêne, vit à ses côtés un champignon. Faquin, lui dit-il, quelle est ta hardiesse d'approcher si près de tes supérieurs ? Race de fumier ! comment oses-tu élever la tête dans une place ennoblie par mes ancêtres depuis tant de générations ? Ne sais-tu pas qui je suis ? Illustre seigneur, dit le champignon, je vous connais parfaitement bien, et vos ancêtres aussi : je ne prétends pas vous disputer l'honneur de votre naissance, ni d'y comparer la mienne ; au contraire j'avoue que je sais à peine, d'où je suis venu ; mais j'ai des qualités que vous n'avez pas : je plais aux palais des hommes, et donne un fumet délicieux aux viandes les plus exquises et les plus délicates ; au lieu que vous, avec tout l'orgueil de vos ancêtres et de votre extraction, n'êtes propre qu'à engraisser des cochons.

L'homme qui fonde son mérite sur celui de ses ancêtres et de son extraction, se rend ridicule aux gens sensés. Une naissance illustre est peu de chose d'elle-même, si elle n'est soutenue par des qualités personnelles.

LXXXII. Le Chat et les deux Moineaux.

Un jeune moineau avait été élevé avec un fort jeune chat : ils étaient intimes amis, et ne pouvaient presque pas se quitter : leur amitié crut avec l'âge. Raton badinait avec Pierrot, et Pierrot badinait avec Raton ; l'un avec son bec, l'autre avec ses pattes : il avait soin de ne pas étendre ses griffes. Un jour un moineau du voisinage vint rendre visite à son camarade. Bon jour, frère, dit-il. Bon jour, répondit l'autre.—Votre serviteur.— Je suis le vôtre. Ils ne furent pas long-temps ensemble, qu'il survint une querelle entre eux, et Raton prit le parti de Pierrot. Quoi, dit-il, cet étranger est assez hardi pour insulter notre ami ! Il n'en sera pas ainsi, j'en jure par tous les chats : là dessus il croque l'étranger sans cérémonies. Vraiment un moineau est un morceau friand : je ne savais pas que les oiseaux eussent un goût si exquis et si délicat. Venez, mon petit ami, dit-il à l'autre ; il faut que je vous croque aussi : vous tiendrez compagnie à votre camarade ; il a quelque chose à vous dire.

Ne vous fiez pas à un ennemi, quelques protestations d'amitié qu'il vous fasse. La compagnie des méchans est toujours à craindre.

LXXXIII. Le Loup et le Renard.

Un loup, ennemi irréconciliable des troupeaux, avait enlevé une brebis : en courant dans le bois, il rencontra un renard, grand destructeur de volaille, qui venait d'enlever une poule, et courait pour la manger dans son terrier. Frère, dit maître loup, où courez-vous si vîte ? De grâce ne soyez pas si pressé : approchez-vous de moi, et joignez votre déjeûner au mien : il y a long temps que nous ne nous sommes vus ; régalons-nous ensemble aujourd'hui. J'y consens, dit maître renard : il manqua de prudence, en portant sa poule auprès du loup. Voyons, dit le destructeur de brebis ; par ma foi, voici une volaille qui me semble grasse et tendre ; ce morceau est trop friand pour un renard ; il conviendra mieux à mon estomac : c'est quelque chose de rare pour moi. Là-dessus il croqua la poule. Le pauvre renard se retira tout honteux, marchant en arrière, et baissant les oreilles, non sans peur de tenir compagnie à la poule, et jura de ne plus joindre son déjeûner à celui du loup.

Les ruses sans prudence sont quelquefois nuisibles, et rendent toujours méprisables ceux qui s'en servent.

LXXXIV. Le Paon, l'Oie, et le Dindon.

Un paon était près d'une grange avec une oie et un dindon : ils le regardaient d'un œil envieux et se moquaient de son faste ridicule. Le paon, sûr de son mérite supérieur, méprisa leur basse envie, et étala ses belles plumes qui les éblouirent. Voyez avec quelle insolence et quel orgueil se promène cette créature hautaine ! crie le dindon. Fut-il jamais oiseau aussi vain ? Si on voyait le mérite intérieur, les dindons ont la peau plus blanche que ce vilain paon. Quelles jambes hideuses, quelles laides griffes ! dit l'oie. Quels cris horribles capables d'épouvanter les hiboux mêmes !—Il est vrai, ce sont des défauts, répliqua le paon : vous pouvez mépriser mes jambes et mes cris ; mais de tels critiques que vous raillent en vain : sachez qui si mes jambes supportaient l'oie ou le dindon, on n'aurait jamais trouvé ces défauts en vous.

Les fautes deviennent visibles dans la beauté ; mais c'est le caractère de l'envie de n'avoir des yeux que pour découvrir et censurer de petits défauts, et d'être insensible à toutes les beautés réelles.

LXXXV. Le Loup et le Cabri.

Un loup fort stupide (ils ne le sont pas tous), ayant bon appétit, trouva un cabri qui s'était égaré. Petit ami, dit l'animal carnassier, je vous rencontre fort à propos : vous me ferez un fort bon souper : car je n'ai ni déjeûné ni diné aujourd'hui, je vous assure. S'il faut que je meure, répliqua le pauvre petit cabri, de grâce donnez-moi une chanson auparavant : j'espère que vous ne me refuserez pas cette faveur : c'est la première que je vous ai jamais demandée : j'ai ouï dire que vous étiez parfait musicien. Le loup comme un sot commença à hurler, au lieu de chanter ; à ce bruit le berger accourut avec ses chiens qui le mirent en fuite. Fort bien, dit-il en s'en allant, je n'ai que ce que je mérite : cela m'apprendra un autre fois à mé tenir au métier de boucher, et non pas à faire le musicien.

Connaissez vos talens et votre capacité. Un imbécille ne devrait pas prétendre imiter un homme d'esprit et de génie.

LXXXVI. Le Loup et l'Agneau.

Un agneau buvait paisiblement à un ruisseau : un loup vint au même endroit, et but beaucoup plus haut : ayant envie de commencer une querelle avec l'agneau, il lui demanda d'un ton sévère pourquoi il troublait l'eau? L'innocent agneau, surpris d'une accusation si mal fondée, lui répondit avec une humble soumission, qu'il ne pouvait pas concevoir comment cela pouvait être. Monsieur, lui dit-il, vous voyez bien que je bois plus bas, et que l'eau coule de vous à moi, et que par conséquent je ne saurais la troubler. Maraut, répliqua le loup, il y a environ six mois que tu parlas mal de moi en mon absence.—Je n'étais pas encore né.—C'est donc ton frère.—Je n'en ai point, sur mon honneur. Le loup voyant qu'il était inutile de raisonner plus long-temps contre la vérité, Coquin, dit-il en colère, si ce n'est ni toi ni ton frère, c'est ton père, et c'est tout un. Là dessus il saisit le pauvre innocent agneau, et le mit en pièces.

Quand la malice et la cruauté sont jointes avec le pouvoir, il leur est aisé de trouver des prétextes pour tyranniser l'innocence, et pour exercer toute sorte d'injustice.

LXXXVII. L'ÂNE ET SES MAÎTRES.

Sous quelle étoile malheureuse suis-je né! disait un âne se plaignant à Jupiter. On me fait lever avant le jour. Je suis plus matinal que les coqs : et pourquoi? Pour porter des choux au marché : belle nécessité d'interrompre mon sommeil! Jupiter, touché de sa plainte, lui donna un autre maître, et l'animal aux longues oreilles passa des mains d'un jardinier à celles d'un corroyeur. Maître Aliboron fut bientôt las de la pesanteur et de la mauvaise odeur des peaux. Je me repens, dit-il, d'avoir quitté mon premier maître : j'attrapais quelquefois une petite feuille de chou qui ne me coutait rien; mais à présent je n'ai que des coups. Il changea encore une fois de maître, et devint âne de charbonnier : autre plainte. Quoi donc! dit Jupiter en colère; cet animal-ci me donne plus de besogne que dix autres. Allez trouver votre premier maître, ou contentez vous de celui que vous avez.

On n'est jamais content de sa condition; la présente, selon nous, est toujours la pire : à force de changer, on se trouve souvent dans le cas de l'âne de cette fable.

LXXXVIII. L'OISELEUR ET LE MERLE.

Un oiseleur tendit un jour ses filets à côté d'une haie : un merle qui était perché sur un arbre, le vit et eut la curiosité de lui demander ce qu'il fesait? Je bâtis une ville pour les oiseaux, répondit-il : vous voyez que je la pourvois de viande, et de tout ce qui est nécessaire à la vie : ayant dit cela, il s'en va, et se cache derrière la haie. Le merle le croyant fort sincère descendit de l'arbre, entre dans la ville et fut pris. L'homme sortit de sa cachette, et courut pour saisir sa proie. Si c'est là, lui dit le prisonnier, votre bonne foi, votre honnêteté, et la ville que vous bâtissez, vous n'aurez que fort peu d'habitans. Malheur à moi de vous avoir écouté : je suis la dupe de votre fourberie.

Les hommes sont trompeurs : méfiez-vous de leurs belles paroles et de leurs cajoleries : ils se vantent souvent, que les projets qu'ils inventent, sont pour le bien public ; tandis qu'ils ne cherchent que leur intérêt particulier.

LXXXIX. La Tulippe et la Rose.

UNE tulippe et une rose étaient voisines dans le même jardin : elles étaient l'une et l'autre extrêmement belles ; cependant le jardinier avait plus de soin et d'attention pour la rose. L'envie et la jalousie des beautés rivales ne peuvent pas facilement se cacher. La tulippe, vaine de ses charmes extérieurs, et ne pouvant supporter la pensée d'être abandonée pour une autre, reprocha au jardinier sa partialité. Pourquoi ma beauté est-elle ainsi négligée ? lui demanda-t-elle. Mes couleurs ne sont-elles pas plus vives, plus variées, et plus engageantes que celles de la rose ? Pourquoi donc la préférez-vous à moi, et lui donnez toute votre affection ? Ne soyez pas mécontente, belle tulippe, répondit le jardinier : je connais vos beautés, et les admire, comme elles le méritent ; mais il y a dans ma rose favorite de telles odeurs, et de tels charmes intérieurs, que la beauté seule ne saurait me procurer.

La beauté extérieure frappe d'abord ; mais il faut préférer le mérite intérieur.

XC. Le Loup et le Chien de Berger.

UN loup courant par une forêt, vint près d'un troupeau de moutons : il rencontra le chien d'un berger. Que faites-vous ici ? lui demanda-t-il ; quelle est votre affaire ? Une petite promenade, répondit le loup : je n'ai pas de mauvais dessein, je proteste sur mon honneur.—Votre honneur ! répliqua le chien ; sûrement vous badinez : je ne voudrais pas recevoir votre honneur pour gage de votre honnêteté.—Point de tache à ma réputation, je vous prie : mon sentiment d'honneur est aussi délicat,

que mes grands exploits sont renommés. Pendant que le loup
fesait le panégyrique de son honnêteté, un agneau s'écarta du
troupeau : la tentation était trop grande ; il saisit sa proie et l'emporte avec précipitation dans le bois. Tandis que l'honnête
animal courait de toute sa force, le chien cria après lui assez haut
pour être entendu : Holà ho, monsieur le loup ! Sont-ce là vos
grands exploits, et les sentimens d'honneur dont vous venez de
parler ?

Ceux qui parlent le plus d'honneur et de sentiment, sont ordinairement ceux qui en ont le moins.

XCI. L'AIGLE ET LE HIBOU.

L'AIGLE et le hibou, après avoir fait long-temps la guerre, convinrent d'une paix : les articles préliminaires avaient été préalablement signés par des ambassadeurs : l'article le plus essentiel était,
que le premier ne mangerait pas les petits de l'autre. Les con-
naissez-vous ? demanda le hibou. Non, répondit l'aigle.—Tant pis.
—Peignez-les-moi, ou me les montrez, foi d'honnête aigle, je n'y
toucherai jamais.—Mes petits sont mignons, beaux, et bien faits ;
ils me ressemblent tous, et ont la voix fort douce et mélodieuse :—
vous les reconnaîtrez facilement à ces marques.—Fort bien, je
ne l'oublierai pas. Il arriva un jour que l'aigle aperçut dans le
coin d'un rocher de petits monstres fort laids, rechignés, avec un
air triste et lugubre. Ces enfans, dit-il, n'appartiennent pas à
notre ami ; croquons-les : aussitot il se mit à en faire un bon
repas. L'aigle n'avait pas tort. Le hibou fit une fausse peinture
de ses petits : ils n'en avaient pas le moindre trait.

Les parens devraient éviter avec soin cette faible partialité
envers leurs enfans, qui les rend souvent aveugles sur leurs défauts : et qui est quelquefois fatale aux uns et aux autres.

XCII. L'ÂNE ET LE LION.

LE lion se mit un jour en tête d'aller à la chasse : pour y
réussir, il se servit de l'âne : il le posta dans des broussailles,
avec ordre d'épouvanter les bêtes de la forêt par les cris de sa
voix qui leur était inconnue, afin qu'il se jetât sur elles dans leur
fuite. L'animal aux longues oreilles obéit et se mit à braire de
toute sa force : par ce stratagème, il remplit de frayeur toutes les
bêtes des environs ; intimidées par ce nouveau prodige, elles
cherchent les sentiers qui leur sont connus ; mais au lieu d'éviter
le piège, elles tombent entre les griffes du lion. Lassé de car-

nage, le roi des animaux rappelle maître Grison et lui ordonne
de se taire. Le baudet, devenu fier de sa prétendue bravoure,
s'attribue tout l'honneur de la chasse. Que vous semble, demanda-t-il, du service que vous a rendu ma voix? Elle a fait
des merveilles, répondit le lion, et j'aurais été effrayé moi-même,
si je n'eusse su que tu n'es qu'un âne.

Celui qui vante ses prétendus exploits, sans avoir du courage,
trompe ceux qui ne le connaissent pas, et se fait moquer de ceux
qui le connaissent.

XCIII. L'Écho et le Hibou.

Un hibou, enflé d'orgueil et de vanité, répétait ses cris lugubres à minuit, du creux d'un vieux chêne. D'où provient, dit-
il, ce silence qui règne dans ce bois? si ce n'est pour favoriser
ma mélodie. Surement les bocages sont charmés de ma voix, et
quand je chante, toute la nature écoute. Un écho répète dans
le même instant, "toute la nature écoute." Le rossignol, continua
le hibou, a usurpé mon droit : son ramage est musical, il est
vrai ; mais le mien est beaucoup plus doux. L'écho répète
encore, "est beaucoup plus doux." Excité par ce fantôme, le
hibou, au lever du soleil, mêla ses cris lugubres à l'harmonie des
autres oiseaux ; mais dégoûtés de son bruit, ils le chassèrent
unanimement de leur société, et continuent encore à le poursui-
vre partout où il paraît : de sorte que pour se mettre à l'abri de
leurs poursuites, il fuit la lumière et se plaît dans les ténèbres.

Les hommes vains et orgueilleux s'imaginent que leurs perfections imaginaires sont le sujet de l'admiration des hommes, et
que leurs propres flatteries sont la voix de la renommée.

XCIV. Le Cerf et le Faon.

Un cerf, devenu vieux et hargneux, frappait du pied selon sa
coutume, et élevait la tête : un jour il se mit à ruer d'une manière si terrible, que les animaux de la forêt en furent effrayés.--
Dans cette consternation générale un faon l'approcha. Quelle
est la raison, je vous prie, demanda-t-il, que vous qui êtes si fort
et si formidable en d'autres temps, avez peur des chiens? Vous
êtes plus gros et mieux armé qu'eux, et cependant quand un seul
de ces animaux jappe, la frayeur vous saisit, et vous prenez la
fuite comme si tous les chiens étaient à vos trousses. Tout ce
que vous dites est très vrai, répondit le cerf, et je me le suis dit
à moi-même plus de mille fois ; et néanmoins quelque résolution
que je prenne, je n'entends pas plutôt la voix d'un chien, que je

8

tremble de tous mes membres, et que je suis obligé, malgré ma force et mon courage, de prendre la fuite et de me cacher où je puis.

Les reflexions ne guérissent pas les infirmités naturelles. Il y a bien des poltrons qui prétendent être courageux et vaillans, quand ils sont hors de danger; mais quand ils y sont, le courage leur manque : leur poltronnerie est d'autant plus ridicule, qu'elle veut se cacher sous une bravoure affectée.

XCV. Le Dogue et le Loup.

Un loup maigre et à moitié mort de faim, rencontra près d'un bois un dogue gros, gras, et bien nourri. Comment, dit le loup, vous avez très-bonne mine! je n'ai jamais vu, je vous assure, de créature aussi bien faite; mais comment cela se fait-il, je vous prie, que vous viviez mieux que moi? Je puis dire sans vanité, que je me hasarde cinquante fois plus que vous; et cependant je meurs presque de faim. Il ne tient qu'à vous, répondit le chien, de vivre comme moi : faites ce que je fais.—Qu'est-ce que c'est? —Seulement garder la maison de nuit.—De tout mon cœur; je quitterai les bois où je mène une vie dure et misérable, toujours exposé aux injures du temps, et où souvent je ne trouve rien à manger.—Eh bien! dit le chien, suivez-moi. Chemin fesant, le loup aperçut que le cou du chien était pelé. Que vois-je? lui demanda-t-il; qu'avez-vous au cou? Oh! ce n'est rien, répondit le chien.—Mais encore, de grâce —Cela vient peut-être du collier dont je suis attaché.—Allons, avançons.—Qu'avez-vous? Non, répliqua le loup. gardez tout votre bonheur pour vous; je préfère la liberté d'aller et de me promener où et quand il me plait à la bonne chère que vous faites, et au collier dont vous êtes attaché.

Soyez content de votre sort; et ne sacrifiez jamais un plus grand bien à un moindre.

XCVI. Les deux Ânes.

Deux ânes, chargés chacun de deux paniers, allaient lentement au marché. Pour se désennuyer en chemin ils entrèrent en conversation comme des gens d'esprit et de bon sens. Maître Aliboron dit à son camarade Grison : Frère, ne trouvez-vous pas que les hommes sont de grands fous, et bien injustes? Ils profanent notre respectable nom, et traitent d'âne, quiconque est ignorant, sot, ou stupide : ils sont bien plaisans, vraiment, de prétendre nous exceller.—Race stupide! leurs meilleurs orateurs

ne sont que des brailleurs en comparaison de votre voix et de
votre rhétorique. Vous m'entendez, dit maître Aliboron : Je
vous entends fort bien, répondit maître Grison, dressant les
oreilles : je puis vous rendre la même justice, et vous faire le même
compliment : c'est vous qui avez la voix belle et mélodieuse : le
ramage du rossignol n'est rien en comparaison du vôtre ; vous
surpassez Brignoli.* Ainsi les deux baudets se louaient et se
complimentaient sur l'excellence et sur la supériorité de leurs
talens.

La même chose arrive parmi les hommes : et il est fort commun de voir deux sots se donner mutuellement des louanges
qu'ils méritent autant que les deux ânes de cette fable.

XCVII. Le Chat, les Souris, et le vieux Rat.

Un chat, le fléau des rats, avait dans sa vie croqué bien des
souris ; celles qui restaient, n'osaient sortir de leurs trous, de
peur de devenir la proie de ce chat. Raton savait que si les
choses restaient dans cet état, il manquerait de provisions : après
une mûre délibération, il résolut d'avoir recours a un stratagème :
pour cet effet il contrefit le mort, en se couchant tout de son long
à terre, et étendant ses quatre pattes et sa queue. Les souris,
surprises de voir leur ennemi dans cet état, mettent le nez hors
de leurs trous, montrent un peu la tête, puis rentrent, puis re-
sortent et avancent quatre pas ; quand Ronge-maille, vieux
routier qui savait plus d'un tour, et qui avait même perdu une
patte et sa queue en se sauvant d'une ratière, voyant le danger
où étaient les souris par leur curiosité, s'écria : Mes enfans, je
tremble pour votre sureté ; n'approchez pas plus près. Ce
chat que vous croyez mort, est aussi vivant que vous et moi ;
c'est un piège qu'il vous tend, sur mon honneur ; au moins ne
saurait-il y avoir de mal à ne pas vous exposer ; rentrez donc
vîte dans vos trous, et souvenez-vous de cette maxime, que la
précaution est la mère de la sureté.

XCVIII. La Rose et le Papillon.

Un beau papillon poudré fit l'amour à une belle rose qui répandait ses charmes dans un parterre ; ils s'aimèrent bientôt, et
se jurèrent mutuellement une fidélité éternelle. Je suis tout à
vous, dit l'un ; et moi, je n'aimerai jamais que vous, dit l'autre.
Le papillon, pleinement satisfait des promesses de sa maîtresse,

* Fameux chanteur Italien.

prit congé d'elle, et ne revint que vers midi. Quoi! dit la rose,
quand elle le vit approcher, est-ce là la fidelité que vous m'avez
vouée, est-elle sitôt éteinte? Il y a un siècle que je ne vous ai vu;
(il n'y avait que trois ou quatre heures) mais je ne m'en étonne pas;
car j'ai observé que vous fesiez la cour à chaque fleur du jardin.
Petite coquette, répliqua le papillon, il vous convient bien, vraiment, de me reprocher mes galanteries; je ne fais que copier
l'exemple que vous m'avez donné; car pour ne pas parler de la
satisfaction avec laquelle vous avez reçu les embrassades du vent,
ne vous ai-je pas vu montrer vos charmes à l'abeille, à la mouche,
à la guêpe, même à l'araignée, en un mot à chaque petit insecte
qui se présentait à votre vue? Ma chère petite amie, si vous
voulez être coquette, ne soyez pas surprise de me trouver
inconstant.

Nous ne devrions pas donner occasion aux autres de nous reprocher les mêmes défauts que nous trouvons en eux.

XCIX. LA MOUCHE ET LA FOURMI.

UNE mouche et une fourmi disputaient un jour sur l'excellence
de leur condition. O Jupiter, dit la première, est-il possible que
l'amour propre aveugle tellement les gens, qu'un vil et rampant
animal ose se comparer à la fille du soleil! Mais, ma petite
mignonne, dites-moi, je vous prie, vous placez-vous jamais sur la
tête d'un roi ou d'un empereur? Vous asseyez-vous à leurs
tables? Hantez-vous leurs palais? Je fais tout cela, et mille
autres choses que toute votre race ne saurait faire. Vous avez
raison, commère, répondit froidement la fourmi, je ne hante
point les palais, je ne me place point sur la tête des empereurs
ou des rois, je ne m'assieds pas à leurs tables; mais de grâce
dites-moi à votre tour, ma princesse, que deviendrez-vous en
hiver? Vous mourrez de faim, de froid, de langueur, et de
misère; au lieu que moi, je me reposerai après mes travaux; je
vivrai dans l'abondance sans mélancolie. Adieu, fille du soleil!
allez à la cour, et laissez-moi faire mon ouvrage.

Quand la vanité est jointe à la sottise et à la pauvreté, elle
rend l'homme ridicule et méprisable; c'est la condition de la
mouche. Une honnête médiocrité avec contentement est l'état
le plus heureux; c'est celui de la fourmi.

C. L'Ours et le Taureau.

Un ours, élevé dans les déserts sauvages de la Sibérie, eut envie de voir le monde; il était curieux; chose assez rare parmi les ours; dans ses voyages, il fit plusieurs réflexions curieuses et importantes sur le gouvernement de différens royaumes et de différentes républiques; le résultat fut qu'aucun pays dans l'univers n'égalait le sien pour la perfection du gouvernement, et pour la sagesse des lois. Les forêts de la Sibérie lui semblaient plus belles et plus charmantes que les bois des plus belles provinces de l'Europe; il était imbécille sans doute, mais n'importe, tous les ours le sont. Un jour il vit dans une prairie un troupeau de vaches. Quels animaux! dit-il; qu'ils sont maigres! Les vaches de la Sibérie sont bien plus grosses et plus grasses. Tais-toi, animal ignorant et stupide, lui dit un taureau en colère, les veaux de ce pays-ci sont plus gros que les bœufs du tien. Il n'y a qu'un ours qui puisse avoir tant de présomption, que de préférer les forêts de la Sibérie à ce pays fertile et agréable que nous habitons.

C'est une sotte vanité, mais très commune, de préférer sa patrie à toute autre. Un homme qui a dessein de voir le monde, et de tirer quelque avantage de ses voyages, doit être exempt de partialité et de préjugés contre les autres nations.

CI. Le Renard dupé.

Un renard affamé aperçut une poule qui ramassait des vers au pied d'un arbre; il allait se jeter sur elle, quand il entendit le bruit d'un tambour suspendu à l'arbre, et que les branches, agitées par la violence du vent, fesaient mouvoir. Oh! oh! dit maître renard, levant la tête; êtes-vous là? Je suis à vous tout à l'heure. Qui que vous soyez, par le bruit que vous faites, vous devez avoir plus de chair qu'une poule; c'est un repas fort ordinaire; j'en ai tant mangé que j'en suis dégoûté depuis longtemps; vous me dédommagerez des mauvais repas que j'ai faits; par ma foi, je vous trouve fort à propos. Ayant dit cela, il grimpe sur l'arbre et la poule s'enfuit, très-aise d'avoir échappé d'un danger aussi éminent. Le renard affamé saisit sa proie, et travaille des griffes et des dents: mais quelle fut sa surprise, quand il vit que le tambour était creux, et qu'il n'y trouva qu'une cavité vide, de l'air au lieu de chair! Poussant un profond soupir: Malheureux que je suis, s'écria-t-il, quel morceau délicat n'ai-je pas perdu pour de l'air, du vide, et du bruit!

8 *

L'homme prudent ne doit pas quitter la réalité pour des apparences. Ce qui fait le plus de bruit, n'est pas toujours le plus solide ni le plus avantageux.

CII. Le Singe et le Léopard.

Le singe et le léopard, comme deux charlatans, avaient chacun leur affiche au coin d'une grande rue. Le léopard disait : Messieurs, je ne me vante pas d'être bouffon comme mon voisin ; mais ma gloire et mon mérite sont connus en tout lieu : la cour et la ville ont admiré la beauté de mon corps ; examinez ma peau ; elle est très-bien marquetée. Entrez, Messieurs, vous n'avez jamais vu une si belle bigarrure. Les dames, après ma mort, se disputeront l'honneur d'avoir un manchon de ma peau. Le singe, placé vis-à-vis, répliquait. N'écoutez pas mon voisin ; c'est un imposteur, un animal stupide et grossier ; il n'a pas un grain d'esprit ou de jugement ; en un mot, ce n'est qu'un léopard : il est marqueté, il est vrai ; mais c'est tout son mérite. La diversité dont il se vante tant, moi je l'ai dans l'esprit.—Mon aïeul était singe du pape : je sais imiter toutes ses singeries : je sais danser, sauter, cabrioler. Entrez, Messieurs, vous verrez tout cela pour quatre sous : si vous n'êtes pas contens, on vous rendra votre argent à la porte. Fagotin eut beaucoup de monde : personne ne parut mécontent d'avoir vu la diversité de ses tours de souplesse.

Il y a bien des gens dans le monde, dont tout le mérite ne consiste que dans les apparences.—Ce n'est pas dans l'habillement que la diversité doit plaire, c'est dans l'esprit.

CIII. Le Faucon et le Poulet.

De tous les animaux que j'ai jamais connus, dit un faucon à un poulet, vous êtes certainement le plus ingrat. Quelle ingratitude, demanda le dernier, avez-vous jamais observée en moi ? Peut-il y en avoir une plus grande, répondit le premier, que celle dont vous êtes coupable à l'égard des hommes ? Pendant le jour ils vous nourrissent de grains ; pendant la nuit ils vous donnent une place convenable où vous pouvez vous jucher, et où vous êtes à l'abri des injures du temps : malgré tous ces soins, quand ils veulent vous attraper, vous oubliez toutes leurs bontés à votre égard, et vous vous efforcez lâchement d'échapper aux mains de ceux qui vous nourrissent et vous logent ; c'est ce que je ne fais jamais, moi qui suis une créature sauvage, un oiseau de proie, et qui ne leur ai aucune obligation. Aux moindres caresses qu'ils me font, je m'apprivoise, me laisse prendre, et mange sur leurs mains. Tout ce que vous dites, est très-vrai, répliqua le poulet; mais je vois que vous ne savez pas la raison qui me fait fuir. Vous n'avez jamais vu un faucon en broche; mais moi, j'y ai vu mille poulets.

Les caresses extérieures ne sont pas toujours une preuve de l'amitié que l'on a pour quelqu'un. Presque tout le monde ne cherche que son propre intérêt. Le fourbe sous une apparence pleine d'amitié ou de générosité cache quelquefois l'âme la plus noire.

CIV. La Tortue et les deux Canards.

UNE tortue, lasse d'être toujours enfermée dans une écaille, prit la résolution de voyager pour voir différens pays, et pour connaître les mœurs des habitans: elle communiqua son dessein à deux canards. Commère, lui dirent-ils, nous pouvons vous satisfaire: nous vous porterons par l'air en Amérique: vous verrez dans votre passage plusieurs royaumes et plusieurs républiques, et pourrez remarquer les mœurs des différens peuples qui les habitent.—Que faut-il que je fasse?—Vouz n'avez qu'à prendre le milieu de ce bâton à la bouche, et nous prendrons chacun un bout.—De tout mon cœur: cela me paraît très-aisé.—Gardez-vous bien de lâcher prise.—Ne craignez pas, j'y prendrai garde.—Tenez bien le bâton.—Je le tiens, partons. Ils partent, tortue, canards, et bâton. Ils n'eurent pas volé bien haut, qu'un corbeau, rencontrant les voyageurs, demanda aux canards ce qu'ils portaient. La reine des tortues, répondirent-ils. La reine des tortues! dit le corbeau tout surpris. Vraiment oui, répliqua le sot animal, je la suis; et en répliquant, elle lâcha le bâton, et tombant sur une pierre pointue, elle fut mise en pièces.

On ne devrait jamais entreprendre des choses au-dessus de ses forces.

CV. Le Chat sauvage et le Renard.

UN chat sauvage et un renard se rencontrèrent dans un bois: Compère, dit le dernier au premier, je suis charmé de vous rencontrer: il y a long-temps que je ne vous ai vu. Vous cherchez sans doute un déjeûner; si vous voulez, nous serons associés, et nous partagerons la proie. De tout mon cœur, dit le chat: je fis hier un très-mauvais souper, et je vous assure que je pourrais manger un bon déjeûner: allons. Les deux associés partent, et chemin fesant ils entrent en conversation. Maître renard, animal qui n'est pas le moins vain, commence à étaler ses belles qualités. Je suis le plus rusé de tous les animaux : quand j'ai envie d'une poule, il faut qu'elle soit bien fine pour m'échapper ; j'en ai mangé beaucoup dans ma vie et des coqs aussi. Je me ris des pièges ; j'ai plus de mille finesses pour les éviter. Mille ! dit Rominagrobis ; je vous en félicite : je n'en ai pas tant, moi ; mais j'ai de bonnes griffes qui me suffisent pour me tirer de toutes sortes d'embarras. Le renard allait répliquer ; mais il n'en eut pas le temps : ils virent tout-à-coup plusieurs chiens qui venaient se jeter sur eux. Cousin, dit le matou, vous n'avez point de temps à perdre : tirez de votre cervelle vos mille finesses ; pour moi, voici la mienne. Dans l'instant Rominagrobis grimpa sur un arbre où il demeura en sûreté : l'autre fut pris et dévoré par les chiens malgré toutes ses finesses.

C'est la meilleure de toutes les finesses que d'avoir assez d'habileté pour éviter les embuches de ses ennemis.

CVI. Le Papillon et l'Abeille.

Un papillon perché sur les feuilles d'un bel œillet, vantait à une abeille la vaste étendue et la variété de ses voyages. J'ai passé les Alpes ; j'ai examiné avec soin tous les tableaux et toutes les sculptures des grands maîtres ; j'ai vu le Vatican, le pape, et les cardinaux ; je me suis placé sur les colomnes d'Hercule. . . . Ma petite mignonne, peux-tu te vanter d'un honneur semblable ? Ce n'est pas tout, j'ai visité avec une parfaite liberté tous les jardins qui se sont présentés à ma vue dans mes voyages ; j'ai caressé les fleurs les plus belles et les plus odoriférantes, les violettes, les roses, et les œillets. Conviens, petit insecte, que je connais le monde. L'abeille occupée sur un lit de marjolaine, lui répondit froidement : Vain fanfaron ! tu as vu le monde ; mais en quoi consiste la connaissance que tu en as ? Tu as vu une variété de fleurs ; en as-tu tiré quelque chose d'utile ? Je suis voyageuse aussi ; va et regarde dans ma ruche ; mes trésors t'apprendront, que le but des voyages est, ou de recueillir des matériaux pour l'usage et le profit de la vie privée, ou pour l'avantage et l'utilité de la société.

Un fat peut se vanter d'avoir voyagé ; mais il n'y a qu'un homme de goût et de discernement qui puisse profiter de ses voyages.

CVII. LE BOUC ET LE RENARD.

UN vieux bouc, à longue barbe, et de grande expérience, avait passé la journée dans les champs à faire des réflexions philosophiques sur la nature et sur la condition des autres animaux : le résultat fut qu'il était content de son sort.—Très satisfait de lui-même et de ses réflexions, il s'en retourna vers le soir dans son étable. En passant auprès d'un puits, il y vit un renard, (il fesait clair de lune) : Camarade, que faites-vous ici à cette heure ? lui demanda-t-il. Prenez-vous le bain ? Non, répondit le renard, je mange un fromage qui est délicieux ; voyez-vous la brèche que j'y ai faite ?—Où ?—Ici. Descendez vîte si vous en voulez ; c'est du vrai fromage d'Angleterre ; vous n'en avez jamais goûté de meilleur ; il en reste encore assez pour vous. Me prenez-vous pour une grue ? répliqua l'animal à barbe. N'avez-vous pas de conscience de mentir aussi impudemment, et de me faire accroire une telle absurdité ? Allez, allez, monsieur le renard, il y a long-temps que je vous connais ; je n'ignore pas toutes vos finesses, et je suis trop vieux pour tomber dans vos pièges. Adieu, je vous souhaite une bonne nuit ; une affaire pressante m'empêche de m'arrêter ; demain à la même heure je viendrai vous revoir ; en attendant mangez votre fromage ; il est trop dur pour mon estomac.

L'homme sage et prudent n'écoute pas les caresses ni les promesses d'un fourbe qui ne cherche que son propre intérêt.

———

CVIII. LE LIÈVRE ET LA TORTUE.

UN lièvre, courant dans les bois, trouva dans son chemin une tortue qui semblait à peine se remuer (les tortues sont naturellement lentes) ; elle portait sa maison sur le dos. Quelle drôle de figure ! dit Trottevite, en s'arrêtant ; commère, vous n'avez pas dessein d'aller loin aujourd'hui : il vous faut une heure pour faire un pas. Pauvre créature ! je vous plains d'être obligée de porter partout un fardeau aussi pesant. Je vous remercie, dit la tortue ; mais malgré ma lenteur et mon fardeau, je parie que j'arriverai plutôt que vous à quelque place que vous puissiez nommer.—Plutôt que moi ! vous radotez.—Non, vous dis-je, je ne radote pas ; parions. J'y consens.—Les deux parieurs partent. Le lièvre est bientôt près de la place dont ils étaient convenus ; mais il méprisa une victoire aussi aisée : il retourne, et voit la tortue qui avançait lentement. Je suis bien fou, dit-il, de me servir de ma vîtesse ; mon antagoniste n'a qu'à avancer, pendant que je m'amuserai à brouter : je la devancerai, quand il me plaira. Trottevite s'arrête, broute, et ensuite s'endort dans son gîte. Cependant dame tortue avança et arriva à la place avant que le lièvre fut éveillé.

La nonchalance et la présomption gâtent souvent les bonnes affaires ; ce n'est pas le temps de dormir, quand on a quelque chose de conséquence à terminer ; et il ne sert de rien d'avoir des talons, si l'on n'en fait pas un bon usage.

CIX. LE LION, LE LOUP, ET LE RENARD.

UN lion était vieux, faible, et infirme ; toutes les bêtes de la forêt se rendirent à sa tanière pour lui rendre leurs respects. Le renard seul n'y parut pas. Le loup prit cette occasion pour faire sa cour au roi des animaux. Je puis assurer votre majesté, dit-il, que ce n'est que l'orgueil et l'insolence qui empêchent le renard de paraître à la cour. Il n'ignore pas votre maladie, et il n'attend que votre mort pour s'emparer du trône. Qu'on le fasse venir, dit le roi des animaux. Il vient, et soupçonnant le loup de lui avoir joué un mauvais tour : Je crains, Sire, dit-il, qu'on ne m'ait noirci dans votre estime ; mais permettez que je vous fasse un récit fidèle des raisons de mon absence. J'étais en pélerinage, et m'acquittais d'un vœu que j'avais fait pour votre rétablissement. J'ai trouvé dans mon chemin des gens experts et savans à qui j'ai communiqué votre maladie ; j'ai été assez heureux pour apprendre un remède infaillible. Quel remède ? demanda le lion avec empressement. C'est, répondit maître Renard, la peau d'un loup écorché, entortillée toute chaude et toute fumante autour de votre corps. Le roi des animaux approuva le remède. À l'instant on prend le loup, on l'écorche, et le monarque s'enveloppe de la peau du défunt.

Ceux qui tâchent de nuire aux autres par de faux rapports, sont quelquefois les victimes de leur méchanceté.

CX. LA GRENOUILLE, L'ÉCRÉVISSE, ET LE SERPENT.

UNE grenouille demeurait dans le voisinage d'un serpent qui mangeait ses petits ; cela lui fit presque perdre l'esprit ; elle alla un jour rendre visite à une écrévisse qui était une de ses commères, et la fit confidente de ses griefs : dans l'amertume de son cœur, elle proféra plusieurs imprécations contre le serpent. L'écrévisse l'encouragea, l'assurant qu'on pourrait trouver un moyen de la délivrer d'un voisin si dangereux. En vérité, commère, vous m'obligerez, dit madame Grenouille, si vous m'enseignez cela. Écoutez donc, répliqua madame Écrévisse. Il y a dans une telle place une de mes camarades qui est fort grosse, et qu'on regarde comme un monstre parmi nous; prenez un nombre suffisant de petits vérons, et rangez-les tous depuis le trou de l'écrévisse jusqu'à la place où est le serpent; elle les happera certainement tous l'un après l'autre, jusqu'à ce qu'elle vienne où gît le serpent; et alors ma camarade le dévorera aussi. La grenouille suivit cet avis et goûta le doux plaisir de la vengeance, mais deux jours après, l'écrévisse qui avait mangé le serpent, pensant d'en trouver d'autres, alla à la chasse dans le même voisinage, et trouva bientôt la place où était la grenouille, et la mangea.

La vengeance a souvent des suites funestes, même quand elle réussit. On voit aussi par cette fable que les trompeurs sont souvent trompés eux-mêmes.

CXI. Le Fermier, le Chasseur, et le Cerf.

Un cerf vivement poursuivi par un chasseur, arriva presque hors d'haleine auprès d'une ferme; le fermier était devant la porte. L'animal saisi de peur, le pria les larmes aux yeux, d'avoir pitié de lui, et de lui permettre de se cacher dans un coin de la cour. Le fermier le lui permit, et s'engage sur sa parole d'honneur à ne le point découvrir. Le chasseur parut quelques momens après, et demanda au métayer, s'il n'avait pas vu un cerf? Non, répondit-il; il n'a pas passé par ici, je vous assure; en même temps il indiqua avec son doigt la place où le timide animal était caché. Le chasseur, appliqué à sa chasse, ne prit pas garde au signe et s'en alla. Aussitôt qu'il fut parti, le cerf s'enfuit sans rien dire. Holà ho, cria le fermier, où courez-vous si vîte? Est-ce là le remerciment pour le refuge que je vous ai accordé? Oui, dit le cerf, si votre main avait été aussi honnête que votre langue, je n'aurais certainement pas manqué de vous remercier; mais tout le remerciment que mérite un homme à deux visages c'est l'indignation et le mépris.

La duplicité est fort commune, c'est le vice de la plupart des gens. L'homme prudent se méfie des protestations de service et d'amitié, qui ne sont pas fondées sur la sincérité.

CXII. Le Rat et ses Amis.

Un rat vivait dans l'abondance près d'un grenier où il y avait une grande quantité de froment. Maître Ronge-maille avait fait un trou par où il allait visiter son magasin, quand il lui plaisait. Le prodigue ne se contentait pas de se bien nourrir lui-meme, il assemblait tous les rats du voisinage : Venez, mes amis, dit-il, venez ; vous vivrez ici dans l'abondance comme moi ; c'est un trésor que j'ai découvert. Il eut beaucoup d'amis, je n'en doute pas, amis de table, je veux dire ; il y en a beaucoup parmi les hommes. Cependant le maître du grain, voyant qu'il diminuait de jour en jour, quoiqu'il n'y touchât pas, résolut de l'ôter du grenier ; il le fit dès de lendemain ; voilà Ronge-maille à la besace. Heureusement, dit-il, j'ai de bons amis ; ils ne me laisseront pas manquer ; ils me l'ont juré cent fois. Le rat comptait sans son hôte ; il va chez ses amis : Je ne vous connais pas, dit l'un ; l'autre, vous êtes un imbécille ; un troisième, vous êtes un prodigue ; c'est votre faute, si vous êtes dans la misère ; la plupart lui fermèrent la porte au nez.

La même chose arrive dans le monde. Êtes-vous riche et puissant, tout le monde vous flatte et vous caresse ; vous ne manquez jamais de parasites qui se disent vos amis. Si vous devenez pauvre, ils vous abandonnent, et même vous insultent dans vos malheurs.

CXIII. Le Cheval et le Lion.

Un cheval Laponais, philosophe s'il en fut jamais, et voyageur d'inclination, sortit de son pays pour voir le monde. Après avoir passé par la France, par l'Angleterre, et par l'Espagne, il arriva en Afrique ; c'était là que régnait le lion, roi des animaux. L'étranger savait la politesse ; il se fit présenter à sa majesté pour lui rendre hommage ; il fut introduit à l'audience par le singe, introducteur des ambassadeurs. Soyez le bien venu, lui dit le monarque, il me tarde de vous entendre raconter vos voyages ; j'ai du loisir ; parlez, et ne craignez pas de m'ennuyer. Notre voyageur Européen ne se fait pas prier deux fois ; c'était un grand parleur, presque tous les voyageurs le sont. Sire, dit-il, en fesant la révérence, je viens du pays le plus beau et le plus fertile de l'univers ; mais je trouve ici une grande différence ; premièrement, les hommes y sont blancs ; ils sont noirs ici. Secondement les rivières y sont dures comme le marbre ; on les traverse à pied ; elles portent . . . . . Halte-là, dit le lion, en l'interrompant ; me prenez-vous pour un imbécille de me faire accroire des impossibilités ? Est-ce ainsi que vous osez m'en imposer en ma présence ? Notre voyageur quadrupède veut s'excuser ; on ne l'écoute pas : on le chasse à coups de cornes, de griffes, et de dents.

C'est une imprudence de parler contre l'opinion des gens prévenus ; et c'est une vaine présomption de nier avec opiniatreté
une chose, parce qu'elle nous paraît difficile ou impossible.

CXIV. Le Chien et le Chat.

Laridon, le meilleur chien de son espèce qu'on pût voir,
vivait paisiblement dans une maison : il était aimé et caressé du
maître, de la maîtresse, des enfans, et des valets ; ils étaient
tous ses amis : j'en excepte un chat dont il tira l'oreille un jour,
en disputant un os : ce chat était jaloux des caresses que l'on
fesait au chien. Tu me le payeras, maudite bête, dit Raton,
avec des yeux enflammés : tu peux t'attendre à pis qu'à la
pareille. Le chien ne répond mot, ronge son os, et va ensuite
caresser sa maîtresse. Cependant le traître de chat médite jour
et nuit, comment il pourra se venger du chien. Que fait-il ?
Notez la ruse de Raton : la maîtresse avait un serin de Canarie,
qui la charmait par son ramage ; elle en était folle : il épie
le moment, qu'il n'y avait personne, saute après la cage, la fait
tomber, et tue l'oiseau : ensuite il le porte tout rongé à la loge
du chien. Je vous laisse à penser le bruit que fit la maîtresse
quand elle ne vit pas son serin. Dans le moment toute la maison
est en allarme ; mari, femme, enfans, servantes et valets : on
court, on cherche, et enfin en trouve sa carcasse auprès de Laridon. Ah ! le perfide ! s'écrie la dame ; il faut qu'il meure : point
de pardon pour cet ingrat. Quoi ! manger l'oiseau favori de ta
maîtresse ! Le crime est énorme : vîte qu'on l'assomme. A
l'instant le pauvre chien tombe sous les coups : chacun le pleure ;
personne ne prend sa défense. C'est dommage, disent-ils ; mais
qu'y faire ? Il est mort.
Un ennemi nuit quelquefois plus, que cent amis ne servent.

CXV. La Ligue des Chiens.

Un jour les chiens tinrent une diète. Nous sommes bien fous,
dit Brisefer à Miraut, de nous déchirer à belles dents, et pourquoi ? Souvent pour une bagatelle, pour un os décharné qui a
resté huit jours sur le pavé : soyons amis ; cessons nos querelles
et fesons une ligue : donnons-nous les pattes. Bien dit, cria un
dogue, orateur de l'assemblée : point d'animal qui puisse nous
résister, si nous demeurons tous unis : mais si nous sommes
divisés point de faquin qui ne puisse nous chasser à coups de
pierres. Nos ligués font serment de demeurer toujours unis : dans

9

l'instant ils partent: l'amour de la république les anime: ils vont à la chasse, et trouvent bientôt un marcassin : ils l'attaquent, le terrassent, et le déchirent: il ne s'agit plus que de le partager; c'est le point délicat: nos ligués querellent. Moi, dit Brisefer, comme le plus brave, j'en veux avoir la moitié; je l'ai attaqué le premier. Je l'ai étranglé, dit Miraut. Un troisième répliqua, voyez mes dents; vous y verrez encore le sang de la bête. Les chiens sont furieux ; leur fureur s'accroît : bientôt ils commencent à se déchirer les uns les autres. Tandis que ces confédérés n'écoutent qu'une rage brutale, ils virent venir une troupe de loups : voilà nos chiens bien embarrassés; il faut prendre la fuite; ils la prennent; mais quelques uns ne purent pas bouger de la place, et devinrent la proie des loups.

La dissention parmi les chefs est le ruine des sociétés, au lieu que la concorde les maintient et les fortifie.

CXVI. La Chenille et la Fourmi.

UNE fourmi fort affairée trottait ça et là avec beaucoup d'empressement pour trouver quelques petites provisions : dame fourmi n'est pas paresseuse ; elle a raison : elle rencontra dans ses excursions une chenille renfermée dans sa coque: elle n'avait que peu de jours à y rester pour devenir papillon. Le ciel vous guide, dit le ver, en saluant la pourvoyeuse: celle-ci, sans rendre le compliment, le reçoit d'un air dédaigneux. Pauvre animal, dit-elle, que je te plains ! la nature a été bien dure envers toi : encore si tu pouvais marcher ; mais tu ne saurais te remuer dans ta prison Le ciel soit loué : j'ai de bonnes jambes; elles sont petites à la vérité ; mais elles sont bien dégagées. Examine bien mon corps, et dis-moi, si tu as jamais vu une petite creature aussi leste et aussi bien proportionnée que moi ? Je vais dans les champs : je me promène où je juge à propos, et même, quand il me plaît, je monte au haut des arbres : je . . . . . mais c'est trop jaser : je perds mon temps. Adieu, insecte rampant : La chenille modeste ne répondit rien à l'outrage.—Quelque temps après la fourmi repassa par le même endroit; mais les choses étaient changées : le ver étaient devu papillon : Holà-ho, cria-t-il à la fourmi ; arrête un peu, petite présomptueuse : je te donnerai un bon avis. Ne méprise jamais personne. Adieu, insecte vain et orgueilleux : me voilà dans l'air, et tu rampes encore.

L'orgueil et la vanité sont méprisables. Le vrai mérite est modeste, et il n'insulte à la condition de personne.

CXVII. Les deux Livres.

Il y avait dans la boutique d'un libraire deux livres côte-à-côte sur une planche; l'un était neuf, relié en marroquin, et doré sur tranche; l'autre était relié en vieux parchemin vermoulu. Qu'on m'ôte d'ici, s'écria le livre neuf. Ciel! que ce bouquin sent le moisi! Je ne saurais rester auprès de cette carcasse à moitié pourrie. Eh! de grâce, dit le vieux livre, un peu moins de dédain: chacun a son mérite: vous venez de sortir de la presse; vous ignorez votre sort. J'ai passé par plusieurs éditions: on ne m'a jamais vu dans la boutique d'un épicier, ni dans celle d'un bahutier: vous servirez peut-être bientôt à faire des cornets et du carton, ou à envelopper une livre de fromage. Impudent, répliqua le livre en marroquin, cesse ton langage impertinent, et retire-toi d'ici.—Un moment de conversation.—Non, je ne veux pas vous écouter.—Souffrez du moins que je vous raconte—Non, vous dis-je, taisez-vous: vous me faites honte. Pendant que les deux voisins jasaient ainsi, un homme de lettres vint dans la boutique du libraire pour acheter des livres: il voit le bouquin, l'ouvre, en lit quelques pages, l'admire, et l'achète: c'était un livre rare et curieux. Il ouvre l'autre; c'était de la poésie, je veux dire de la prose rimée, en lit le titre et quelques pages: O le sot livre, s'écria l'homme de goût, en le remettant à sa place, voilà bien du marroquin perdu!

Ce ne sont pas les habits qui constituent le vrai mérite; mais ce sont les qualités du cœur et de l'esprit.

CXVIII. Le Portrait parlant.

Un homme s'était fait tirer (l'amour propre aime les portraits), il voulut avoir l'avis de ses amis sur le sien.—Vous vous trompez, ce n'est pas là votre portrait, dit l'un; vous n'êtes qu'ébauché: le peintre est un ignorant; il vous a tiré noir, et vous êtes blanc. Le portrait vous représente laid et vieux, dit un autre, et sans flatterie, vous êtes jeune et beau. Le peintre vous a fait les yeux et le nez trop petits, dit un troisième: il faut retoucher le portrait. Le peintre a beau soutenir, qu'il est très-bien tiré, il faut qu'il recommence. Il travaille, fait mieux, et réussit à son gré. Il se trompa encore: les amis condamnent tout l'ouvrage. Eh bien, leur dit le peintre, messieurs, vous serez contens: je m'engage à vous satisfaire, ou je brulerai mon pinceau: revenez demain, et vous verrez. Les connaisseurs étant partis, le peintre dit à l'homme, vos amis ne sont que des critiques ignorans; si

vous voulez, vous en verrez la preuve : j'ôterai la tête d'un semblable portrait, vous y mettrez la vôtre à sa place.—J'y consens;
à demain donc; adieu. Le lendemain la troupe des connaisseurs
s'assembla : le peintre leur montra le portrait dans un endroit
obscur, et à une certaine distance.—Messieurs, le portrait vous
plaît-il à présent? Dites, que vous en semble?—J'ai retouché
la tête avec grand soin.—Ce n'était pas la peine, de nous faire
revenir pour ne nous montrer qu'une ébauche : ce n'est pas notre
ami du tout. Vous vous trompez, messieurs, dit la tête derrière
le tableau, c'est moi.

N'entreprenez pas de convaincre par des raisonnemens des
critiques ignorans ou prévenus : ils ne veulent ni entendre ni
voir la vérité.

CXIX. L'Orme et le Noyer.

Un orme était planté près d'un noyer : ils étaient bons voisins,
anciens amis, et jasaient souvent ensemble pour se désennuyer.
Le premier disait à l'autre : Compère, en verité j'ai bien sujet
de me plaindre de mon sort. Il est vrai, je suis haut, vert et
majestueux : mais je suis stérile : malgré tous mes efforts, je ne
porte point de fruit, je fais une ombre, c'est tout. Voisin, lui
dit le noyer, je vous plains. Vous ne portez point de fruit, j'en
conviens; je souhaiterais pouvoir partager les miens avec vous :
vous savez que le ciel distribue ses faveurs comme il lui plaît.
Vous êtes plus haut que moi, il est vrai; mais j'ai le meilleur
lot. Un arbre qui ne porte pas de fruit, n'est qu'un arbre à
demi. Ne soyez pas inquiet, mon ami, il ne vous en viendra pas
à force de vous plaindre; il faut se soumettre à ce qu'ordonne la
providence. Tandis que le noyer babillard moralisait ainsi, une
troupe d'enfans interrompt son discours à coups de pierres et de
bâtons pour faire tomber les noix : il reçoit mille blessures; adieu
sa verdure et ses fruits. Ce n'est pas tout, après avoir ainsi
maltraité le pauvre noyer, les enfans montent sur cet arbre
fruitier, et en cassent les branches pour le dépouiller des fruits que
les pierres et les bâtons n'avaient pas fait tomber; chargés de
noix ils descendent, et vont les manger sous l'orme.

Il est quelquefois dangereux d'être trop utile.

CXX. Les Singes.

Un navire, chargé d'un grand nombre de singes et de guenons,
venait d'arriver dans un port; le débit de cette marchandise

était sûr, car qui est-ce qui n'aime pas les singeries ? Les négociuns allèrent à la ville pour annoncer leur cargaison, et les matelots firent de même pour aller boire et se réjouir ; personne ne
resta dans le vaisseau que les singes. Dans ces circonstances un
vieux magot se leva pour haranguer ses camarades : Je médite
un bon tour, dit-il gravement, voici une occasion favorable qui
s'offre pour nous délivrer de l'esclavage ; ne la laissons pas
échapper ; si vous aimez votre liberté, hâtons notre retour. J'ai
vécu parmi les hommes ; je sais comme ils nous traitent ; ils
nous lient comme des esclaves au milieu du corps, et nous font
mille avanies.—Je sais gouverner un vaisseau : si vous voulez, je
serai le pilote, et vous servirez de matelots. Toute l'assemblée
cria : Partons. Liberté ! liberté ! Les singes démarrent aussitôt,
ils mettent à la voile, et le vent les favorise. À peine eurent-ils
quitté le port, que le pilote leur dit : Messieurs, un orage nous
menace : mais ne craignez rien ; travaillez et comptez sur mon
adresse : il disait vrai quant à l'orage. À l'instant les flots
mugissent, et menacent d'engloutir le nouveau pilote et les
matelots : tout l'équipage est consterné ; qui ne le serait en
pareilles conjonctures ? Enfin le vaisseau est brisé contre un
roc, et voilà le pilote, les matelots, les singes, et les guenons au
fond de la mer.

Il est ridicule d'entreprendre d'imiter des choses au dessus de
sa capacité.

CXXI. Le Chien du Berger et le Loup.

Un loup, la terreur des bois, fesait un grand carnage parmi
les brebis : En vain le berger lui avait-il tendu des pièges ; en
vain le chien avait-il suivi long-temps ses traces, le loup en sûreté
dans un bois épais se régalait le jour des vols qu'il avait commis
la nuit. Comme Brisaut traversait une forêt, il trouva par
hasard la retraite de son ennemi. Suspendons la guerre pour un
moment, lui dit-il, et raisonnons en amis. Une trève ? De tout
mon cœur, répliqua le loup.—Le chien commença ainsi : Comment un animal aussi fort et aussi noble que vous, peut-il attaquer un pauvre et faible agneau sans défense ? Vous devriez
dédaigner une nourriture aussi commune. N'y a-t-il pas d'autres
bêtes dans les forêts, qui vous feraient un repas plus noble ? Les
grandes âmes sont généreuses ; les poltrons seuls sont vindicatifs
et cruels. Croyez-moi ; soyez brave et épargnez les brebis.

Ami, dit le loup, pesez la chose mûrement : la nature nous a
fait bêtes de proie ; comme telles, quand la faim l'ordonne, il est

9 *

nécessaire que les loups mangent. Si vous avez tant de zèle pour la sûreté des brebis, allez parler à votre maître : répétez-lui votre discours pathétique. Un loup ne mange une brebis que rarement ; dix mille sont dévorées par les hommes ; ils prétendent en être les protecteurs et les amis, et ils en sont les plus cruels destructeurs.

Un ami prétendu est pire qu'un ennemi déclaré.

CXXII. Le Cheval, le Loup, et le Renard.

Un jeune renard, quoique très-rusé, vit dans une prairie un cheval ; il court avec empressement à un loup : Cousin, dit-il, venez voir le plus drôle animal que vous ayez jamais vu. Est-il plus fort que nous ? demanda le loup. Je ne saurais vous en faire le portrait, répondit le renard ; mais venez, vous verrez. Que sait on ? C'est peut-être une proie que la fortune nous procure.—Ils vont.—Monsieur, dit le renard, nous sommes vos très-humbles et très-obéissans serviteurs : de grâce, quel est votre nom ? Le cheval qui n'était pas stupide, leur répondit :—Lisez mon nom, messieurs, vous le pouvez ; mon cordonnier l'a mis sous mon talon. Le renard s'excusa : Je ne saurais lire ; mes parens ne m'ont rien appris ; ils sont pauvres ; ceux du loup sont riches, et lui ont fait apprendre à lire et à écrire. Ce n'est pas tout ; il est grammairien, poète, philosophe, politique, et rhétoricien.

Le loup flatté par ce discours s'approcha pour lire le nom ; mais le cheval prit ses mesures, lui lâcha une ruade, et lui cassa les dents ; ensuite hennissant et triomphant, il se mit à galoper, charmé d'avoir repoussé la ruse par la ruse. Là-dessus le renard courut au loup. Cousin, dit-il, je suis bien fâché de l'accident, je vous assure ; mais cela nous montre que nous ne devons pas nous fier aux talons d'un cheval.

Les avis d'un homme rusé sont ordinairement dangereux à suivre ; il s'applaudit souvent de ses ruses, et insulte même à ceux qu'il a trompés.

CXXIII. Le Bouc sans barbe.

Un bouc aussi vain qu'un bouc puisse être, affectait de se distinguer des autres animaux de son espèce : il allait souvent au bord d'une claire fontaine, et y admirait son image. Je hais, dit-il, cette vilaine barbe : ma jeunesse est cachée sous ce déguisement. Il résolut de la faire couper ; pour cet effet il s'adressa à un barbier, c'était un singe; il reçoit le bouc avec politesse, l'assied dans une chaise de bois, lui met une serviette sous le menton et le rase. Ayant fini, Monsieur, dit maître Fagotin, je compte sur votre pratique :—vous n'avez jamais été si bien rasé; votre visage est uni comme une glace.

Le bouc, fier des louanges de son barbier, quitte son siège, et court sur les montagnes voisines : toutes les chèvres s'assemblent autour de lui, et ouvrent de grands yeux.—Quoi! sans barbe, s'ecria une d'entre elles? Qui est-ce qui vous a ainsi défiguré? Que vous êtes sottes! répondit le bouc; et que vous connaissez peu le monde! Voyez-vous aujourd'hui des nations civilisées porter la barbe? Partout où nous allons ne sommes-nous pas moqués? Les enfans mêmes nous insultent, et nous prennent par le menton. Allez, allez, croyez-moi, suivez mon exemple, et cessez d'être ridicules. Frère, répliqua un autre bouc, vous êtes un imbécille; si les enfans peuvent mortifier votre orgueil, comment soutiendrez-vous le ridicule de tout notre troupeau?

C'est le caractère d'un fat de se distinguer par des manières affectées; mais il devient souvent la risée de ceux qui le connaissent.

CXXIV. La Ligue des Rats.

UNE jeune souris qui avait la peau veloutée, et qui était la favorite d'un rat, maître d'un grenier, fut prise par un chat : Ronge-maille (c'etait le nom du rat) en était inconsolable. Maudit matou, dit-il, tu me le paieras. À l'instant il va consulter son voisin, c'était un vieux rat de beaucoup d'expérience et de valeur, et qui s'était cent fois vanté de ne craindre ni chat ni ratière; il fut d'avis d'assembler les députés de la république des rats; l'ordre en est donné, et ils paraissent au jour et à l'heure marquée. Messieurs, dit le président, un chat, le plus méchant des chats, a croqué la souris favorite de notre ami Ronge-maille; laisserons-nous cette cruauté impunie? Non, il n'en sera pas ainsi; je suis donc d'avis que nous nous liguions contre ce maudit destructeur des souris nos alliés; qu'en pensez-vous? Aux armes, s'écrièrent les députés d'une voix unanime; il y va de notre propre sûreté.

Bientôt ils paraissent armés de lances (c'étaient des fétus), ils avancent en ordre de bataille; la fureur et le carnage les animent; ils ne respirent que la vengeance, et chacun promet de faire des merveilles. Cependant Grippeminaud, le corps applati, la queue allongée, et les yeux enflammés, avance à petits pas; bientôt il joint l'armée des rats. Ronge-maille, la vengeance dans le cœur, allonge un coup de lance à son ennemi; Grippe-minaud le pare, et avec ses griffes met les combattans en déroute; ils s'enfuient où ils peuvent. Le vainqueur, après avoir fait un grand carnage, poursuit les fuyards jusqu'à l'entrée de leurs trous.

Le plus faible doit céder au plus fort : il est ridicule de lutter contre la force, quand c'est elle qui décide la querelle.

CXXV. LES DEUX CHATS.

RODILARD et Mitis avaient trouvé un fromage, ils ne purent s'accorder. Pour terminer la dispute, ils consentirent à s'en rapporter à un singe. L'arbitre accepte l'office, il produit une balance, tousse, crache, et met un morceau du fromage en dispute dans chaque bassin. Voyons, dit-il gravement : ce morceau pèse plus que l'autre; il faut que j'en mange, pour réduire l'un et l'autre à un poids égal. Par ce tour de singe, le bassin opposé devint le plus pesant, ce qui fournit à notre juge consciencieux une nouvelle raison pour une seconde bouchée. Attendez, attendez, dirent les deux chats, donnez-nous à chacun notre part, et nous serons satisfaits. Si vous êtes satisfaits, dit le singe, la justice ne l'est pas. Un cas aussi embrouillé que celui-ci, ne saurait être déterminé si tôt; sur quoi il ronge un morceau, ensuite l'autre.

Rodilard et Mitis, voyant que leur fromage diminuait, prièrent l'arbitre de ne se plus donner de peine; mais de leur remettre ce qui restait.—Pas si vîte, je vous prie, mes amis, répliqua maître Fagotin; nous devons justice à nous-mêmes aussi bien qu'à vous; ce qui reste m'est dû en vertu de mon office; sur quoi il avala le tout, et renvoya avec beaucoup de gravité les plaideurs très-mécontens de leur arbitre et de leur sottise.

Il vaut mieux s'accorder et perdre quelque chose, que de s'exposer à se ruiner par des procès.

CXXVI. LE HIBOU PRÉSOMPTUEUX.

UN jeune hibou, aussi vain qu'un petit-maître de Paris, s'étant vu par hasard dans une claire fontaine, conçut la plus haute opinion de sa beauté et de ses perfections. Je suis, dit-il, la gloire de la nuit, et l'ornement des bois. Ce serait dommage si la race des oiseaux les plus accomplis était éteinte; telle est la race des hiboux. Plein de ces pensées orgueilleuses, il alla trouver l'aigle, pour lui demander sa fille en mariage.—Sa demande fut reçue comme vous pouvez aisément deviner, avec tout le dédain qu'elle méritait. Ma fille ! dit le roi des oiseaux, tout surpris, sûrement vous badinez : ma fille ne saurait être la compagne d'un chat-huant : vous n'aimez que les ténêbres, et elle n'aime que le jour ; cependant si vous voulez demain matin venir me trouver au lever du soleil au milieu du firmament, nous arrêterons les articles préliminaires. J'y consens, dit le galant ; je n'y manquerai pas. Adieu, jusqu'au revoir. Le lendemain le hibou vola en l'air ; mais ébloui par le soleil, il n'en put supporter les rayons ; il tomba sur un rocher, où il fut poursuivi par tous les oiseaux, témoins de sa sotte présomption, et d'où il s'échappa dans le creux d'un vieux chêne ; il y vécut le reste de ses jours dans l'obscurité, pour laquelle la nature l'avait désigné.

Les projets d'ambition se terminent presque toujours au désavantage de ceux qui les conçoivent, et qui n'ont ni les talens, ni les qualités nécessaires pour les faire réussir : ils se rendent la risée du public par leur vaine présomption.

CXXVII. L'Abeille et la Mouche.

Retire-toi, vil insecte volant, disait un jour une abeille irritée, à une mouche qni voltigeait autour de sa ruche. Vraiment il vous appartient bien de vous fourrer dans la compagnie des reines de l'air !—Vous vous trompez, dame Abeille ; je ne recherche pas la compagnie d'une nation aussi querelleuse et vindicative que la vôtre.—Et pourquoi, petite impertinente créature ?—Nous avons les meilleures lois : notre gouvernement est le chef-d'œuvre de la nature ; nous vivons des fleurs les plus odoriférantes ; nous en tirons le suc le plus délicieux pour en faire du miel, du miel qui est égal au nectar ; au lieu que toi, misérable insecte, tu ne vis que d'ordures, et de putréfaction.

Nous vivons comme nous pouvons, répliqua tranquillement la mouche ; la pauvreté n'est pas blâmable ; mais la colère l'est, je suis sûre. Le miel que vous faites, est doux, je l'accorde ; j'en ai quelquefois goûté ; mais votre cœur n'est qu'amertume ; car pour vous venger d'un ennemi, vous vous détruisez vous-mêmes, et dans votre rage inconsidérée, vous vous faites plus de mal qu'à votre adversaire. Croyez-moi, il vaut mieux avoir des talens moins considérables, et s'en servir avec plus de discrétion.

La vanité et la présomption sont les défauts des petits génies, qui se prévalent des qualités de leur esprit : celles du cœur sont toujours préférables.

CXXVIII. Le Souriceau et sa Mère.

Un souriceau qui n'avait jamais vu le monde, s'avisa de prendre l'air de la campagne ; mais à peine avait-il fait un mille, qu'il retourna en grande hâte dans son trou. O, ma mère ! s'écria-t-il, j'ai vu la créature la plus extraordinaire qui fût jamais. Il a l'air turbulent et inquiet, le regard farouche et irrité, et la voix perçante : un morceau de chair, aussi rouge que du sang, croît sur sa tête, et un autre sous sa gorge. Quand il me vit, il se mit à battre ses côtés avec ses bras, étendit la tête, ouvrit la bouche comme s'il voulait m'avaler, et fit un tel bruit, que moi, qui, grâces aux dieux, me pique de courage, en ai pris la fuite de peur.

Maudit soit le monstre ! sans lui j'aurais fait connaissance avec un autre animal, la plus belle créature que vous ayez jamais vue : il a l'air doux, bénin, et gracieux : il a la peau veloutée comme la nôtre ; il a une humble contenance, un regard modeste, et de beaux yeux luisans ; je crois qu'il est le grand ami des rats ; car il a des oreilles pareilles aux nôtres. Il allait me parler, quand l'autre par le son de sa voix m'a fait prendre la fuite. Mon fils, dit la mère, vous l'avez échappé belle. Cet animal avec son air doucereux est un chat qui, sous un minois hypocrite, cache une haine implacable contre moi, contre vous, et contre toute notre race ; il nous mange, quand il peut nous attraper. L'autre animal au contraire est un coq, et servira peut-être un jour à notre repas.

Il ne faut jamais juger des gens sur les apparences.

CXXIX. Les Poissons et le Cormoran.

Un vieux cormoran, ayant la vue courte, étaient hors d'état de voir sa proie au fond de l'eau. Que fit-il ? Il s'avisa d'un stratagème ; il vit une carpe dans un étang. Commère, dit-il, n'ayez pas peur de moi ; je viens exprès ici pour vous donner un avis salutaire ; si vous avez quelque égard pour vous-même, pour vos frères et sœurs, et pour toute la race des poissons, allez dès ce moment, et dites-leur de ma part, que le maître de cet étang est déterminé à les pêcher dans huit jours. Dame carpe nage sur le champ pour faire son rapport aux poissons de cette terrible nouvelle. On court, on s'assemble, on députe à l'oiseau la même carpe pour le remercier de ce qu'il les avait avertis de leur danger, et pour le prier de leur donner les moyens d'y échapper.

Seigneur cormoran, dit l'ambassadrice, les habitans de cet étang vous rendent mille grâces, et vous prient de leur dire, ce qu'il faut qu'ils fassent ? Avec plaisir, répondit le cormoran ; vous n'avez qu'à changer de place.—Comment ferons-nous ?— N'en soyez pas en peine ; tous les poissons grands et petits n'ont qu'à s'assembler sur la surface de l'eau ; je les porterai l'un après l'autre à ma propre demeure ; personne n'en sait le chemin ; ils y seront en sûreté ; il y a un vivier clair et frais, inconnu à tout le monde. Les poissons crurent le traître, et après avoir été portés l'un après l'autre dans le vivier, ils devinrent la proie du cormoran, qui les mangea chacun à son tour.

Il est très-imprudent de se mettre au pouvoir d'un ennemi, et de lui demander avis dans une chose où il est intéressé.

CXXX. Le Jugement, la Mémoire, et l'Imagination.

Messire Jugement, dame Mémoire, et demoiselle Imagination, enfans d'un même père, vivaient en commun, et avaient la même habitation ; il y avait une grande union entre eux ; mais elle ne dura pas long-temps ; l'humeur troubla bientôt la paix entre le frère et les deux sœurs, chose assez commune parmi les parens. L'imagination suivait ses saillies, et raillait la mémoire, parce qu'elle ne cessait pas de babiller. Le jugement, las du caquet de l'une, et des railleries impertinentes de l'autre, murmurait avec raison : ils avaient sans cesse des querelles. Vous êtes folle, ma sœur imagination, et vous, ma sœur mémoire, vous êtes une babillarde. Vous êtes un vrai pédant, mon frère, répliquèrent les deux sœurs ; il faut nous séparer ; qu'en pensez-vous ? Nous ne pourrons jamais nous accorder.

On se sépare ; on se quitte . . . . Adieu . . . Les voilà tous trois qui cherchent une habitation ; ils en trouvèrent bientôt une. Celui chez qui alla la Mémoire, devint savant ; il apprit langues, histoire, politique, mathématiques, philosophie, théologie, en un mot il apprit tout. Il avait vu les ruines de Palmyre ; parlait de Romulus, de Remus, et du Louvre ; savait le jour, l'heure, et la minute qu'Antoine perdit la bataille d'Actium . . . . Qui avait vendu du vainaigre à Annibal à son passage des Alpes . . . . La hauteur des Colonnes d'Hercule et des Pyramides de l'Égypte à un pouce près . . . La figure et la hauteur de la Tour de Babel: que ne savait-il pas ! L'Imagination fit de son homme un poète hardi, frénétique, et extravagant. Messire Jugement fit de son hôte un honnête homme, ami du vrai, ne jugeant jamais par prévention, connaissant la vertu et la pratiquant, en un mot, il en fit un philosophe.

Ne vous enorgueillissez pas de vos talens : ils sont partagés : personne ne les a tous ; mais les uns sont plus utiles au genre humain que les autres.

CXXXI. Le Chat et les Lapins.

Un chat, avec un air affecté de modestie, était entré dans une garenne peuplée de lapins : aussitôt toute la république allarmée se sauva dans des trous. Mitis les y suivit, et se posta auprès d'un terrier, remuant sa queue, allongeant son corps, et serrant ses oreilles. Les lapins lui envoyèrent des députés : ils parurent dans l'endroit le plus étroit de l'entrée du terrier. Après avoir examiné ses griffes : Que cherchez-vous ici? lui demandèrent-ils. Rien, répondit l'hypocrite ; je viens seulement pour étudier les mœurs de votre nation. En qualité de philosophe, je parcours tous les pays pour m'informer des coûtumes et des lois de chaque espèce d'animaux.

Les députés simples et crédules rapportèrent à leurs cama-rades, que cet étranger si vénérable par son maintien modeste, et par sa fourrure majestueuse, était un philosophe sobre, désinté-ressé, pacifique, qui voulait seulement chercher la sagesse de pays en pays ; qu'il venait de beaucoup d'autres lieux ; que sa conversation était extrêmement amusante ; que c'était une philo-sophe Bramin, et que par conséquent il n'avait garde de croquer des lapins ; puisque c'était un article de sa foi de ne point manger de chair. Ce beau discours toucha l'assemblée, et il fut résolu de sortir, et de faire connaissance avec le philosophe Bra-min.—Gardez-vous en bien, cria un vieux lapin rusé, qui avait été long-temps leur orateur : ce philosophe prétendu m'est sus-pect ; et si vous voulez me croire, vous ne sortirez pas de vos trous. Malgré lui on va saluer le Bramin, qui étrangla du pre-mier salut deux ou trois lapins : les autres se sauvèrent dans leurs trous, bien effrayés et bien honteux de leur crédulité.

Méfiez-vous d'un hypocrite : ses complaisances et ses empresse-mens partent souvent d'un cœur perfide.

CXXXII. Les Voyageurs et le Caméléon.

Deux des ces gens qu'on pourrait fort proprement appeler coureurs, qui n'ont que deux yeux, et qui cependant voudraient tout voir et tout connaître ; qui, pour pouvoir dire : J'ai vu telle

chose, je la dois bien savoir, iraient aux Antipodes, deux voyageurs, en un mot, voyageant en Arabie, raisonnaient sur le
caméléon. L'animal singulier, disait l'un, de ma vie je n'ai vu
son semblable. Il a la tête d'un poisson, le corps aussi petit que
celui d'un lézard, avec sa longue queue : son pas est tardif, et sa
couleur bleue . . . Halte-là, dit l'autre, elle est verte : je
l'ai vu de mes deux yeux, vu, vous dis-je, à mon aise. Je parie
qu'elle est bleue, répliqua l'autre : je l'ai vu mieux que vous.—
Je soutiens qu'elle est verte.—Et moi, qu'elle est bleue.

Nos voyageurs se donnent le démenti ; bientôt ils en viennent
aux injures ; ils en allaient venir aux mains ; heureusement un
troisième arriva.—Eh ! Messieurs, quel vertige ! Holà donc ;
calmez-vous un peu, je vous prie. Volontiers, dit l'un ; mais
jugez notre querelle.—De quoi s'agit il ?—Monsieur soutient que
le caméléon est vert ; et moi, je dis qu'il est bleu.—Soyez d'accord, messieurs, il n'est ni l'un ni l'autre : il est noir.—Noir !
vous badinez.—Je ne badine pas, je vous assure : j'en ai un dans
une boîte, et vous le verrez dans un instant. Alors, pour les
confondre, le grave arbitre ouvre la boîte, et l'animal paraît
blanc comme de la neige. Voilà nos voyageurs tout étonnés.
Allez, enfans, allez, dit le sage reptile ; vous avez tous trois tort
et raison : vous m'avez considéré sous différens rapports : apprenez à être modérés dans vos décisions, et que presque tout est
caméléon pour vous.

Il ne faut jamais soutenir ses opinions avec opiniatreté ; chacun
a la sienne : il est ridicule de tâcher d'y assujettir tout le monde.
Il faut savoir douter des choses qui ne sont pas évidentes : c'est
un moyen de parvenir à la vérité.

CXXXIII. Le Seigneur et le Paysan.

Un paysan, amateur du jardinage, avait un jardin propre et
spacieux : il y croissait de l'ozeille, de la laitue, des oignons, des
choux, et toutes sortes de provisions, même des fleurs.—Cette
félicité fut troublée par un lièvre : notre manant s'en plaignit à
un seigneur du voisinage.—Ce maudit animal, dit-il, vient soir
et matin prendre son repas dans mon jardin, et se rit des pièges :
les pierres et les bâtons ne peuvent le chasser : il est sorcier, je
crois. Sorcier ! vous badinez, dit le seigneur : fût-il diable,
Miraut l'attrapera ; je vous en réponds, bon-homme : vous en
serez défait sur mon honneur.—Et quand, Monsieur ?—Dès
demain : je vous le promets : comptez là-dessus.—Vraiment je
vous en serai obligé.

10

Le lendemain le seigneur vint avec ses gens: ça, déjeûnons, dit-il: Vos poulets sont-ils tendres? Vos jambons ont fort bonne mine.—Monsieur, ils sont à votre service.—Vraiment je les reçois de tout mon cœur. Il déjeûne très-bien avec toute sa compagnie, chiens, chevaux et valets, gens de bon appétit. Il commande dans la maison du manant, mange son jambon et ses poulets, boit son vin, et rit de sa stupidité.

Le déjeûner étant fini chacun se prépare: les cors et les chiens font un tel tintamarre que le bon-homme en est étourdi. On commence la chasse: adieu salade, ozeille, oignons, fleurs: dans un instant le potager est dans une pauvre condition : cependant le lièvre gît sous un gros chou: on le guette, on le lance, il se sauve par une grande ouverture que l'on avait faite par ordre du seigneur pour y faire passer les chevaux: ainsi il fit avec les gens plus de dégat dans le jardin du bon-homme, que tous les lièvres du pays n'auraient pu faire.

Il vaut mieux savoir perdre une bagatelle sans se plaindre, que de s'exposer à faire une perte considérable ; parce que les remèdes que l'on prend, sont quelquefois pires que le mal dont on se plaint.

CXXXIV. Le Serpent et les Grenouilles.

Un serpent, devenu vieux et infirme, ne pouvait plus aller chercher sa nourriture ; il était sur le point de mourir de faim. Dans cette malheureuse situation, il déplorait dans sa solitude les infirmités de l'âge, et souhaitait en vain d'avoir la force qu'il avait dans sa jeunesse. La faim pressante cependant lui enseigna, au lieu de ses lamentations, un stratagème pour trouver de quoi se nourrir ; il se traina lentement au bord d'un fossé où il y avait un grand nombre de grenouilles. Étant arrivé à ce lieu de délices et d'abondance, le serpent paraissait fort triste et extrêmement malade ; sur quoi une grenouille élève la tête, et lui demande ce qu'il cherche? De la nourriture, répondit le rampant animal ; je suis prêt à mourir de faim ; de grâce, aidez-moi dans mon extrême besoin ; il y a deux jours que je n'ai rien mangé, je vous assure,—là, que vous faut-il?

Hélas! j'ai bien du regret de ce que j'ai fait dans ma jeunesse ; autrefois je mangeais les créatures de votre espèce, que je pouvais prendre ; mais à présent je suis si malheureux que je ne saurais rien attraper pour vivre. Je me repens très-sincèrement de ma cruauté, de ma gourmandise, et d'avoir mangé tant de grenouilles, que je ne saurais vous en dire le nombre : je viens ici pour vous demander pardon ; et pour vous montrer la sincérité de mon repentir, je m'offre à être votre esclave, à vous obéir, et à vous porter sur mon dos, par tout où il vous plaira.

Les grenouilles, charmées des protestations du serpent, acceptent ses offres gracieuses ; elles aiment à voyager ; à l'instant elles montent sur le dos de leur ennemi : quel plaisir ! mais il fut de courte durée ; tous les plaisirs le sont. Mesdames, dit le rampant hypocrite, si vous voulez que je vous serve long-temps, vous devez me nourrir, ou je mourrai de faim ; là-dessus il croque les sottes grenouilles qu'il avait sur le dos.

Il ne faut jamais se fier à un ennemi, quelques protestations d'amitié qu'il fasse ; car malgré toutes ses belles paroles, il ne cherche qu'à tromper ; ses caresses mêmes sont des trahisons cachées.—Un corbeau sera toujours corbeau.

CXXXV. Le Négociant et son Voisin.

Certain négociant, dit Pilpay, de Perse ou de la Chine, n'importe, allant un jour faire un voyage, mit en dépôt chez son voisin un quintal de fer ; n'ayant pas eu tout le succès qu'il espérait, il s'en retourna au logis. La première chose qu'il fit à son retour, fut d'aller chez son ami. Mon fer, dit-il. Votre fer ! répliqua l'autre ; je suis fâché de vous annoncer une mauvaise nouvelle. Un accident est arrivé que personne ne pouvait prévoir—un rat, un maudit rat l'a tout mangé ; mais qu'y faire ? Un grenier a toujours quelque trou par où ces petits animaux entrent, et font mille dégâts.

Le négociant admire un tel prodige, et feint de le croire : quelques heures après il trouve l'enfant de son voisin dans un endroit écarté, le mène chez lui, et l'enferme sous clef dans une chambre : le lendemain il invite le père à souper.—Excusez-moi, je vous en supplie : tous les plaisirs sont perdus pour moi. On m'a dérobé mon fils : je n'ai que lui ; mais que dis-je? Hélas ! je ne l'ai plus. Je suis fâché d'entendre cette nouvelle, dit le négociant; la perte d'un fils unique doit vous être très-sensible : mon cher voisin, je vous dirai que hier au soir, quand je partis d'ici, un chat-huant enleva votre fils.—Me prenez-vous pour un imbécille de me vouloir faire accroire un tel mensonge ? Quoi ! un hibou qui ne pèse tout au plus que deux ou trois livres, peut-il enlever un garçon qui en pèse au moins cinquante ? La chose me paraît absurde et impossible.—Je ne saurais vous dire comment qu'il fit ; mais je l'ai vu, vu de mes yeux, vous dis-je. D'ailleurs pourquoi trouvez-vous étrange et impossible, que les chats-huans d'un pays où un seul rat mange un quintal de fer, enlèvent un garçon qui pèse un demi-cent? Le voisin sur cela, trouvant qu'il n'avait pas à faire à un sot, rendit le fer au négociant en échange de son fils.

Il est ridicule de vouloir faire accroire des impossibilités. Quand un conte est outré, on lui fait trop d'honneur de le combattre par des raisonnemens.

CXXXVI. L'Abeille et l'Araignée.

Une abeille et une arraignée disputèrent un jour avec beaucoup de chaleur, qui des deux excellait dans les ouvrages d'art ou de génie. Pour moi, dit l'araignée, je puis me vanter d'être la meilleure mathématicienne de l'univers. Personne ne sait former avec tant d'art que moi des lignes, des angles, et des cercles presque imperceptibles à la vue : et tout cela sans compas et sans aucun instrument. Le miel que vous faites et dont vous vous vantez tant, vous le dérobez des herbes et des fleurs. Il est vrai, répliqua l'abeille, vous faites des lignes, des angles, et des cercles; mais votre ouvrage est aussi superficiel que vous-même : un balai détruit l'une et l'autre sans ressource.

Le larcin dont vous m'accusez, ne fait aucun tort aux herbes et aux fleurs : elles ne souffrent pas la moindre diminution de leur couleur ni de leur bonne odeur. Aucun jardinier ne me chasse de son jardin; au contraire, c'est là qu'on bâtit des châteaux pour moi et pour mes sœurs. Au lieu de détruire mon ouvrage, on en a le plus grand soin; on recueille le miel que je fais : il excelle par sa douceur tout ce que l'espèce entière des araignées peut faire de plus curieux. Je ne vous parle pas des différens usages de la cire : ils sont sans nombre. Allez, fréquentez, si vous osez, les palais des rois, vous y verrez mille bougies. On trouve encore mon ouvrage dans les temples des dieux; on brule ma cire sur leurs autels : et vous êtes heureuse, si vous pouvez vous fourrer dans un petit vilain coin où personne ne peut vous voir.—Adieu, petite créature ridicule et présomptueuse : vous êtes pleine de poison, et vos ouvrages vous ressemblent. Travaillez à vos lignes et à vos cercles : on les détruit souvent dans le même instant, que vous les faites : mon ouvrage est utile, et durera plus long-temps que vous.

On ne doit apprécier l'esprit, la science, et les arts, qu'à proportion qu'ils contribuent aux plaisirs permis, ou au bonheur de la vie.

CXXXVII. Le Paysan et la Couleuvre.

Un paysan allant au bois avec un sac pour y mettre des noisettes (c'était la saison), trouva une couleuvre; Ah! ah! dit le manant, je te tiens à présent; tu ne m'échapperas pas; tu viendras dans ce sac et tu mourras. L'animal pervers (je veux dire la couleuvre, et non pas l'homme) lui dit: Qu'ai-je fait pour mériter un tel traitement? Ce que tu as fait! Ciel! comment oses-tu demander ce que tu as fait? Tu es le symbole de l'ingratitude, le plus odieux de tous les vices. S'il faut que tous les ingrats meurent, répliqua hardiment le reptile, vous vous condamnez vous-même: de tous les animaux le plus ingrat, c'est l'homme. L'homme! dit le paysan, surpris de la hardiesse de la couleuvre; je pourrais t'écraser dans l'instant; mais je veux m'en rapporter à quelque juge.—J'y consens.—Une vache était à quelque distance: on l'appelle; elle vient: on lui propose le cas . . . C'était bien la peine de m'appeler, dit-elle; la chose est claire; la couleuvre a raison. Je nourris l'homme de mon lait; il en fait du beurre et du fromage; et pour ce bienfait, il mange mes enfans: à peine sont-ils nés, qu'ils sont égorgés et coupés en mille morceaux. Ce n'est pas tout, quand je suis vieille, et que je ne lui donne plus de lait, l'ingrat m'assomme sans pitié: ma peau même n'est pas à l'abri de son ingratitude; il la tane et en fait des bottes et des souliers: de-là je conclus que l'homme est le vrai symbole de l'ingratitude. Adieu; j'ai dit ce que je pense.

L'homme tout étonné dit au serpent, Je ne crois pas ce qu'a dit cette radoteuse; elle a perdu l'esprit: rapportons-nous-en à la décision de cet arbre.—De tout mon cœur.—L'arbre étant pris pour juge, ce fut bien pire encore.—Je mets l'homme à l'abri des orages, de la chaleur, et de la pluie. En été il trouve sous mes branches une ombre agréable: je produis des fleurs et du fruit: cependant après mille services, un manant me fait tomber à terre avec une hache. Il coupe toutes les branches, en fait du feu, et réserve mon corps pour être scié en planches. L'homme, se voyant ainsi convaincu, je suis bien sot, dit-il, d'écouter une radoteuse et un jaseur. Aussitôt il foula la couleuvre aux pieds, et l'écrasa.

Le plus fort a toujours raison, et opprime le plus faible: parce que la force et la passion sont sourdes à la voix de la justice et de la vérité.

10*

CXXXVIII. Le Rat de ville et le Rat de campagne.

Un rat de ville, alla rendre visite à un rat de campagne, son ancien compère. Soyez le bien venu, dit le dernier : vous dîne- rez aujourd'hui ici. Volontiers, dit le premier : je suis las de la bonne chère que je fais à la ville. Le rat de campagne court, et apporte quelques petits grignons, du fromage pourri, et un petit morceau de lard ; c'était tout ce qu'il avait : il était pauvre. Le rat de ville ne fait que grignoter : il était accoutumé à faire meilleure chère : le repas étant fini, venez ce soir souper avec moi à la ville, dit-il à son camarade ; vous verrez la différence qu'il y a entre mes repas et les vôtres. En vérité, mon cher ami, je vous plains très-sincèrement ; je ne sais pas comment vous pouvez faire pour ne pas mourir de faim : si vous voulez, vous resterez toujours à la ville avec moi : mon trou est à votre service ; vous y vivrez splendidement : ma table sera la vôtre, et vous ferez toujours bonne chère. Vîte, partons, dit le campagnard ; il me tarde d'être votre commensal.

Les deux amis partent, et arrivent vers minuit à une grande maison. Le rat de ville conduit son camarade dans un beau salon, étale devant lui, sur le coin d'un tapis de Perse, les mets les plus friands ; rien n'y manquait, poulet, chapon, dindon. Frère, dit-il, comment trouvez-vous ce rôti ? N'est-il pas bien tendre ? Que pensez-vous de ce pâté de pigeonneaux ? Avouez que vous ne faites jamais un si bon repas à la campagne.—Pen- dant qu'il fesait ainsi l'éloge de ses mets, sans donner le temps à son camarade d'avaler un morceau, un domestique ouvre la porte ; adieu nos rats : ils décampent aussi vîte qu'ils peuvent. Le rat de campagne se tapit dans un coin ; il tremblait de tous ses mem- bres, et maudissait cent fois ami, rôti, pâté. Le rat de ville n'avait pas si peur ; il était en sûreté dans son trou ; il avait oublié de le montrer à son ami, en cas de surprise. Cependant le domestique se retire : Le rat de ville reparaît aussitôt, et rappelle son camarade : Venez, venez, dit-il, le danger est passé pour le reste de la nuit : finissons notre repas, et puis nous mangerons pour notre dessert du fruit délicieux, des noisettes, et des marrons. J'ai assez mangé, dit le campagnard encore effrayé : adieux, il faut que je retourne au logis. Je n'envie pas l'abon- dance ni la délicatesse de vos repas : je préfère mes grignons à vos friandises. Fi du plaisir que la crainte peut corrompre !

Une fortune médiocre avec la paix et le contentement, est préférable à l'abondance qui est accompagnée de soins, de craintes, et d'inquiétudes.

CXXXIX. Les Animaux malades de la Peste.

La peste était parmi les animaux, et en enlevait tous les jours un nombre prodigieux :—après qu'elle eut continué quelque temps sans relâche, le lion tint conseil, et dit aux animaux : Mes chers amis, je crois que le ciel a permis cet infortune pour nos péchés : fesons une confession générale, et que le plus coupable de nous se sacrifie pour le salut des autres. Tous les animaux applaudirent à cet expédient, et le renard fut déclaré, du consentement unanime de l'assemblée, père confesseur dans cette occasion.

Le lion avec beaucoup de générosité commença le premier à faire sa confession.—J'ai été un grand pécheur ; j'ai dévoré beaucoup de moutons : que m'avaient-ils fait ? Hélas ! rien ; ils n'étaient pas coupables : même une fois, c'était un cas de nécessité, il est vrai, j'ai mangé le berger : je me sacrifierai donc s'il le faut ; mais il est juste que chacun s'accuse, et que le plus coupable périsse.—Le renard avec beaucoup de gravité avoua, que ces meurtres dans tout autre que le roi des animaux, seraient certainement des crimes ; mais que sa majesté leur fesait beaucoup d'honneur en les croquant : quant au berger, il n'y avait pas le moindre mal de l'avoir mangé aussi : la nécessité justifie cette action ; selon tous les casuistes elle n'a point de loi. Ainsi jugea le renard, et son jugement fut applaudi de toutes les bêtes de l'assemblée.

Le tigre, le léopard, l'ours, et le loup firent confession de plusieurs énormités semblables à celles commises par le lion. Ce ne sont que des peccadilles, dit le confesseur : Moi-même, Jupiter me le pardonne ! j'ai une fois enlevé et mangé un coq : le fanfaron fesait tant de bruit tous les matins, qu'il éveillait tout le voisinage ; ce maudit animal ne me laissait pas dormir . . . . Mais avançons. Enfin un pauvre âne vint à son tour, et dit avec beaucoup de contrition : Je me souviens qu'un jour, portant des choux au marché, j'en ai mangé quelques feuilles : je mourais de faim : je suis trés-fâché de ce larcin, et j'espère . . . . Vous espérez ! s'écria le renard, transporté de zèle et de colère ; eh ! que pouvez-vous espérer après avoir commis un crime aussi énorme ? C'est vous, vous seul qui êtes cause de la peste et de tous les maux que nous souffrons. Quoi ! manger les choux de votre maître ! Mon cher monsieur, répliqua le pauvre baudet, tremblant de tous ses membres, ce ne sont pas les choux que j'ai mangés. . . . . Coquin, tu as mangé les feuilles, et c'est tout un. Tu mourras. Là-dessus les animaux féroces se jetèrent sur l'âne, le mirent en pièces, et le dévorèrent.

Il y a des gens qui sont souvent punis pour de petites fautes, tandis que d'autres échappent quelquefois aux châtiments qu'ils méritent pour les crimes les plus énormes.

———

CXL. Le Meunier, son Fils, et leur Âne.

Un meunier qui ne manquait pas de pratiques, avait élevé un âne : la mouture lui fournissait le moyen de l'engraisser : il en fut bientôt las, et résolut de le vendre à la première foire. Le jour étant venu, il dit à son fils, Vendons maître Grison, nous n'en avons pas besoin : nos chevaux suffisent pour porter la farine et le grain.—Vous avez raison, mon père, dit le fils, cet animal nous est tout-à-fait inutile : il ne fait que braire, et troubler le repos de nos voisins : s'il vous plaît, je vous accompagnerai à la foire. Le père y consent : ils se mettent en marche, le père, son fils, et leur âne.

Pour ne pas fatiguer le baudet, et pour le faire paraître frais, ils lui lient les pieds au travers d'une perche, et chacun en porte un bout. La première personne qui les vit, éclata de rire.— Pauvres gens que vous êtes ! Quelle farce jouez-vous ? Le plus stupide des trois n'est pas celui que vous portez. Vous avez raison, dit le meunier, rougissant de sa simplicité, je reconnais mon erreur. À l'instant il délie la bête, et la conduit devant lui. La bourrique qui aimait fort bien à être portée, se plaint en son patois de ce qu'on la fesait marcher. Le meunier n'écoute pas ses plaintes, et son fils monte sur la bête.

Vous n'y pensez pas, jeune étourdi, dit un voyageur qui passait par le même chemin ; n'êtes-vous pas honteux de laisser marcher après vous ce pauvre vieillard qui n'en peut plus ? Descendez :— vous êtes grand et robuste : c'est à vous de suivre, et à la barbe grise de monter l'âne. Monsieur, dit le meunier, ayez un peu de patience ; vous serez satisfait. Le garçon met pied à terre, et son père monte le baudet. Quelle barbarie, dit une vieille femme un moment après, de laisser marcher ce jeune garçon, tandis que ce vieux penard est assis comme un évêque, et pense être bien sage ! Le père crut avoir tort, et prit son fils en croupe. Monsieur Grison se plaignit à son tour : Que vous êtes cruel de traiter ainsi une pauvre bête qui vous a servi si long-temps !— Vous m'écrasez, mon bon maître — Avance, Grison.—Grison obéit.

Un moment après, ils rencontrent d'autres voyageurs : chacun trouve à gloser ; l'un dit, Ces gens-ci sont fous : le baudet n'en peut plus : l'autre ajoute, Il mourra sous leur poids : sans doute,

ils n'ont envie que de vendre sa peau à la foire.—Parbleu, dit le
meunier, en colère, bien fou est celui qui prétend plaire à tout le
monde : cependant voyons, si je ne puis en venir à bout. Ils
descendent tous deux, père et fils. L'âne, déchargé de son pesant
fardeau, marche devant eux dressant les oreilles, et charmé d'être
à son aise. À peine avaient-ils fait un mille qu'un autre voyageur
les rencontra : nouveau reproche. Depuis quand, demanda-t-il,
est-ce la mode qu'un âne voyage à son aise, et qu'un meunier
aille à pied ? Vous avez raison, répondit le maître ; ceux que
nous avons rencontrés avant vous, prétendaient la même chose ;
mais blâmez-moi ou me louez, je veux faire désormais à ma
tête.—Il le fit, et fit bien.

FIN DES FABLES AMUSANTES DE MR. PERRIN.

MORCEAUX CHOISIS DE POÉSIE.

[The following beautiful pieces of poetry should be committed to memory by the pupil, in order to improve his French elocution by constant recitation.— No index has been given for this part of the work: the pupil is expected to obtain the meaning of the words from his dictionary.]

I. L'ENFANT ET LE MIROIR.

FLORIAN.

UN enfant élevé dans un pauvre village
Revint chez ses parents, et fut surpris d'y voir
      Un miroir.
    D'abord il aima son image;
Et puis, par un travers bien digne d'un enfant
    Et même d'un être plus grand,
    Il veut outrager ce qu'il aime,
Lui fait une grimace, et le miroir la rend.
    Alors son dépit est extrême;
    Il lui montre un poing menaçant,
    Il se voit menacé de même.
Notre marmot fâché s'en vient en frémissant
    Battre cette image insolente;
Il se fait mal aux mains. Sa colère en augmente;
    Et, furieux, au désespoir,
    Le voilà devant ce miroir,
    Criant, pleurant, frappant la glace.
Sa mère, qui survient, le console, l'embrasse,
    Tarit ses pleurs et doucement lui dit:
" N'as-tu pas commencé par faire la grimace
A ce méchant enfant qui cause ton dépit?
—Oui.—Regarde à présent: tu souris, il sourit;
Tu tends vers lui les bras, il te les tend de même;
Tu n'es plus en colère, il ne se fâche plus:

    De la société tu vois ici l'emblème;
    Le bien, le mal nous sont rendus."

II. Le Grillon.

FLORIAN.

Un pauvre petit grillon
Caché dans l'herbe fleurie
Regardait un papillon
Voltigeant dans la prairie.
L'insecte ailé brillait des plus vives couleurs ;
L'azur, la pourpre et l'or éclataient sur ses ailes ;
Jeune, beau, petit-maître, il court de fleurs en fleurs,
　　Prenant et quittant les plus belles.
"Ah ! disait le grillon, que son sort et le mien
　　Sont différents ! Dame nature
　　Pour lui fit tout, et pour moi rien.
Je n'ai point de talents, encor moins de figure ;
Nul ne prend garde à moi, l'on m'ignore ici-bas !
　　Autant vaudrait n'exister pas."
　　Comme il parlait, dans la prairie
　　Arrive une troupe d'enfants.
　　Aussitôt les voilà courants
Après ce papillon, dont ils ont tous envie.
Chapeaux, mouchoirs, bonnets, servent à l'attraper
L'insecte vainement cherche à leur échapper ;
　　Il devient bientôt leur conquête.
L'un le saisit par l'aile, un autre par le corps ;
Un troisième survient et le prend par la tête :
　　Il ne fallait pas tant d'efforts
　　Pour déchirer la pauvre bête.
"Oh ! oh ! dit le grillon, je ne suis plus fâché ;
Il en coûte trop cher pour briller dans le monde.
Combien je vais aimer ma retraite profonde !
　　Pour vivre heureux, vivons caché."

III. La Brebis et le Chien.

FLORIAN.

La brebis et le chien, de tous les temps amis,
Se racontaient un jour leur vie infortunée.
"Ah ! disait la brebis, je pleure et je frémis
Quand je songe aux malheurs de notre destinée.
Toi, l'esclave de l'homme, adorant des ingrats,
　　Toujours soumis, tendre et fidèle,
　　Tu reçois, pour prix de ton zèle,

Des coups et souvent le trépas.
Moi, qui tous les ans les habille,
Qui leur donne du lait et qui fume leurs champs,
Je vois chaque matin quelqu'un de ma famille
    Assassiné par ces méchants.
Leurs confrères les loups dévorent ce qui reste.
Victimes de ces inhumains,
Travailler pour eux seuls, et mourir par leurs mains,
    Voilà notre destin funeste !
—Il est vrai, dit le chien ; mais crois-tu plus heureux
Les auteurs de notre misère ?
    Va, ma sœur, il vaut encor mieux
    Souffrir le mal que de le faire."

IV. LA MÈRE, L'ENFANT ET LES SARIGUES.
FLORIAN.

"MAMAN, disait un jour à la plus tendre mère
Un enfant péruvien, sur ses genoux assis,
Quel est cet animal qui, dans cette bruyère,
    Se promène avec ses petits?
Il ressemble au renard.—Mon fils, répondit-elle,
    Du sarigue c'est la femelle.
    Nulle mère pour ses enfants
N'eut jamais plus d'amour, plus de soins vigilants.
La nature a voulu seconder sa tendresse,
    Et lui fit près de l'estomac
Une poche profonde, une espèce de sac,
    Où ses petits, quand un danger les presse,
    Vont mettre à couvert leur faiblesse.
Fais du bruit, tu verras ce qu'ils vont devenir."
L'enfant frappe des mains ; la sarigue attentive
    Se dresse, et d'une voix plaintive,
Jette un cri ; les petits aussitôt d'accourir,
    Et de s'élancer vers la mère,
En cherchant dans son sein leur retraite ordinaire.
    La poche s'ouvre, les petits
    En un instant y sont blottis.
Ils disparaissent tous ; la mère avec vitesse
    S'enfuit, emportant sa richesse.
La Péruvienne alors dit à l'enfant surpris :
    " Si jamais le sort t'est contraire,
Souviens-toi du sarigue ; imite-le, mon fils :
L'asile le plus sûr est le sein d'une mère."

V. La Poule et l'Alouette.

Viennet.

Dans un vallon chargé d'épis,
Sous l'abri protecteur de la moisson flottante,
Une alouette prévoyante
Avait déposé ses petits.
Une poule, en ce lieu paissant à l'aventure,
La rencontre au moment où, volant à leurs cris,
Le bec chargé de nourriture,
Elle regagnait son logis.
" Heureuse mère, lui dit-elle,
Tu les réchauffes de ton aile ;
Tu jouis en repos des fils qui te sont chers ;
Tu les nourris sans trouble ; et ta jeune famille,
Avant que la moisson tombe sous la faucille,
Aura pris l'essor dans les airs.
Et moi, je cherche en vain où cacher ma couvée ;
À peine ai-je pondu qu'elle m'est enlevée ;
Et l'avare fermier me prive chaque jour
Des tristes fruits de mon amour.
—Je ressens ta douleur amère,
Lui répond la fille des champs ;
Mais ne t'en prends qu'à toi, ma chère,
À peine as-tu connu le plaisir d'être mère,
Que tu fais retentir les échos de tes chants.
Ton orgueil te décèle au fermier qui t'épie.
Ne cherchons point à faire envie ;
Cachons notre bonheur pour en jouir long-temps :
On le risque toujours quand on s'en glorifie."

———

VI. Le Torrent et la Digue.

Viennet.

Un torrent, qui de ses ravages
Avait long-temps désolé ses rivages,
Se plaignait qu'une digue eût enchaîné ses flots,
Et l'apostrophait en ces mots :
" Pourquoi m'imposes-tu cette gêne inutile ?
Si je fus autrefois dangereux, indocile,
Pour mes débordements justement détesté,
Je suis changé, tu vois ; je suis doux et tranquille :
Rends-moi toute ma liberté.

11

—Oui, répondit la digue avec plus de franchise ;
Oui, je vois dans tes mœurs un changement parfait.
    Ton onde même fertilise
    Les vallons qu'elle ravageait ;
    Mais, dans cette métamorphose,
    Ne suis-je pas pour quelque chose ?''

L'argument était juste, et, pour le prouver mieux,
Sur les pas de l'hiver survint un gros orage ;
La digue fut rompue, et, s'ouvrant un passage,
Le fier torrent reprit ses penchants furieux.
    Les campagnes épouvantées,
Les arbres abattus, les terres emportées
Dirent au laboureur, dont les cris déchirants
Redemandaient aux flots ses moissons dévastées,
    Qu'il faut des digues aux torrents.

VII. LE VOYAGEUR ET SA MONTRE.
VIENNET.

Un enfant de Paris, tout fier de son berceau,
Mais à courir le monde occupant son jeune âge,
    Avant de se mettre en voyage,
Avait réglé sa montre au cadran du château.
    C'était un chef-d'œuvre impayable,
    Un mouvement à nul autre pareil,
    Qui, dans sa marche invariable,
    Aurait défié le soleil.
Dans Bruxelles d'abord mon jeune homme s'arrête.
Grâce aux lettres qu'il porte, on l'accueille, on le fête,
    On l'invite de toute part ;
Mais, à chaque dîner, rendez-vous ou rencontre,
    En prenant l'heure de sa montre,
    Il arrive toujours trop tard,
    Donnant pour excuse éternelle
Qu'il doit s'en rapporter à son bijou modèle,
    Que les horloges du pays
    Ont tort d'avancer sur Paris.
    À Londres, c'est une autre chance :
Les cadrans retardaient, il arrivait trop tôt,
    Et, s'en excusant comme un sot,
De sa montre toujours il vantait l'excellence.

"Monsieur, lui dit un vieux marin,
Sur le globe avant vous j'ai bien fait du chemin.
J'ai vu bien des pays, bien des mœurs en ma vie;
Mais, sans prétendre y rien changer,
Pour bien vivre avec l'étranger,
J'ai tâché d'oublier les mœurs de ma patrie.
Vous avez, dites-vous, un instrument parfait :
Je vous en félicite et ne vais à l'encontre;
Mais sachez que toujours il faut régler sa montre
Sur les cadrans du pays où l'on est."

VIII. LA MAIN DROITE ET LA MAIN GAUCHE.

ARNAULT.

TANDIS que sa main droite achevait un tableau,
Certain professeur en peinture
Gourmandait sa main gauche, et disait : "La nature
T'a fait là, pauvre peintre, un assez sot cadeau.
Jamais une esquisse, une ébauche,
Un simple trait peut-il sortir de ta main gauche ?
Sait-elle tenir un pinceau ?
Non, pas même un crayon ! Cependant, maladroite,
N'as-tu pas cinq doigts bien comptés ?
Pour faire en tout mes volontés,
Qu'as-tu de moins que ma main droite ?
—Beaucoup, monsieur, répond pour le membre accusé
L'un des cinq doigts, le petit doigt sans doute,
Doigt très instruit, doigt très rusé,
Doigt qui sait ce qu'il dit, comme tel qui l'écoute.
La main droite à la gauche est semblable en tous points,
Dans l'état de nature ou l'état d'ignorance,
Car c'est tout un ; mais quelle différence
Entre ces sœurs bientôt s'établit par vos soins,
Vers la droite en tout temps portés de préférence !
La main droite est toujours en opération ;
La main gauche en repos : voilà toute l'affaire.
On ne peut devenir habile à ne rien faire.
Au seul défaut d'instruction
Attribuez, monsieur, l'impuissance où nous sommes.
Croyez-vous l'éducation
Moins nécessaire aux mains qu'aux hommes ?"

IX. LE TROUPEAU DE COLAS.

FLORIAN.

DÈS la pointe du jour, sortant de son hameau,
Colas, jeune pasteur d'un assez beau troupeau,
    Le conduisait au pâturage.
    Sur sa route il trouve un ruisseau
Que, la nuit précédente, un effroyable orage
Avait rendu torrent ; comment passer cette eau ?
Chien, brebis, et berger, tout s'arrête au rivage.
En faisant un circuit, l'on eût gagné le pont ;
C'était bien le plus sûr, mais c'était le plus long ;
Colas veut abréger.   D'abord il considère
    Qu'il peut franchir cette rivière ;
    Et, comme ses béliers sont forts,
    Il conclut que sans grands efforts
Le troupeau sautera.   Cela dit, il s'élance ;
Son chien saute après lui, béliers d'entrer en danse,
    À qui mieux mieux ; courage, allons !
    Après les béliers, les moutons ;
Tout est en l'air, tout saute : et Colas les excite,
    En s'applaudissant du moyen.
Les béliers, les moutons sautèrent assez bien :
    Mais les brebis vinrent ensuite,
Les agneaux, les vieillards, les faibles, les peureux,
    Les mutins, corps toujours nombreux,
Qui refusaient le saut et sautaient de colère,
    Et, soit faiblesse, soit dépit,
    Se laissaient choir dans la rivière
Il s'en noya le quart ; un autre quart s'enfuit,
    Et sous la dent du loup périt.
    Colas, réduit à la misère,
S'aperçut, mais trop tard, que pour un bon pasteur,
    Le plus court n'est pas le meilleur.

X. LE CHÊNE ET LE ROSEAU.

LA FONTAINE.

LE chêne un jour dit au roseau :
"Vous avez bien sujet d'accuser la nature ;
Un roitelet pour vous est un pesant fardeau ;
    Le moindre vent qui, d'aventure,
    Fait rider la face de l'eau,
    Vous oblige à baisser la tête ;

Cependant que mon front, au Caucase pareil,
Non content d'arrêter les rayons du soleil,
    Brave l'effort de la tempête.
Tout vous est aquilon, tout me semble zéphir.
Encore si vous naissiez à l'abri du feuillage
    Dont je couvre le voisinage,
    Vous n'auriez pas tant à souffrir,
    Je vous défendrais de l'orage;
    Mais vous naissez le plus souvent
Sur les humides bords des royaumes du vent.
La nature envers vous me semble bien injuste.
—Votre compassion, lui répondit l'arbuste,
Part d'un bon naturel. Mais quittez ce souci :
Les vents me sont moins qu'à vous redoutables :
Je plie et ne romps pas. Vous avez jusqu'ici
    Contre leurs coups épouvantables
    Résisté sans courber le dos;
Mais attendons la fin." Comme il disait ces mots,
Du bout de l'horizon accourt avec furie
    Le plus terrible des enfants
Que le nord eût portés jusque-là dans ses flancs.
    L'arbre tient bon; le roseau plie.
    Le vent redouble ses efforts,
    Et fait si bien qu'il déracine
Celui de qui la tête au ciel était voisine,
Et dont les pieds touchaient à l'empire des **morts**!

XI. L'Ange et l'Enfant.

Reboul.

Un ange au radieux visage,
Penché sur le bord d'un berceau,
Semblait contempler son image
Comme dans l'onde d'un ruisseau.

Charmant enfant qui me ressemble,
Disait-il, oh! viens avec moi;
Viens, nous serons heureux ensemble;
La terre est indigne de toi.

Là, jamais entière allégresse;
L'âme y souffre de ses plaisirs.
Les cris de joie ont leur tristesse
Et les voluptés leurs soupirs.

11 *

La crainte est de toutes les fêtes ;
Jamais un jour calme et serein,
Du choc ténébreux des tempêtes,
N'a garanti le lendemain.

Et quoi, les chagrins, les alarmes
Viendraient troubler ce front si pur !
Et par l'amertume des larmes
Se terniraient ces yeux d'azur !

Non, dans les champs de l'espace
Avec moi tu vas t'envoler ;
La providence te fait grâce
Des jours que tu devais couler.

Que personne dans ta demeure
N'obscurcisse ses vêtemens.
Qu'on accueille ta dernière heure
Ainsi que tes premiers momens

Que les fronts y soient sans nuage ;
Que rien n'y révèle un tombeau.
Quand on est pur comme à ton âge
Le dernier jour est le plus beau.

Et secouant ses blanches ailes,
L'ange, à ces mots, à pris l'essor
Vers les demeures éternelles :
Pauvre mère   . . ! ton fils est mort.

———

XII. HYMNE DE L'ENFANT À SON RÉVEIL.

A. DE LAMARTINE.

O PÈRE qu'adore mon père !
Toi, qu'on ne nomme qu'à genoux !
Toi, dont le nom terrible et doux
Fait courber le front de ma mère !

On dit que ce brillant soleil
N'est qu'un jouet de ta puissance ;
Que sous tes pieds il se balance
Comme une lampe de vermeil.

On dit que c'est toi qui fais naître
Les petits oiseaux dans les champs,
Et qui donne aux petits enfans
Une âme aussi pour te connaître.

On dit que c'est toi qui produis
Les fleurs dont le jardin se pare,
Et que sans toi, toujours avare,
Le verger n'aurait point de fruits.

Aux dons que ta bonté mesure
Tout l'univers est convié;
Nul insecte n'est oublié
À ce festin de la nature.

L'agneau broute le serpolet;
La chèvre s'attache au cytise;
La mouche au bord du vase puise,
Les blanches gouttes de mon lait!

L'alouette a la graine amère
Que laisse envoler le glaneur;
Le passereau suit le vanneur,
Et l'enfant s'attache à sa mère.

Et pour obtenir chaque don,
Que chaque jour tu fais éclore,
À midi, le soir, à l'aurore,
Que faut-il? prononcer ton nom!

O Dieu! ma bouche balbutie
Ce nom des anges redouté.
Un enfant même est écouté
Dans le chœur qui te glorifie!

On dit qu'il aime à recevoir
Les vœux présentés par l'enfance,
À cause de cette innocence
Que nous avons sans le savoir.

On dit que leurs humbles louanges
À son oreille montent mieux;
Que les anges peuplent les cieux,
Et que nous ressemblons aux anges!

Ah! puisqu'il entend de si loin
Les vœux que notre bouche adresse,
Je veux lui demander sans cesse
Ce dont les autres ont besoin.

Mon Dieu, donne l'onde aux fontaines,
Donne la plume aux passereaux,
Et la laine aux petits agneaux,
Et l'ombre et la rosée aux plaines.

Donne au malade la santé,
Au mendiant le pain qu'il pleure,
À l'orphelin une demeure,
Au prisonnier la liberté.

Donne une famille nombreuse
Au père qui craint le Seigneur;
Donne à moi sagesse et bonheur,
Pour que ma mère soit heureuse!

Que je sois bon, quoique petit,
Comme cet enfant dans le temple,
Que chaque matin je contemple,
Souriant au pied de mon lit.

Mets dans mon âme la justice,
Sur mes lèvres la vérité;
Qu'avec crainte et docilité
Ta parole en mon cœur mûrisse!

Et que ma voix s'élève à toi
Comme cette douce fumée
Que balance l'urne embaumée
Dans la main d'enfans comme moi!

XIII. Pour les Pauvres.

Victor Hugo (*Les Feuilles d'Automne*).

DANS vos fêtes d'hiver, riches, heureux du monde,
Quand le bal tournoyant de ses feux vous inonde,
Quand partout alentour de vos pas vous voyez
Briller et rayonner cristaux, miroirs, balustres,

Candélabres ardens, cercle étoilé des lustres,
Et la danse, et la joie ou front des conviés ;
Tandis qu'un timbre d'or sonnant dans vos demeures
Vous change en joyeux chant la voix grave des heures,
Oh ! songez-vous parfois que, de faim dévoré,
Peut-être un indigent dans les carrefours sombres
S'arrête et voit danser vos lumineuses ombres
      Aux vitres du salon doré ?

Songez-vous qu'il est là sous le givre et la neige,
Ce père sans travail que la famine assiége ?
Et qu'il se dit tout bas : " Pour un seul que de biens !
À son large festin que d'amis se récrient !
Ce riche est bien heureux, ses enfans lui sourient !
Rien que dans leurs jouets que de pain pour les miens !"
Et puis, à votre fête il compare en son âme
Son foyer, où jamais ne rayonne une flamme,
Ses enfans affamés et leur mère en lambeau,
Et, sur un peu de paille, étendue et muette,
L'aïeule, que l'hiver, hélas ! a déjà faite
      Assez froide pour le tombeau !

Car Dieu mit ces degrés aux fortunes humaines :
Les uns vont tout courbés sous le fardeau des peines ;
Au banquet du bonheur bien peu sont conviés.
Tous n'y sont point assis également à l'aise.
Une loi, qui d'en bas semble injuste et mauvaise,
Dit aux uns : "Jouissez !" aux autres : " Enviez !"
Cette pensée est sombre, amère, inexorable,
Et fermente en silence au cœur du misérable.
Riches, heureux du jour, qu'endort la volupté,
Que ce ne soit pas lui qui des mains vous arrache
Tous ces biens superflus où son regard s'attache ;—
      Oh ! que ce soit la charité !

Donnez, riches ! L'aumône est sœur de la prière.
Hélas ! quand un vieillard sur votre seuil de pierre,
Tout roidi par l'hiver, en vain tombe à genoux ;
Quand les petits enfans, les mains de froid rougies,
Ramassent sous vos pieds les miettes des orgies,
La face du Seigneur se détourne de vous.

Donnez ! afin que Dieu, qui dote les familles,
Donne à vos fils la force, et la grâce à vos filles ;
Afin que votre vigne ait toujours un doux fruit :
Afin qu'un blé plus mûr fasse plier vos granges ;
Afin d'être meilleurs ; afin de voir les anges
    Passer dans vos rêves, la nuit !

Donnez ! il vient un jour où la terre nous laisse ;
Vos aumônes, là-haut, vous font une richesse.
Donnez ! afin qu'on dise : " Il a pitié de nous !"
Afin que l'indigent que glacent les tempêtes,
Que le pauvre qui souffre à côté de vos fêtes,
Au seuil de vos palais fixe un œil moins jaloux.
Donnez ! pour être aimés du Dieu qui se fit homme ;
Pour que le méchant même en s'inclinant vous nomme,
Pour que votre foyer soit calme et fraternel.
Donnez ! afin qu'un jour, à votre heure dernière,
Contre tous vos péchés, vous ayez la prière
    D'un mendiant puissant au ciel !

XIV.   LE PETIT SAVOYARD.

ALEX. GUIRAUD.

1.—LE DEPART.

    PAUVRE petit, pars pour la France.
Que te sert mon amour ? je ne possède rien.
On vit heureux, ailleurs ; ici, dans la souffrance.
    Pars, mon enfant, c'est pour ton bien.
    Tant que mon lait put te suffire,
Tant qu'un travail utile à mes bras fut permis,
Heureuse et délassée en te voyant sourire,
    Jamais on n'eût osé me dire :
    Renonce aux baisers de ton fils.
Mais je suis veuve ; on perd sa force avec la joie.
    Triste et malade, où recourir ici ?
Où mendier pour toi ? chez des pauvres aussi !
Laisse ta pauvre mère, enfant de la Savoie ;
    Va, mon enfant, où Dieu t'envoie.
Mais, si loin que tu sois, pense au foyer absent ;
Avant de le quitter, viens, qu'il nous réunisse.
Une mère bénit son fils en l'embrassant :
    Mon fils, qu'un baiser te bénisse.

Vois-tu ce grand chêne, là-bas ?
Je pourrai jusque-là t'accompagner, j'espère.
Quatre ans déjà passés, j'y conduisis ton père ;
Mais lui, mon fils, ne revint pas.
Encor, s'il était là pour guider ton enfance,
Il m'en coûterait moins de t'éloigner de moi ;
Mais tu n'as pas dix ans, et tu pars sans défense—
Que je vais prier Dieu pour toi !—

Que feras-tu, mon fils, si Dieu ne te seconde,
Seul, parmi les méchants, car il en est au monde,
Sans ta mère, du moins, pour t'apprendre à souffrir—?
Oh ! que n'ai-je du pain, mon fils, pour te nourrir !
Mais Dieu le veut ainsi : nous devons nous soumettre.
Ne pleure pas en me quittant ;
Porte au seuil des palais un visage content.
Parfois mon souvenir t'affligera peut-être—
Pour distraire le riche, il faut chanter pourtant.
Chante tant que pour toi la vie est moins amère ;
Enfant, prends ta marmotte et ton léger trousseau,
Répète, en cheminant, les chansons de ta mère,
Quand ta mère chantait autour de ton berceau.
Si ma force première encor m'était donnée,
J'irais, te conduisant moi-même par la main ;
Mais je n'atteindrais pas la troisième journée,
Il faudrait me laisser bientôt sur ton chemin ;
Et moi je veux mourir aux lieux où je suis née.
Maintenant, de ta mère entends le dernier vœu :
Souviens-toi, si tu veux que Dieu ne t'abandonne,
Que le seul bien du pauvre est le peu qu'on lui donne.
Prie, et demande au riche : il donne au nom de Dieu.
Ton père le disait ; sois plus heureux ! Adieu.

Mais le soleil tombait des montagnes prochaines,
Et la mère avait dit : Il faut nous séparer ;
Et l'enfant s'en allait à travers les grands chênes,
Se tournant quelquefois, et n'osant pas pleurer.

2.—PARIS.

J'ai faim ; vous qui passez daignez me secourir.
Voyez : la neige tombe, et la terre est glacée ;
J'ai froid : le vent se lève et l'heure est avancée,
Et je n'ai rien pour me couvrir.

Tandis qu'en vos palais tout flatte votre envie,
À genoux sur le seuil, j'y pleure bien souvent ;
Donnez : peu me suffit, je ne suis qu'un enfant ;
Un petit sou me rend la vie.

On m'a dit qu'à Paris je trouverais du pain ;
Plusieurs ont raconté, dans nos forêts lointaines,
Qu'ici le riche aidait le pauvre dans ses peines ;
Eh bien ! moi, je suis pauvre, et je vous tends la main.

Faites-moi gagner mon salaire :
Où me faut-il courir ? dites, j'y volerai.
Ma voix tremble de froid ; eh bien ! je chanterai,
Si mes chansons peuvent vous plaire.

Il ne m'écoute pas, il fuit ;
Il court dans une fête, et j'en entends le bruit,
Finir son heureuse journée.
Et moi, je vais chercher, pour y passer la nuit,
Cette guérite abandonnée.

Au foyer paternel quand pourrai-je m'asseoir ?
Rendez-moi ma pauvre chaumière,
Le laitage durci qu'on partageait le soir ;
Et, quand la nuit tombait, l'heure de la prière
Qui ne s'achevait pas sans laisser quelque espoir.

Ma mère, tu m'as dit, quand j'ai fui ta demeure :
Pars, grandis et prospère, et reviens près de moi.
Hélas ! et, tout petit, faudra-t-il que je meure
Sans avoir rien gagné pour toi ?

Non, l'on ne meurt point à mon âge ;
Quelque chose me dit de reprendre courage—
Eh ! que sert d'espérer !—que puis-je attendre enfin !—
J'avais une marmotte, elle est morte de faim.

Et faible, sur la terre il reposait sa tête,
Et la neige, en tombant, le couvrait à demi ;
Lorsqu'une douce voix, à travers la tempête,
Vint réveiller l'enfant par le froid endormi.

Qu'il vienne à nous celui qui pleure,
Disait la voix mêlée au murmure des vents;
L'heure du péril est notre heure:
Les orphelins sont nos enfants.

Et deux femmes en deuil recueillaient sa misère.
Lui, docile et confus, se levait à leur voix.
Il s'étonnait d'abord; mais il vit dans leurs doigts
Briller la croix d'argent au bout du long rosaire,
Et l'enfant les suivit en se signant deux fois.

3.—LE RETOUR.

Avec leurs grand sommets, leurs glaces éternelles,
Par un soleil d'été, que les Alpes sont belles!
Tout dans leurs frais vallons sert à nous enchanter,
La verdure, les eaux, les bois, les fleurs nouvelles.
Heureux qui sur ces bords peut long-temps s'arrêter!
Heureux qui les revoit, s'il a pu les quitter!

Quel est ce voyageur que l'été leur renvoie,
Seul, loin dans la vallée, un bâton à la main?
C'est un enfant—il marche, il suit le long chemin
      Qui va de France à la Savoie.
Bientôt de la colline il prend l'étroit sentier:
Il a mis ce matin la bure du dimanche,
      Et dans son sac de toile blanche
Est un pain de froment qu'il garde tout entier.
Pourquoi tant se hâter à sa course dernière?
C'est que le pauvre enfant veut gravir le coteau,
Et ne point s'arrêter qu'il n'ait vu son hameau,
      Et n'ait reconnu sa chaumière.

Les voilà!—tels encor qu'il les a vus toujours,
Ces grands bois, ce ruisseau qui fuit sous le feuillage!
Il ne se souvient plus qu'il a marché dix jours:
      Il est si près de son village!
Tout joyeux il arrive et regarde—Mais quoi!
Personne ne l'attend! sa chaumière est fermée!
Pourtant du toit aigu sort un peu de fumée,
Et l'enfant plein de trouble: Ouvrez, dit-il, c'est moi!

12

La porte cède : il entre ; et sa mère attendrie,
Sa mère, qu'un long mal près du foyer retient,
Se relève à moitié, tend les bras et s'écrie :
     N'est-ce pas mon fils qui revient ?
Son fils est dans ses bras qui pleure et qui l'appelle :
Je suis infirme, hélas ! Dieu m'afflige, dit-elle :
Et depuis quelques jours je te l'ai fait savoir,
Car je ne voulais pas mourir sans te revoir.
Mais lui : De votre enfant vous étiez éloignée ;
Le voilà qui revient ; ayez des jours contents ;
Vivez : je suis grandi, vous serez bien soignée ;
     Nous sommes riches pour long-temps.

Et les mains de l'enfant, des siennes détachées,
Jetaient sur ses genoux tout ce qu'il possédait,
Les trois pièces d'argent dans sa veste cachées,
Et le pain de froment que pour elle il gardait.
Sa mère l'embrassait et respirait à peine,
Et son œil se fixait, de larmes obscurci,
     Sur un grand crucifix de chêne
Suspendu devant elle et par le temps noirci.
C'est lui, je le savais, le Dieu des pauvres mères
Et des petits enfants, qui du mien a pris soin ;
Lui, qui me consolait quand mes plaintes amères
     Appelaient mon fils de si loin.
C'est le Christ du foyer que les mères implorent,
Qui sauve nos enfants du froid et de la faim.
Nous gardons nos agneaux, et les loups les dévorent,
Nos fils s'en vont tout seuls—et reviennent enfin.

XV. ODE.—LES DEUX ILES.

VICTOR HUGO.

Dites-moi d'où il est venu, je vous dirai où il est allé.—B. S.

I.

Il est deux îles dont un monde
Sépare les deux océans,
Et qui de loin dominent l'onde,
Comme des têtes de géans.
On devine, en voyant leurs cimes,
Que Dieu les tira des abîmes

Pour un formidable dessein :
Leur front de coups de foudre fume,
Sur leurs flancs nus la mer écume,
Des volcans grondent dans leur sein.

Ces iles où le flot se broie
Entre des écueils décharnés,
Sont comme deux vaisseaux de proie,
D'une ancre éternelle enchaînés.
La main qui de ces noirs rivages
Disposa les sites sauvages,
Et d'effroi les voulut couvrir,
Les fit si terribles peut-être,
Pour que Bonaparte y pût naître,
Et Napoléon y mourir !

—"Là fut son berceau !—Là sa tombe !"
Pour les siècles c'en est assez.
Ces mots, qu'un monde naisse ou tombe,
Ne seront jamais effacés.
Sur ces îles, à l'aspect sombre,
Viendront, à l'appel de son ombre,
Tous les peuples de l'avenir ;
Les foudres qui frappent leurs crêtes,
Et leurs écueils, et leurs tempêtes,
Ne sont plus que son souvenir !

Loin de nos rives, ébranlées
Par les orages de son sort,
Sur ces deux îles isolées
Dieu mit sa naissance et sa mort ;
Afin qu'il pût venir au monde
Sans qu'une secousse profonde
Annonçât son premier moment ;
Et que sur son lit militaire,
Enfin, sans remuer la terre,
Il pût expirer doucement !

II.

Comme il était rêveur au matin de son âge !
Comme il était pensif au terme du voyage !
C'est qu'il avait joui de son rêve insensé ;
Du trône et de la gloire il savait le mensonge ;

Il avait vu de près ce que c'est qu'un tel songe,
Et quel est le néant d'un avenir passé !

Enfant, des visions, dans la Corse, sa mère,
Lui révélaient déjà sa couronne éphémère,
Et l'aigle impérial planant sur son pavois ;
Il entendait d'avance, en sa superbe attente
L'hymne qu'en toute langue, aux portes de sa tente,
Son peuple universel chantait tout d'une voix :

III. ACCLAMATION.

" Gloire à Napoléon ! gloire au maître suprême !
Dieu même a sur son front posé le diadème.
Du Nil au Borysthène il règne triomphant.
Les rois, fils de cent rois, s'inclinent quand il passe,
    Et dans Rome il ne voit d'espace
    Que pour le trône d'un enfant !

" Pour porter son tonnerre aux villes effrayées,
Ses aigles ont toujours les ailes déployées.
Il régit le Conclave ; il commande au Divan.
Il mêle à ses drapeaux, de sang toujours humides,
    Des croissans pris aux Pyramides,
    Et la croix d'or du grand Yvan !

" Le Mamelouk bronzé, le Goth plein de vaillance,
Le Polonais, qui porte une flamme à sa lance,
Prêtent leur force aveugle à ses ambitions.
Ils ont son vœu pour loi, pour foi sa renommée.
    On voit marcher dans son armée
    Tout un peuple de nations !

" Sa main, s'il touche un but où son orgueil aspire,
Fait à quelque soldat l'aumône d'un empire,
Ou fait veiller des rois au seuil de son palais,
Pour qu'il puisse, en quittant les combats ou les fêtes,
    Dormir en paix dans ses conquêtes,
    Comme un pêcheur sur ses filets !

" Il a bâti si haut son aire impériale,
Qu'il nous semble habiter cette sphère idéale

Où jamais on n'entend un orage éclater !
Ce n'est plus qu'à ses pieds que gronde la tempête ;
  Il faudrait, pour frapper sa tête,
  Que la foudre pût remonter !"

IV.

La foudre remonta !—Renversé de son aire,
Il tomba, tout fumant de cent coups de tonnerre.
  Les rois punirent leur tyran.
On l'exposa vivant sur un roc solitaire ;
Et le géant captif fut remis par la terre
  À la garde de l'Océan.

Oh ! comme à Sainte-Hélène il dédaignait sa vie,
Quand le soir il voyait, avec un œil d'envie,
  Le soleil fuir sous l'horizon ;
Et qu'il s'égarait seul sur le sable des grèves,
Jusqu'à ce qu'un Anglais, l'arrachant de ses rêves,
  Le ramenât dans sa prison !

Comme avec désespoir ce prince de la guerre
S'entendait accuser par tous ceux qui naguère
  Divinisait son bras vainqueur !
Car des peuples ligués la clameur solennelle
Répondait à la voix implacable, éternelle,
  Qui se lamentait dans son cœur !

V. IMPRÉCATION.

" Honte ! opprobre ! malheur ! anathême ! vengeance !
Que la terre et les cieux frappent d'intelligence !
Enfin nous avons vu le colosse crouler !
Que puisse retomber, sur ses jours, sur sa cendre,
  Tous les pleurs qu'il a fait répandre,
  Tout le sang qu'il a fait couler !

" Qu'à son nom, du Volga, du Tibre, de la Seine,
Des murs de l'Alhambra, des fossés de Vincenne,
De Jaffa, du Kremlin qu'il brûla sans remords,
Des plaines du carnage et des champs de victoire,
Tonne, comme un écho de sa fatale gloire,
  La malédiction des morts !

12*

" Qu'il voie autour de lui repasser ses victimes !
Que tout ce peuple, en foule, échappé des abîmes,
Innombrable, annonçant les secrets du cercueil,
Mutilé par le fer, sillonné par la foudre,
Heurtant confusément des os noircis de poudre,
Lui fasse un Josaphat de Sainte-Hélène en deuil !

" Qu'il vive pour mourir tous les jours, à toute heure !
Que le fier conquérant baisse les yeux et pleure !
Sachant sa gloire à peine et riant de ses droits,
Des geoliers ont chargé d'une chaîne glacée
    Cette main qui s'était lassée
    À courber la tête des rois !

" Il crut que sa fortune, en victoires féconde,
Vaincrait le souvenir du peuple, roi du monde ;
Mais Dieu vient, et d'un souffle éteint son noir flambeau,
Et ne laisse au rival de l'éternelle Rome
Que ce qu'il faut de place et de temps à tout homme,
    Pour se coucher dans le tombeau.

" Ces mers auront sa tombe, et l'oubli la devance.
En vain à Saint-Denis il fit parer d'avance
Un sépulcre de marbre et d'or étincelant :
Le ciel n'a pas voulu que de royales ombres
Vissent, en revenant pleurer sous ces murs sombres,
Dormir dans leur tombeau son cadavre insolent !"

VI.

Qu'une coupe vidée est amère ! et qu'un rêve,
Commencé dans l'ivresse, avec terreur s'achève !
Jeune, on livre à l'espoir sa crédule raison ;
Mais on frémit plus tard, quand l'âme est assouvie,
    Hélas ! et qu'on revoit sa vie
    De l'autre bord de l'horizon !

Ainsi, quand vous passez au pied d'un mont sublime,
Long-temps en conquérant vous admirez sa cime,
Et ses pics, que jamais les ans n'humiliront ;
Ses forêts, vert manteau qui pend aux rocs sauvages,
    Et ces couronnes de nuages
    Qui s'amoncellent sur son front !

Montez donc, et tentez ces zônes inconnues !
Vous croyiez fuir aux cieux—Vous vous perdez aux nues !
Le mont change à vos yeux d'aspect et de tableau :
C'est un gouffre obscurci de sapins centenaires,
    Où les torrens et les tonnerres
    Croisent des éclairs et des flots !

VII.

    Voilà l'image de la gloire :
    D'abord un prisme éblouissant,
    Puis un miroir expiatoire,
    Où la pourpre paraît du sang !
    Tour-à-tour puissante, asservie,
    Voilà quel double aspect sa vie
    Offrit à ses âges divers.
    Il faut à son nom deux histoires :
    Jeune, il inventait ses victoires :
    Vieux, il méditait ses revers.

    En Corse, à Sainte-Hélène encore,
    Dans les nuits d'hiver, le nocher,
    Si quelque orageux météore
    Brille au sommet d'un noir rocher,
    Croit voir le sombre capitaine
    Projetant son ombre lointaine,
    Immobile, croiser ses bras ;
    Et dit, que pour dernière fête,
    Il vient régner dans la tempête,
    Comme il régnait dans les combats !

VIII.

S'il perdit un empire, il aura deux patries
De son seul souvenir illustres et flétries,
L'une aux mers d'Annibal, l'autre aux mers de Vasco ;
Et jamais de ce siècle attestant la merveille,
On ne prononcera son nom, sans qu'il n'éveille
    Au bouts du monde un double écho !

Telles, quand une bombe ardente, meurtrière,
Décrit dans un ciel noir sa courbe incendiaire,
Se balance au dessus des murs épouvantés,
Puis, comme un vautour chauve, à la serre cruelle,

Qui frappe en s'abattant la terre de son aile,
Tombe, et fouille à grand bruit le pavé des cités ;

Long-temps après sa chute, on voit fumer encore
La bouche du mortier, large, noire et sonore,
D'où monta pour tomber le globe au vol pesant,
Et la place où la bombe, éclatée en mitrailles,
Mourut, en vomissant la mort de ses entrailles,
    Et s'éteignit en embrasant !

ALPHABETICAL LIST OF THE FABLES.

	Page
L'ABEILLE et l'Araignée . . .	64
L'Abeille et la Mouche	57
L'Aigle et ses Aiglons	1
L'Aigle et le Hibou	36
L'Aigle, la Corneille et le Berger	9
L'Âne blessé, le Corbeau et le Loup	27
L'Âne et le Sanglier	1
L'Âne et le Chien	15
L'Âne et le Lion	36
L'Âne et son Maître	5
L'Âne sauvage et l'Âne domestique	25
L'Âne et le Loup	6
L'Âne mécontent	30
L'Âne et ses Maîtres	34
Les deux Ânes	38
Les Animaux malades de la Peste	67
L'Araignée et le Ver à Soie . .	29
L'Avare et la Pie	12
Le Barbet et la Brebis	24
Le Berger et son Troupeau . .	9
Le Bouc et le Renard	45
Le Bouc sans barbe	54
La Brebis et le Buisson . . .	3
Le Cerf et le Faon	37
Le Champignon et le Gland . .	31
Le Charpentier et le Singe . .	11
Le Chasseur et son Chien . . .	6
Le vieux Chat et la jeune Souris	7
Le Chat et la Souris	26
Le Chat, la Belette et le Lapin .	13
Le Chat sauvage et le Renard .	43
Le Chat et les deux Moineaux .	32
Le Chat, les Souris et le vieux Rat	39
Le Chat et la Chauve-souris . .	3
Le Chat et les Lapins	60
Les deux Chats	56
Le Chêne et le Sycomore . . .	6

	Page
La Chenille et la Fourmi . . .	50
Le Cheval, le Loup, et le Renard	54
Le Cheval et le Lion	48
Les deux Chevaux	20
Les deux Chèvres	10
Le Chien du Berger et le Loup .	53
Le Chien et le Crocodile . . .	11
Le Chien et son Ombre	1
Le Chien et le Chat	49
Les deux Coqs	4
Le Corbeau et le Faucon . . .	26
La Corneille et le Corbeau . .	13
La Couleuvre et le Garçon . .	4
Le Dinde et la Fourmi	13
Le Dogue et l'Épagneul . . .	21
Le Dogue et le Loup	38
L'Écho et le Hibou	37
L'Écrévisse et sa Fille	2
Le Faucon et le Poulet	42
Le Fermier, le Chasseur et le Cerf	47
Le Feu d'Artifice et le Brochet .	25
La Forêt et le Bucheron . . .	28
Le Garçon et le Papillon . . .	17
La Grenouille, l'Écrévisse et le Serpent	46
La Grenouille et le Renard . .	27
La Grenouille et la Souris . .	20
Les deux Grenouilles	3
La Guenon et sa Guenuche . .	29
Le Héron	17
Le Hibou présomptueux . . .	56
L'Homme et la Belette	10
Le Jugement, la Mémoire et l'Imagination	59
La Laitière et le Pot au Lait . .	18
Les deux Lézards	18
Le Lièvre et la Tortue	45
Le Lièvre et les Grenouilles . .	22
La Ligue des Chiens	49

	Page		Page
La Ligue des Rats	55	Les Poissons et le Cormoran . .	58
Le Lion, l'Âne et le Renard . .	25	Le Portrait parlant	51
Le Lion et le Lionceau. . . .	17	Les Deux Pots	2
Le Lion se préparant à la Guerre	30	Le Rat et ses Amis	47
Le Lion, lo Loup et le Renard .	46	Le Rat et l'Éléphant	8
Le Lion, le Tigre et le Renard .	7	Le Rat et l'Huitre	23
Les deux Livres	51	Le Rat et le Chameau	16
Le Loup et l'Agneau	33	Le Rat de Ville et le Rat de	
Le Loup et le Chien maigre . .	22	Campagne	66
Le Loup déguisé	8	Le Renard et la Cigogne . . .	30
Le Loup et le Chien de Berger .	35	Le Renard dupé	41
Le Loup et les Bergers. . . .	12	Le Renard et le Coq	28
Le Loup et le Cabri	33	Le Renard et les Raisins . . .	2
Le Loup et le Renard	32	Le Renard et le Chat	14
Le Loup et le Porc-épic . . .	4	Le Renard, les Moucherons et	
Le Loup et l'Âne malade . . .	12	l'Hirondelle	23
Le Loup et la Cigogne	16	La Rose et le Papillon	39
Le Lynx et la Taupe	19	Le Seigneur et le Paysan . . .	61
Le Merle et le Lièvre	8	Le Serpent et les Grenouilles .	62
Le Meunier, son Fils et leur Âne	68	Le Singe	2
Le Milan et le Rossignol . . .	21	Le Singe et le Léopard	42
La Mouche et la Fourmi . . .	40	Le Singe et le Mulet	14
La Mouche et le Taureau . . .	15	Le Singe et le Chat	19
Le Négociant et son Voisin . .	63	Les Singes	52
L'Oiseau moqueur et la Mésange	11	Le Soleil et la Vapeur	5
L'Oiseleur et la Colombe . . .	10	Le Souriceau et sa Mère . . .	58
L'Oiseleur et le Merle	34	La jeune Taupe et sa Mère . .	7
Les Oreilles du Lièvre	5	Les deux Taureaux et les deux	
L'Orme et le Noyer	52	Grenouilles	9
L'Ours et le Taureau	41	La Tortue et les deux Canards .	43
L'Ours et le Charlatan	24	Les deux Truites et le Goujon .	21
Le Paon, l'Oie et le Dindon . .	33	La Tulipe et la Rose	35
Le Papillon et l'Abeille . . .	44	Le Villageois et la Couleuvre .	3
Le Paysan et la Couleuvre . .	65	Les Voyageurs et le Caméléon .	60
Le Pécheur et le petit Poisson .	5		

MORCEAUX CHOISIS DE POÉSIE.

	Page		Page
L'Ange et l'Enfant	77	La Main Droite et la Main Gauche	75
La Brebis et le Chien	71	La Poule et l'Alouette	73
Le Chêne et le Roseau	76	Pour les Pauvres	80
L'Enfant et le Miroir	70	Le Petit Savoyard	82
Le Grillon	71	Le Torrent et la Digue	73
Hymne de l'Enfant à son Réveil	78	Le Troupeau de Colas	76
Les Deux Iles	86	Le Voyageur et sa Montre . .	74
La Mère, l'Enfant et les Sarigues	72		

A GENERAL INDEX

OF THE ARTICLES, DETERMINATIVE ADJECTIVES, PRONOUNS, ADVERBS, PREPOSITIONS, AND CONJUNCTIONS, WHICH OCCUR IN THE FOREGOING FABLES.

ARTICLES.

Le, la, l', les, ... *the*
Du, des, . *Some, any, of the*
Au, aux, . . *at the, to the*

DETERMINATIVE ADJECTIVES.

Possessive.

Mon, ma, mes, ... *my*
Ton, ta, tes, ... *thy*
Son, sa, ses, *its, his, her*
Notre, nos, ... *our*
Votre, vos, ... *your*
Leur, leurs, ... *their*

Demonstrative.

Ce, cet, cette, *this, that*
Ces, ... *these, those*

Numeral.

Un, une, . . . *a, an, one*

Indefinite.

Aucun, pas un, *not any*
Autre, ... *other, else*
Certain, ... *some*
Chaque, . . . *each, every*
L'un et l'autre, . . . *both*
L'un ou l'autre, . . *either*
Maint, ... *many a*
Même, ... *same*
Nul, ... *no*
Pareil, ... *such a*
Plusieurs, ... *several*
Quel, quelle, } *which*
quels, } *what*
Quelles,
Quelconque, . . *whatever*
Quelque, ... *some*
Tel, tels, telle, tels, *such-like*
Tout, tous, toute, toutes, *all, every*

PRONOUNS.

Personal.

Nominative.	*Direct Object.*
Je, . . *I*	Me, . . *me*
Tu, . *thou*	Te, . . *thee*
Il, . . *he, it*	Le, *him, it*
Elle, *she, it*	La, . *her, it*
Nous, . *we*	Nous, . *us*
Vous, . *you*	Vous, . *you*
Ils, . *they*	Les, *them*
Elles, *they*	

Indirect Object.	*Direct or indirect object of Reflective verbs.*
Me, . *to me*	Me, *myself or to myself.*
Te, *to thee*	Te, *thyself or to thyself.*
Lui, *to him, to her, to it*	Se, *himself, herself, itself or to himself, &c.*
Nous, *to us*	Nous, *ourselves or to ourselves.*
Vous, . . *to you*	Vous, *yourselves or to yourselves.*
Leur, . . *to them*	Se, . *themselves or to themselves.*

Disjunctive.

Moi, . *I or me*	Nous, . *we or us*
Toi, . *thou or thee*	Vous, *you, ye*
Lui, . . *he, him, it*	Eux, *they or them*
Elle, *she, her, it*	Elles, *they or them*
Soi, . *one's self, himself, herself, ourselves*	

Supplying Personal Pronouns.

En, *of him, of her, of it, hence, thence*
Y, . *to him, to her, to it, here, there*

Possessive Pronouns.

Le mien, }
la mienne, } *mine*
Les miens, }
les miennes, }
Le tien, la tienne, }
les tiens, } *thine*
les tiennes, }
Le sien, la sienne, } *his,*
les siens, } *hers,*
les siennes, } *its*
Le nôtre, la nôtre, } *ours*
les nôtres, }
Le vôtre, la vôtre, } *yours*
les vôtres, }
Le leur, la leur, } *theirs*
les leurs, }

Demonstrative Pronouns.

Ce, ... *this, that, it*
Celui, celui-ci, } *that,*
celui-là, } *this,*
Celle, celle-ci, } *he,*
celle-là, } *she*
Ceux, ceux-ci, } *these,*
ceux-là, } *those,*
Celles, celles-ci, } *they*
celles-là,
Ceci, cela, ça, . *this, that*

Relative Pronouns.

Qui, . . *who, which, that*
Dont, . *whom of or from whom, whose*
Que, qu', . . *who, which, that*

(95)

Quoi, ... *what, why?*

Lequel, laquelle, ⎫
lesquels,   ⎬ *which*
lesquelles,   ⎭

Peculiar Relative Pronouns.

Celui qui, . . *he who, the one which*
Celle qui, . *she who, the one which*
Ceux qui, *they who, those which*
Celles qui, . . *they who, those which*
Celui que, . . . *he whom*
Celui dont, . . . *that of whom*

Indefinite Pronouns.

Autrui, ... *others*
Chacun, . *every one, each*
On, . . *one, people, some*
Personne, . . . *anybody*
Quelqu'un,   ⎱ *somebody*
Quelques uns, ⎰ *some one*
Rien, ... *anything*
Aucun, ... *any*
Autre (un, l'), . *another, the other*
Même (le), . . . *the same*
Nul, nulle, . *no one, nobody*
Pas un, . . *none, not one*
Plusieurs, *several, many*
Tel, tels, telle, telles, *such a one*
Tout, toute, tous, toutes, *all, every*

ADVERBS.

Alors, ... *then*
Après, ... *after*
A présent, ... *now*
Assez, ... *enough*
Aussi, ... *also*
Aussitôt, ... *as soon*
Autant, ... *as much*
Avant, ... *before*
Ainsi, ... *thus*
Beaucoup, ... *much*
Bien, ... *well*
Bientôt, . . . *very soon*
Cependant, . . . *however*
Combien, *how much, how many*
Comme, ... *like, as*
Comment, ... *how*
D'abord, ... *at first*

De bonne heure, . *early*
Déjà, ... *already*
Demain, . . . *to-morrow*
Depuis, ... *since*
En bas, . . . *down stairs*
Encore, ... *again*
Enfin, ... *at last*
En haut, . . . *up-stairs*
Ensemble, . . . *together*
Ensuite, . . . *afterwards*
Fort, ... *very, much*
Guère, ... *not much*
Hier, ... *yesterday*
Ici, ... *here*
Jamais, ... *never*
Là, ... *there*
Maintenant, . . . *now*
Mal, ... *badly*
Même, ... *even*
Mieux, ... *better*
Moins, ... *less*
Ne, ... *not*
Nulle part, . . *nowhere*
Non, ... *no*
Où, ... *where*
Oui, ... *yes*
Partout, . . . *everywhere*
Pas, or point, . . . *no*
Pas encore, . . . *not yet*
Peu, ... *but little*
Peu à peu, *little by little*
Pis, ... *worse*
Plus, ... *more*
Plutôt, ... *sooner*
Pourquoi, ... *why*
Presque, ... *almost*
Quand, ... *when*
Quelquefois, . *sometimes*
Quelquepart, . *somewhere*
Sans cesse, . . *incessantly*
Si, ... *so*
Souvent, ... *often*
Sur-le-champ, . *immediately*
Tant, ... *so much*
Tard, ... *late*
Tôt, ... *soon*
Toujours, . . . *always*
Tout, . . . *all, entirely*
Tout-à-coup, . *suddenly*
Tout de suite, . *immediately*
Très, ... *very*
Trop, . . . *too much, too*
Trop peu, . . . *too little*
Trop tôt, ... *too soon*
Un peu, ... *a little*
Volontiers, . . *willingly*

PREPOSITIONS.

À, ... *to, at*
A côté de, *by the side of*
Auprès de, ... *near*
Après, ... *after*
Avant, ... *before*
Avec, ... *with*
Chez, . . . *at one's house*
Contre, ... *against*
Dans, ... *. . . in*
De, ... *of*
Depuis, ... *from*
Derrière, ... *behind*
Dès, ... *as soon as*
Devant, ... *before*
En, ... *in, by*
Entre, ... *between*
Envers, ... *towards*
Hors, ... *out*
Loin de, . . . *far from*
Malgré, . . *in spite of*
Moyennant, *by means of*
Nonobstant, . . *notwithstanding*
Outre, ... *beside*
Par, ... *by*
Parmi, ... *among*
Pendant, ... *during*
Pour, ... *for*
Près de, ... *near*
Sans, ... *without*
Sauf, ... *save*
Selon, . . *according to*
Sous, ... *under*
Suivant, . . *following to*
Sur, ... *on*
Touchant, . . *concerning*
Vers, ... *towards*
Vis-à-vis, . . . *opposite*

CONJUNCTIONS.

Ainsi, ... *thus, so*
Car, ... *for, because*
Cependant, *nevertheless*
Comme, ... *as*
Donc, ... *therefore*
Enfin, ... *finally*
Et, ... *and*
Et puis, ... *besides*
Mais, ... *but*
Néanmoins, *nevertheless*
Ni, ... *neither*
Pourtant, . . . *however*
Quand, ... *when*
Quoique, ... *though*
Si, ... *if*
Sinon, ... *or else*

A

PARTICULAR INDEX

OF

The WORDS and their Signification in ENGLISH, according
to the order of the FABLES.

[A number has been placed before each verb, indicating the conjugation or class it
belongs to. Verbs marked 1, 2, 3, 4, are regular, and belong to the *first. second. third, and
fourth* conjugations. Those marked from 5 to 34, although irregular, follow the rules of
the formation of tenses as explained in the grammar, page 41. Those marked from 35
to 58 are truly irregular; they are conjugated page 45, No. 132.

With this new arrangement pupils will be able to study with ease the verbs contained
in each fable. After Fable 70, verbs either regular or irregular which the pupil is
supposed to know are not repeated in the index.]

I. Aigle, *Eagle.* Aiglons, *Eaglets.*—[1]S'élevait, *rose.* jusqu'aux, *into.* nues,
skies. comme, *how.* [1]regardez fixement, *stare at.* soleil, *sun.* petits, *little
ones.* [2]éblouit pas, *does not dazzle.* fils, *sons.* roi, *king.* oiseaux, *birds.* père,
father. aïeul, *grandfather.* bisaïeul, *great-grandfather.* ancêtres, *ancestors.*
l'ont [1]regardé, *have stared at it.* de même, *in the same manner.* [31]suivez, *follow.* exemple, *example.* ne [49]pourra jamais, *never will be able.* vous [57]faire
[1]baisser, *to make you cast down.* les paupières, *your eyelids.*

Il [1]arrive ordinairement, *it commonly happens.* vertus, *virtues.* bonnes
qualités, *good qualities.* sont transmises, *are transmitted.* enfans, *children.*
leçons, *lessons.* [1]achèvent, *finish.* nature, *nature.* [1]commencé, *begun.*

II. Chien, *Dog.* Ombre, *Shadow.*—[41]Tenant, *holding.* morceau, *bit.* viande,
meat. la gueule, *his mouth.* [1]traversait, *crossed.* rivière, *river.* [54]vit, *saw.*
image, *image.* eau, *water.* [18]crut, *believed.* d'abord, *at first.* [1]portait, *carried.*
proie, *prey.* [1]approche, *approaches.* s'[1]éloigne, *goes away.* ne te [31]poursuivrai
pas, *shan't pursue thee.* ni ne [1]quitterai, *nor shall I quit.* [41]tiens, *hold.* instinct,
instinct. [20]dit, *tells.* n'es que, *art but.*

[1]Imitez, *imitate.* prudence, *prudence.* ne [1]quittez jamais, *never quit.* substance, *substance.*

III. Âne, *Ass.* Sanglier, *Wild boar.*—Baudet, *ass.* impertinence, *impertinence.* [31]suivre, *follow.* [32]braire, *bray.* après, *after.* [1]insulter, *insult.* animal
courageux, *courageous animal.* en, *at it.* d'abord, *at first.* [1]irrité, *irritated.*
[1]tournant la tête, *turning his head.* [54]vit, *saw.* d'où, *from whence.* [41]venait, *came.*
insulte, *insult.* [1]continua, *continued.* tranquillement, *quietly.* chemin, *way.* sans
[1]honorer, *without honoring.* faquin, *scoundrel.* d'une seule parole, *with one
single word.*

Silence, *silence.* mépris, *contempt.* vengeance, *vengeance.* galant-homme,
gentleman. [3]devrait [28]prendre, *should take.* sot, *fool.*

13   (97)

IV. Écrévisse, *Crab*. Fille, *Daughter*.—Comme, *how*. [1]marches, *walkest*, [20]disait, *said*. jour, *day*. mère, *mother*. ne [52]saurais-tu, *canst thou not*. [35]aller, *go*. en avant, *forwards*. comme, *as*. [1]marchez, *walk*. vous-même, *yourself*. cela m'est naturel, *it is natural to me*. [49]puis-je [35]aller, *can I go*. autrement, *otherwise*. ne [57]faites, *do*. [54]vois, *see*. toujours, *always*. à reculons, *backward*. père, *father*. frères, *brothers*. sœurs, *sisters*. famille, *family*.

Leçons, *lessons*. ne [1]corrigent pas, *do not correct*. défauts naturels, *natural defects*.

V. Singe, *Ape*.—Quelle vie basse et ennuyeuse, *what a low and tiresome life*. celle, *that*. [1]mène, *lead*. forêts, *forests*. animaux stupides, *stupid animals*. image, *image*. homme, *man*. s'[1]écriait, *cried out*. dégoûté, *disgusted*. de [1]demeurer, *with dwelling*. bois, *woods*. il [46]faut que j'[35]aille vivre, *I must go and live*. villes, *cities*. gens, *people*. [1]ressemblent, *resemble*. sont, *are*. [1]civilisés, *civilized*. [35]alla, *went*. s'en [8]repentit, *repented*. bientôt, *soon*. [28]pris, *taken*. [1]enchainé, *chained*. [1]moqué, *mocked*. [1]insulté, *insulted*.

[1]Fréquentez, *keep company with*. semblables, *like*. ne [8]sortez pas, *don't go out*. sphère, *own sphere*.

VI. Renard. *Fox*. Raisins, *Grapes*.—Certain, *certain*. Gascogne, *Gascony*. quelques uns [20]disent, *some people say*. Normandie, *Normandy*. [40]mourant presque de faim, *almost starving*. [54]vit, *saw*. au haut, *at the top*. treille, *vine-arbor*. en eût [57]fait volontiers un repas, *would have willingly made a repast of them*. comme, *as*. n'y [49]pouvait [22]atteindre, *could not reach them*. malgré, *in spite of*. efforts, *attempts*. trop verts, *too sour*. en s'en [35]allant, *going away*. ne bons que, *only good*. goujats, *black-guards*.

[1]Méprisons souvent, *often despise*. chose, *thing*. parce qu'il n'est pas, *because it is not*. [49]pouvoir, *power*. l'[41]obtenir, *to obtain it*.

VII. Deux Pots, *two Pots*.—Pot de terre, *earthen pot*. un pot d'airain, *one of brass*. un jour, *one day*. [1]enlevés, *carried away*. grande inondation, *great inundation*. frère, *brother*. dernier, *latter*. n'ayez pas peur, *do not be afraid*. ne [67]ferai aucun mal, *will do no harm*. [1]éloignez vous de moi, *keep from me*. [1]prie, *pray*. premier, *former*. car, *for*. s'il [1]arrive, *if it happens*. courant, *stream*. vous [1]jette contre, *dashes you against*. ou, *or*. constitutions, *constitutions*. si différentes, *so different*. [1]briserez, *will break*. en mille morceaux, *in a thousand pieces*.

Vraie amitié, *true friendship*. ne [52]saurait, *cannot*. [1]subsister, *subsist*. qu'entre des égaux, *but between equals*.

VIII. Brebis, *Sheep*. Buisson, *Bush*.—[1]Séparée, *separated*. troupeau, *flock*. [28]surprise, *overtaken*. orage, *storm*. se [24]mettre à l'abri, *shelter herself*. pluie, *rain*. so [1]fourra, *crept*. épineux, *thorny*. [1]resta, *remained*. jusqu'à ce que, *till*. eut [1]cessé, *was over*. eut bien de la peine à se [1]débarrasser, *had much ado to get herself rid*. épines, *thorns*. y [2]réussit cependant, *however brought it about*. après, *after*. bien des efforts, *many efforts*. [8]sortit, *got out*. sans être, *without being*. mouillée, *wet*. pauvre bête, *poor beast*. [4]perdit, *lost*. presque, *almost*. laine, *wool*.

On [28]entreprend, *people undertake*. procès, *law-suit*. bagatelles, *trifles*. bien du temps, *much time*. inquiétude, *uneasiness*. soin, *care*. on [1]gagne la cause, *they gain their cause*. quelquefois, *sometimes*. [1]gagnant, *gaining*. se [1]ruine, *ruin themselves*.

IX. Villageois, *Countryman*. Couleuvre. *Adder*.—[1]Rapporte, *relates*. [1]trouva, *found*. haie, *hedge*. presque mort de froid, *almost dead with cold*. [1]touché de compassion, *moved with compassion*. [28]prend, *takes*. [1]emporte chez lui, *carries to his house*. [4]étend, *lays*. le long du feu, *along the fire*. à peine, *hardly*. animal engourdi, *benumbed animal*. [8]sent, *feels*. chaleur, *heat*. [1]lève la tête, *raises his head*. se [1]replie, *wriggles*. s'[1]élance, *rushes*. bienfaiteur, *benefactor*. est-celà, *is this*. récompense, *reward*. manant, *clown*. ingrate, *ungrateful wretch*. [40]mourras, *shalt die.* à ces mots, *at these words.* bêche, *spade.* [1]assomme, *kills.* bête, *reptile.*

Il est bon d'être, *it is good to be.* mais envers qui, *but towards whom.* Il [46]faut [52]savoir [2]choisir, *we must know how to choose.* parce que, *because.* on [4]rend, *we render.* souvent, *often.* ingrats, *ungrateful people.*

X. Chat, *Cat.* Chauve-souris, *Bat.*—Une fois, *once.* [28]pris, *taken.* filet, *net.* [24]promit, *promised.* rat, *rat.* l'en avait [1]délivré, *had released him.* jamais, *never.* [1]manger, *to eat.* souris, *mice.* il [1]arriva, *it happened.* jour, *day.* [1]attrapa, *caught.* grange, *barn.* maître Grippeminaud, *master Grimalkin.* [1]embarrassé, *puzzled.* long temps, *a long while.* n'[1]ose, *dare not.* comme, *as.* souris, *mouse.* [1]croquerai, *craunch.* oiseau, *bird.* distinction conscientieuse, *conscientious distinction.* [57]fit, *made.* repas, *repast.*

Les hommes de mauvaise foi, *men of bad principles.* ne [1]manquent pas de pretextes, *want not for pretences.* ni, *nor.* raisons, *reasons.* [1]justifier, *palliate.* injustice, *injustice.*

XI. Deux Grenouilles, *Two Frogs.*—Ne [49]pouvant, *not being able.* plus [1]rester, *to remain longer.* marais, *fens.* [1]desséchés, *dried up.* chaleur, *heat.* été, *summer.* [41]convinrent, *agreed.* [35]aller ensemble, *go together.* [1]chercher, *in search.* eau, *water.* ailleurs, *elsewhere.* après [42]avoir, *after having.* beaucoup, *much.* [1]voyagé, *travelled.* [1]arrivèrent, *arrived.* auprès, *near.* puits, *well.* [41]venez, *come.* commère, *comrade.* [4]descendons, *let us go down.* [1]chercher, *seeking.* plus loin, *farther.* [1]parlez, *speak.* fort à votre aise, *much at your ease.* compagne, *companion.* Si l'eau [41]venait à nous [1]manquer, *should the water fail us.* ici, *here.* comment, *how.* [8]sortirions nous, *could we get out.*

Il ne [46]faut jamais [28]entreprendre, *we never should undertake.* action, *action.* importance, *importance.* [1]considérer, *considering.* conséquences, *consequences.*

XII. Deux Coqs, *Two Cocks.*—Se [1]disputaient, *contended for.* souveraineté, *sovereignty.* fumier, *dunghill.* combat, *fight.* cruel, *cruel.* sanglant, *bloody.* se [41]maintint, *was kept up.* long-temps, *a long time.* avantage égal, *equal advantage.* de part et d'autre, *on both sides.* enfin, *at last.* un, *one.* se [1]retire, *retires.* et va se [1]cacher, *goes and hides himself.* trou, *hole.* conquérant, *conqueror.* [1]grimpe, *climbs.* sur, *up.* sommet, *top.* maison, *house.* se [4]bat les côtés, *claps his sides.* ailes, *wings.* [1]chante hautement, *loudly crows.* victoire, *victory.* vautour, *vulture.* [1]planait, *was hovering.* air, *air.* [4]entend, *hears.* [54]voit, *sees.* [4]fond soudainement sur, *makes a sudden stoop at.* [1]emporte, *carries off.* serres, *talons.*

[1]Cachez, *conceal.* avantages, *advantages.* ne vous [1]élevez pas, *don't be elated.* prospérité, *prosperity.*

XIII. Couleuvre, *Adder.* Garçon, *Boy.*—[1]Cherchant, *seeking.* [24]mit, *put.* par mégarde, *inadvertently.* la main, *his hand.* [54]voyant, *seeing.* méprise, *mistake.* effet, *effect.* simplicité, *simplicity.* non pas, *not.* malice, *malice.* [28]prenez garde, *take care.* autre fois, *other time.* car, *for.* si, *if.* vous [1]melez, *meddle.* [1]manier, *handle.* au lieu d'anguilles, *instead of eels.* vous vous [8]repentirez, *you'll repent.* [1]trouverez, *will find.* souvent, *often.* assez, *enough.* juste et modérée, *just and moderate.* [1]pardonner, *forgive.*

C'est sagesse, *it is wisdom.* aussi bien que, *as well as.* justice, *justice.* [2]punir, *punish.* comme, *as.* faute, *fault.* [57]faite, *done.* délibération, *deliberation.*

XIV. Loup, *Wolf.* Porc-épic, *Porcupine.*—[1]Rencontra, *met.* par hasard, *by chance.* frère, *brother.* [28]surprenez, *surprise.* être, *to be.* [1]armé, *armed.* comme, *as.* guerre, *war.* temps, *time.* paix, *peace.* [18]croyez, *believe.* [24]mettez, *lay.* soies, *bristles.* de côté, *aside.* [28]reprendrez, *take again.* quand, *when.* [1]jugerez à propos, *think fit.* ami, *friend.* ne [1]quitterai pas, *shall not quit.* armes, *arms.* cela peut être, *that may be.* cas, *case.* compagnie, *company.*

Il y a, *there are.* bien, *many.* ennemis [1]déguisés, *disguised enemies.* monde, *world.* l'homme prudent, *a prudent man.* toujours, *always.* gardes, *guard.*

XV. Soleil, *Sun*. Vapeur, *Vapor.*—Vers, *towards.* soir, *evening.* jour d'été, *summer's day.* [54]vit, *saw.* épaisse et malsaine, *thick and unwholesome.* qui se [4]répandait, *extending itself.* plus belles fleurs, *finest flowers.* jardins, *gardens.* prés, *meadows.* bien [2]choisi, *well chosen.* temps, *time.* départ, *departure.* [28]répandre, *spread.* influence pestiférée, *pestilential influence.* [2]ternir, *taint.* beautés, *beauties.* nature, *nature.* [2]jouis, *enjoy.* quelques heures, *some hours.* du triomphe, *the triumph.* malignité, *malignity.* [41]reviendrai, *shall return.* demain matin, *to-morrow morning.* [1]réparer, *repair.* maux, *mischiefs.* auras [57]faits, *shall have done.* [24]mettre fin, *put an end.* existence, *existence.* Emblême, *emblem.* vérité, *truth.* [1]dissipe, *dissipates.* tôt ou tard, *soon or late.* médisance, *slander.*

XVI. Ane, *Ass.* Maître, *Master.*—[1]Trouva, *found.* par hasard, *by chance.* peau, *skin.* lion, *lion.* s'en [10]revetit, *put it on.* ainsi déguisé, *thus disguised.* [35]alla, *went.* forêts, *forests.* [4]répandit, *spread.* par tout, *everywhere.* terreur, *terror.* consternation, *consternation.* animaux, *animals.* [7]fuyaient, *fled.* devant, *before.* enfin, *at last.* [1]rencontra, *met.* [55]voulait [1]épouvanter, *wished to frighten.* aussi, *also.* bon homme, *good man.* [3]apercevant, *perceiving.* quelque chose de long, *something long.* deux côtés, *two sides.* tête, *head.* maître baudet, *master grizzle.* quoique, *though.* soyez, [10]vêtu, *be drest.* comme, *like.* oreilles, *ears.* [2]trahissent, *betray.* [1]montrent, *show.* n'êtes réellement qu', *really are but.* Sot, *fool.* toujours, *always.* endroit, *mark.* [6]découvre, *discovers.* [4]rend ridicule, *renders ridiculous.* affectation, *affectation.* juste sujet, *just subject.* satire, *satire.* mépris, *contempt.*

XVII. Pêcheur, *Fisherman.* petit Poisson, *little Fish.*—[1]Tira, *drew out.* rivière, *river.* fort, *very.* bien, *well.* bon homme, *good man.* voilà, *this is.* heureux commencement, *lucky beginning.* miséricorde, *mercy.* [1]cria, *cried.* fretin, *fry.* en s'[1]agitant, *agitating himself.* au bout, *at the end.* ligne, *line.* [55]voulez-vous [57]faire de, *will you do with.* ne suis pas plus gros, *am not bigger.* chevrette, *shrimp.* il vous en [46]faudrait; *you would require.* plus de cent, *more than a hundred.* taille, *size.* [57]faire, *make.* plat, *dish.* quel, *what.* ne [20]suffirait pas, *would not suffice.* [1]déjeûner, *breakfast.* [18]croyez, *believe.* [1]rejetez, *throw again.* eau, *water.* il y a, *there is.* grande nombre, *great number.* gros poissons, *large fishes.* [57]feront mieux votre affaire, *will answer your purpose better.* ami, *friend.* vous avez beau [1]jaser, *it is in vain you prate.* serez [21]frit, *shall be fried.* dès ce soir, *this evening.* Ce que l'on a, *what one has.* [53]vaut mieux, *is better.* [1]espère, *hopes for.*

XVIII. Oreilles du Lièvre, *Hare's Ears.*—Lion, *lion.* [1]blessé, *wounded.* par hasard, *by chance.* cornes, *horns.* taureau, *bull.* colère, *passion.* [2]bannit, *banished out of.* royaume, *kingdom.* bêtes à cornes, *horned beasts.* chèvres, *goats.* béliers, *rams.* daims, *deers.* cerfs, *stags.* [1]décampèrent, *scampered away.* aussitôt, *immediately.* [54]voyant, *seeing.* ombre, *shadow.* oreilles, *ears.* [1]alarmé, *alarmed.* se [1]prépara, *got ready.* aussi, *likewise.* cousin, *cousin.* il [46]faut que je [1]parte, *I must depart.* [22]crains, *fear.* qu'on ne [28]prenne mes oreilles, *lest my ears should be taken.* me [28]prenez vous, *do you take me.* imbécille, *idiot.* ce sont, *they are.* honneur, *honor.* on les [57]fera passer, *they will pass.* l'animal craintif, *fearful animal.* j'aurai beau dire et [1]protester, *it will be in vain for me to speak and protest.* on n'[16]écoutera ni mes paroles ni mes protestations, *neither my words nor my protestations will be listened to.* Innocence, *innocence.* n'est pas à l'abri, *is not sheltered.* oppression, *oppression.*

XIX. Âne, *Ass.* Loup, *Wolf.*—[1]Passant, *passing.* près, *near.* cabane, *cottage.* [3]aperçut, *perceived.* au travers, *through.* trou, *hole.* porte, *door.* étable, *stable.* se [24]mit à [32]braire, *began to bray.* de, *with.* [1]insulter, *insult.* [1]écoute, *hear.* mangeur, *thou devourer.* de brebis et d'agneaux, *of sheep and lambs.* fléau, *scourge.* troupeaux, *flocks.* animal cruel et sanguinaire, *cruel and bloodthirsty animal.* viens ici, *come here.* me [1]moque, *scorn.* cruauté, *cruelty.* faquin, *scoundrel*. étais, *wast*. hors, *out*. [57]ferais [41]tenir, *would make hold*. langage plus poli, *politer language*. n'es qu', *art only*. poltron, *coward*.

Caractère, *character*. d'être, *to be*. courageux, *courageous*. quand, *when*. danger, *danger*. [1]insulter, *to insult*. à l'abri, *sheltered*. ressentimens, *resentment*.

XX. Chasseur, *Huntsman*. Chien, *Dog*.—[1]Accompagné, *accompanied*. d', *by*. épagneul, *spaniel*. [54]vit, *saw*. bécassine, *snipe*. même instant, *same instant*. paire, *brace*. perdrix, *partridges*. [23]surpris de, *surprised at*. accident, *accident*. [1]mira, *took aim at*. [55]voulant, *willing*. [1]tirer, *shoot*. [1]manqua, *missed*. bon maître, *good master*. [5]devriez jamais [1]viser à deux buts, *should never aim at two marks*. si vous n'aviez pas été [2]ébloui, *had you not been dazzled*. [15]séduit, *seduced*. espérance trompeuse, *deceitful hope*. n'auriez peut-être pas [1]manqué, *would perhaps not have missed*. On ne [2]réussit pas souvent, *people do not often succeed*. projets, *projects*. on se [1]propose deux fins, *they have two ends in view*. parce que, *because*. moyens, *means*. [28]prend, *take*. [1]divisent, *divide*. trop, *too much*. attention, *attention*.

XXI. Chêne, *Oak*. Sycomore, *Sycamore*.—Était [1]planté, *was planted*. près d', *near*. dernier, *latter*. [1]poussa, *shot forth*. feuilles, *leaves*. dès, *from*. commencement, *beginning*. printemps, *spring*. [1]méprisa, *despised*. insensibilité, *insensibility*. premier, *former*. voisin, *neighbor*. ne [1]compte pas trop, *don't rely too much*. caresses, *caresses*. chaque inconstant zéphyr, *every fickle zephyr*. froid, *cold*. [49]peut, *may*. [41]revenir, *return*. pour moi, *as for myself*. ne suis pas [1]pressé, *am not in a hurry*. [1]pousser, *shoot forth*. [4]attends, *wait*. que, *till*. chaleur, *heat*. soit, *be*. constante, *constant*. avait raison, *was in the right*. gelée, *frost*. [15]détruisit, *destroyed*. beautés naissantes, *budding beauties*. eh bien, *well*. n'avais-je pas raison, *was I not in the right*. de ne pas [1]presser si fort, *not to be in so great a hurry*. Ne [1]comptez pas, *don't rely*. excessives, *excessive*. ni, *or*. ordinairement, *commonly*. courte durée, *short continuance*.

XXII. Jeune Taupe, *young Mole*. Mère, *Mother*.—[2]Élargissant les narines, *widening her nostrils*. voici, *here is*. étrange odeur, *strange smell*. ce me [1]semble, *methinks*. n'[4]entendez vous pas, *don't you hear*. bruit, *noise*. canons, *cannons*. [1]regardez, *look*. ne [54]voyez-vous pas, *don't you see*. meute, *pack*. chiens, *hounds*. [41]viennent, *come*. fille, *daughter*. [27]taisez-vous, *hold your tongue*. ne [8]sens, *neither smell*. n'[4]entends, *nor hear*. ni ne [54]vois rien, *nor see any thing*. [18]croyais, *thought*. qu'il ne vous [1]manquait qu', *you wanted only*. sens, *sense*. [1]trouve, *find*. qu'il vous en [1]manque trois, *you want three*. car, *for*. [49]pouvez ni [8]sentir, *can neither smell*. ni [54]voir, *nor see*. [4]entendre, *hear*. · Défaut, *defect*. petits-maîtres, *coxcombs*. [57]faire parade, *make a show*. connaissances, *knowledge*. [1]montrent souvent, *often show*. caquet ridicule et importun, *ridiculous and importunate prattling*. sots, *fools*. ne [52]savent rien du tout, *know nothing at all*.

XXIII. Lion, *Lion*. Tigre, *Tiger*. Renard, *Fox*.—Tout [1]épuisés, *quite exhausted*. à force de se [4]battre, *by dint of fighting*. au sujet de, *concerning*. jeune faon, *young fawn*. avaient [1]tué, *had killed*. [1]obligés, *obliged*. se [1]jeter à terre, *throw themselves upon the ground*. ne [49]pouvant [1]continuer, *not being able to continue*. combat, *combat*. pendant que, *whilst*. situation, *situation*. [41]vint, *came*. [1]enleva, *carried off*. proie, *prey*. sans qu'aucun des deux combattans, *without either of the two combatants*. [49]pût s'y [1]opposer, *being able to oppose him*. frère, *brother*. voilà, *behold*. fruit, *fruits*. sotte dispute, *foolish dispute*. elle, *it*. a [24]mis hors d'état, *has rendered unable*. [1]empêcher, *to hinder*. coquin de renard, *rascally fox*. d'[1]enlever, *from running away with*. a [1]dupé l'un et l'autre, *has deceived both*. Quand, *when*. deux sots, *two fools*. se [1]disputent, *are disputing*. sont ordinairement, *commonly are*. dupes, *dupes*. sottes querelles, *foolish quarrels*. troisième, *third person*. en [57]fait son profit, *makes his profit by them*.

13 *

102 INDEX.

XXIV. Vieux Chat, *old Cat.* Jeune Souris, *young Mouse.*—Sans expérience, *without experience.* se [1]hasarda, *ventured.* [8]sortir, *to go out.* trou, *hole.* [28]prise, *taken.* [1]laissez-moi [34]vivre, *let me live.* taille, *size.* n'est pas à charge, *is no expense.* maison, *house.* un seul grain, *one single grain.* [20]suffit, *is sufficient.* nourriture, *sustenance.* noix, *nut.* [4]rend, *renders.* toute dodue, *quite plump.* à présent, *now.* maigre, *lean.* [4]attendez, *wait.* [1]laissez, *leave.* repas, *repast.* enfans, *children.* vous [1]trompez, *are mistaken.* petite mignonne, *little darling.* [1]parlez, *speak.* sourd, *deaf person.* [40]mourrez, *shall die.* ne [1]manqueront pas, *will not want for.* d'autres souris, *other mice.*

Innocence, *innocence.* raisonnemens, *reasonings.* ne [24]mettent pas le faible à l'abri, *don't shelter the weak.* oppression, *oppression.* plus fort, *strongest.*

XXV. Loup déguisé, *Wolf in disguise.*—Terreur, *terror.* troupeau, *flock.* ne [52]savait comment [57]faire, *did not know how to do.* [1]attraper, *to catch.* mouton, *sheep.* berger, *shepherd.* continuellement, *continually.* gardes, *guard.* l'animal vorace, *voracious animal.* s'[1]avisa, *took it into his head.* se [1]déguiser, *disguise himself.* se [10]revêtir, *clothe himself.* de la peau, *in the skin.* brebis, *sheep.* avait [1]enlevée, *had carried away.* quelques jours auparavant, *some days before.* stratagème, *stratagem.* [2]réussit, *succeeded.* pendant, *for.* temps, *time.* enfin, *at last.* [6]découvrit, *discovered.* artifice, *artifice.* [1]agaça, *set.* chiens, *dogs.* contre, *against.* lui [1]arrachèrent la toison des épaules, *pulled off the fleece from his shoulders.* [1]déchirèrent, *tore.* pièces, *pieces.*

Ne vous [1]fiez pas, *don't trust.* extérieur, *outside.* homme, *man.* jugement, *judgment.* pénétration, *penetration.* ne [1]juge pas, *does not judge.* selon, *according.* apparences, *appearances.* [57]fait, *knows.* [42]il y a bien, *there are many.* loups déguisés, *disguised wolves.* monde, *world.*

XXVI. Rat, *Rat.* Éléphant, *Elephant.*—Jeune, *young.* présomptueux, *presumptuous.* [54]vit, *saw.* un jour, *one day.* quel vilain animal, *what an ugly animal.* qu'il est hideux, *how hideous he is.* masse informe, *shapeless mass.* matière, *matter.* en vérité, *indeed.* gens, *people.* sont fous, *are fools.* s'[1]amuser, *amuse themselves.* à [1]regarder, *with viewing.* à [1]admirer, *admiring.* monstre, *monster.* plus beau, *handsomer.* peau, *skin.* plus fine, *finer.* plus unie, *smoother.* en aurait [20]dit davantage, *would have said more.* bon appétit, *good appetite.* [57]fit [54]voir, *showed.* clin d'œil, *twinkling of an eye.*

Il est ridicule, *it is ridiculous.* quelquefois, *sometimes.* dangereux, *dangerous.* [57]faire l'homme d'importance, *to assume airs of consequence.* se [1]comparer, *to compare one's-self.* plus haut rang, *higher station.* vanité, *vanity.* commune, *common.* ne [49]peuvent se [1]distinguer que, *can distinguish themselves only by.* orgueil, *pride.* petitesse, *meanness.*

XXVII. Merle, *Blackbird.* Lièvre, *Hare.*—[1]Perché, *perched.* arbre, *tree.* [1]raillait, *jeered.* de ce qu'il était, *at his being.* serres, *talons.* milan, *kite.* qu'il [5]fesait, *at his making.* grandes lamentations, *great lamentations.* où est maintenant, *where is now.* vitesse, *swiftness.* d'où [41]vient que, *whence comes it.* que tes pieds, *that thy feet.* sont [41]devenus si pesans, *are grown so heavy.* lorsque, *whilst.* [1]parlait encore, *was still speaking.* épervier, *a hawk.* [4]fond rapidement sur lui, *makes a sudden stoop at him.* [1]emporte, *carries away.* [1]tue, *kills.* au milieu, *in the middle.* cris, *cries.* à demi-mort, *half-dead.* ne put s'[1]empêcher, *could not forbear.* de lui [20]dire, *telling him.* toi, *you.* te [18]croyais, *thought yourself.* [42]il n'y a qu'un moment, *but a moment ago.* grande sureté, *great safety.* te [1]moquais, *laughed at.* infortune, *misfortune.* tu, *you.* [1]déplores à présent, *now bewail.* ton sort, *your lot.* de même que moi, *as I do mine.*

Il ne [46]faut pas, *we must not.* se [1]moquer des autres, *laugh at others.* [1]donner des avis, *give advice.* lorsqu'on, *when we.* ne [28]prend pas soin, *take no care.* soi-même, *ourselves.*

XXVIII. Deux Taureaux, *two Bulls.* Grenouilles, *Frogs.*—Se [4]battaient, *fought.* prairie, *meadow.* [3]aperçut, *perceived.* se [1]fourra, *crept.* eau, *water.* tout [1]effrayée, *quite frightened.* qu'avez, *what ails.* [1]demanda, *asked.* première, *first.* sommes *⁴*perdues, *are undone.* ni *⁵⁴*vu, *have seen.* se *⁴*battre, *fighting.* eh bien, *well.* compagne, *companion.* ¹laissez, *let.* se *⁴*battre, *fight.* qu'est ce que cela nous *⁵⁷*fait, *what is that to us.* quoi, *what.* n'¹appréhendez pas, *dread not.* malheur, *misfortune.* ¹menace, *threatens.* donc, *then.* n'en *⁵⁴*vois aucun, *see none.* quand, *although.* se *²⁴*mettraient en pièces, *should tear one another to pieces.* espèce, *species.* si différente, *so different.* cela, *that.* vrai, *true.* sage, *wise.* ne ¹considérez pas, *do not consider.* vainqueur, *conqueror.* ne *⁶*souffrira pas, *will not suffer.* que le vaincu ¹reste, *the conquered to remain.* par conséquent, *consequently.* *⁴¹*viendra se ¹réfugier, *will come and take refuge.* marais, *fens.* nous ¹foulera aux pieds, *trample us vnder foot.*

Petits, *little.* *⁶*souffrent, *suffer.* toujours, *always.* des querelles, *by the quarrels.* des grands, *of the great.*

XXIX. Aigle, *Eagle.* Corneille, *Crow.* Berger, *Shepherd.*—¹Planait, *was hovering.* *⁵⁴*vit, *saw.* agneau, *lamb.* *⁴*fondit sur, *made a stoop at.* ¹enleva, *carried away.* serres, *pounces.* plus faible, *weaker.* non pas, *not.* moins glouteune, *less greedy.* exploit, *exploit.* *²⁸*entreprit de l'¹imiter, *undertook to imitate it.* bélier, *ram.* plein, *full.* laine, *wool.* *⁵⁵*voulut, *was willing.* s'en ²saisir, *to seize it.* griffes, *claws.* tellement, *so.* ¹embarrassées, *entangled.* ne *⁴⁹*put, *could not.* *²⁸*prendre la fuite, *take flight.* *⁴¹*tiens, *hold.* vous avez beau, *it is in vain for you.* ¹tâcher, *to endeavor.* vous ¹débarrasser, *extricate yourself.* efforts, *efforts.* inutiles, *useless.* *⁸*servirez de jouet, *will be a plaything.* enfans, *children.* vraiment, *truly.* en seront bien aises, *will be very glad of it.* cela, *that.* *²⁸*apprendra, *will teach.* race, *race.* à ne pas ¹imiter, *not to imitate.* ni, *nor.* *²⁸*entreprendre, *to undertake.* quelque chose, *any thing.* au dessus, *above.* capacité, *capacity.*

Tout, *in everything.* ce que, *which.* *²⁸*entreprenez, *undertake.* ¹mesurez, *measure.* forces, *strength.*

XXX. Berger, *Shepherd.* Troupeau, *Flock.*—¹Harangua it, *harangued.* que, *how.* êtes, *are.* lâches et imbécilles, *cowardly and silly.* béliers, *rams.* ne *⁵⁴*voyez pas plutôt, *no sooner see.* loup, *wolf.* que, *but.* *²⁸*prenez la fuite, *take flight.* *⁴¹*tenez ferme, *stand.* ne ¹bougez pas, *don't stir.* cela seul, *that alone.* *²⁰*suffira, *will be sufficient.* écarter, *disperse.* ennemis, *enemies.* moutons, *wethers.* brebis, *sheep.* même, *even.* agneaux, *lambs.* *²⁴*promirent, *promised.* foi, *upon the faith.* peuple d'honneur, *people of honor.* ¹serrer, *join.* rangs, *ranks.* de ne ¹bouger non plus qu'un mur, *to be as immovable as a wall.* temps, *time.* *²⁴*promettaient, *promised.* belles choses, *fine things.* voila un loup qui *¹⁶*parait, *there appeared a wolf.* une ¹troupe, *am mistaken.* ombre, *shadow.* à la vue, *at the sight.* adieu, *farewell.* promesses, *promises.* courage, *courage.* s'*⁷*enfuit, *runs away.*

Paroles, *words.* ne *⁵²*sauraient, *cannot.* ⁴rendre, *render.* homme, *man.* brave, *brave.* courageux, *courageous.* si, *if.* naturellement, *naturally.* timide, *fearful.* poltron, *coward.*

XXXI. Deux Chèvres, *two Goats.*—Après avoir ¹brouté, *after having broused.* ¹quittèrent, *quitted.* prés, *meadows.* *³⁵*aller ¹chercher, *go in search of.* fortune, *fortune.* quelque montagne, *some mountain.* après, *after.* bien, *many.* tours, *turns.* se ¹trouvèrent, *found themselves.* vis-à-vis, *opposite.* l'une de l'autre, *one another.* ruisseau, *brook.* entre, *between.* lequel, *which.* il y avait, *there was.* planche fort étroite, *very narrow plank.* belettes, *weasels.* auraient à peine *⁴⁹*pu, *could hardly have been able.* ¹passer de front, *go over abreast.* malgré, *notwithstanding.* danger, *danger.* *⁵⁵*voulurent, *would.* ensemble, *together.* aucune ne, *not one.* ¹reculer, *draw back.* une, *one.* ¹pose, *sets.* pied, *foot.* autre, *other.* en *⁵⁷*fait de même, *does the same.* ¹avancent, *advance.* se ¹rencontrent, *meet one another.* au milieu, *in the middle.* pont, *bridge.* faute de, *for want of.* ¹reculer, *drawing back.* ¹tombèrent, *fell.* l'une et l'autre, *both.* eau, *water.* se ¹noyèrent, *were drowned.*

Accident, *accident.* nouveau, *new.* chemin, *road.* gloire, *glory.*

XXXII. Homme, *Man.* Belette, *Weasel.*—Miséricorde, *mercy.* s'¹écria,

cried out. se [54]voyant [28]prise, *seeing herself taken.* [1]conjure, *conjure.* me [1]donner
la vie, *give me my life.* puisque, *since.* [1]délivré, *kept clear.* maison, *house.*
souris, *mice.* rats, *rats.* impertinente, *impertinent creature.* comment [1]oses-tu
te [1]vanter, *how dare you boast.* bienfait imaginaire, *imaginary service.* moi, *my
sake.* [41]viens ici, *come here.* à la chasse, *a hunting.* [1]manger, *eat.* grain, *grain.*
tu [1]trouves, *you find.* au défaut, *for want.* [40]mourras, *shall die.* n'eut pas
plutôt, *had no sooner.* [1]achevé, *finished.* discours, *discourse.* [1]tua, *killed.*
Sous prétexte, *under pretence.* de [1]chercher, *of seeking.* avantage, *advantage.*
autres, *others.* leur [15]nuisent, *hurt them.* ne [1]recherchent que, *only seek.* propre
intérêt, *own interest.* [49]peuvent, *may.* se [16]reconnaître, *know themselves.*

XXXIII. Oiseleur, *Fowler.* Colombe, *Dove.*—[28]Prise, *taken.* filets, *nets.*
[35]allait, *was going.* [1]tuer, *kill.* quand, *when.* [1]déplora ainsi, *thus deplored.*
destinée, *destiny.* malheur, *woe.* s'[1]écrie, *cried out.* quel crime, *what crime.* ni,
have. commis, *committed.* [46]faut-il donc que je [40]meure, *must I then die.* seul
grain, *single grain.* froment, *corn.* [1]mangé, *eaten.* [57]satisfaire, *satisfy.* faim,
hunger. friponne, *rogue.* [4]rends, *render.* la pareille, *like for like.* tu n'as
[1]mangé que. *you have eaten but.* un grain, *one grain.* [1]mangerai, *shall eat.* la
mienne, *mine.*

Pratique, *practice.* hommes, *men.* se [1]tromper, *cheat.* les uns les autres, *one
another.* propre intérêt, *own interest.* passion, *passion.* partialité, *partiality.*
[1]gouvernent, *govern.* monde, *world.*

XXXIV. Charpentier, *Carpenter.* Singe, *Ape.*—[1]Regardait, *viewed.* [4]fendait,
was cleaving. morceau, *piece.* bois, *wood.* avec, *with.* deux, *two.* coins, *wedges.*
[24]mit, *put.* fente, *cleft.* l'un après l'autre, *one after another.* [1]laissant, *leaving.*
ouvrage, *work.* à moitie [57]fait, *half done.* [35]alla [1]dîner, *went to diner.* [55]voulut
[41]devenir, *would needs turn.* fendeur de bûche, *log cleaver.* [41]venant, *coming.*
en [1]tira, *pulled out.* y [24]remettre, *putting in.* de manière que, *so that.* n'ayant
rien, *having nothing.* [41]tenir [1]séparé, *keep asunder.* se [1]referma, *closed again.*
sur le champ, *immediately.* [1]attrapant, *catching.* sot, *silly.* pieds de devant,
fore feet. [41]tint, *held.* jusqu'à ce que, *till.* [41]revint, *returned.* cérémonie, *cere-
mony.* [1]assomma, *knocked down.* pour, *for.* s'être [1]mêlé, *having meddled.*
Ne vous [1]mêlez jamais, *never meddle.* des affaires, *with business.* autrui,
other people. beaucoup, *much.* précaution, *precaution.*

XXXV. Chien. *Dog.* Crocodile, *Crocodile.*—Fort altéré, *very thirsty.* se
[1]trouva, *found himself.* au bord, *at the bank.* Nil, *Nile.* pour ne pas être [28]pris,
not to be taken. monstres, *monsters.* rivière, *river.* ne [55]voulut pas, *would not.*
s'[1]arrêter, *stop.* [1]lapa, *lapped.* en [38]courant, *as he ran.* [1]éleva, *raised.* la tête,
his head. au-dessus, *above.* eau, *water.* ami. *friend.* [1]demanda, *asked.* pourquoi, *why.* êtes, *are.* si [1]pressé, *in such a hurry.* ni souvent, *have often.* [1]sou-
haité, *wished.* [57]faire connaissance, *to get acquainted.* serais [1]charmé, *should be
glad.* si, *if.* [55]vouliez, *would.* [1]profiter de, *improve.* occasion, *occasion.* plus
favorable, *most favorable.* [49]puissie jamais [1]trouver, *can never find.* [57]faites,
do. beaucoup d'honneur, *great honor.* [1]éviter, *avoid.*
On ne [52]saurait être, *we cannot be.* trop en garde, *too much upon our guard.*
contre, *against.* faux, *false.* personnes, *persons.* mauvaise réputation, *ill
character.* il [46]faut, *we must.* [7]fuir, *shun.* comme, *like.*

XXXVI. Oiseau moqueur, *Mock-bird.* Mésange, *Titmouse.*—Il y a, *there is.*
[20]dit-on, *it is said.* certain oiseau, *certain bird.* Indes Occidentales, *West
Indies.* faculté, *faculty.* de [57]contrefaire, *of mimicking.* ramage, *notes.* tout
autre, *every other.* [49]pouvoir, *being able.* lui-même, *himself.* [1]ajouter, *to add.*
aucun son mélodieux, *any melodious strain.* concert, *concert.* comme, *as.*
[1]perché, *perched.* branches, *branches.* arbre, *tree.* [1]étalait, *was displaying.*
talent, *talent.* de [1]ridiculiser, *of ridiculing.* fort bien, *very well.* [1]parlant,
speaking. au nom, *in the name.* vous [1]accordons, *grant you.* sans défaut, *without
faults.* de grâce, *pray.* [1]donnez, *give.* air, *strain.* la vôtre, *your own.*
Les gens, *people.* n'ont aucun autre, *have no other.* que celui, *but that.* de

¹trouver des fautes cachées, *of finding hidden faults.* se ⁴rendent, *render them-selves.* très-ridicules, *very ridiculous.* quand, *when.* ⁵⁵veulent, *want.* ¹tâchent, *endeavor.* se ⁴rendre, *render themselves.* utiles, *useful.* public, *public.*

XXXVII. Avare, *Miser.* Pie, *Magpie.*—¹Comptait, *counted.* argent, *money.* tous les jours, *every day.* s'¹échappa, *eloped.* cage, *cage.* ⁴¹vint subtilement ¹enlever, *came subtilly to pick up.* ³³courut, *ran.* ¹cacher, *to hide.* crévasse, *crevice.* plancher, *floor.* ³aperçut, *perceived.* ¹cria, *cried.* donc, *then.* ¹dérobes, *steal.* trésor, *treasure.* ne ⁵²saurais, *canst not.* ¹nier, *deny.* ¹attrape, *catch.* fait, *fact.* coquine, *rogue.* ⁴⁰mourras, *shalt die.* doucement, *softly.* cher maître, *dear master.* n'³⁵allez pas si vîte, *don't go so fast.* me ⁸sers de, *am using.* comme vous vous en ⁸servez vous-même, *as you use it yourself.* s'il ⁴⁶faut que jo ⁴perde la vie, *if I must lose my life.* pour avoir ¹caché, *for hiding.* seule, *sin-gle.* que ¹méritez-vous, *what do you deserve.* ²⁰dites, *tell.* ¹cachez, *secrete.* tant de mille, *so many thousand.* Il ¹arrive souvent, *it often happens.* hommes, *men.* se ¹condamnent eux-mêmes, *condemn themselves.* vices, *vices.* autres, *others.*

XXXVIII. Loup, *Wolf.* Âne malade, *sick Ass.*—Était ¹attaqué, *was attacked.* fièvre violente, *violent fever.* bon appétit, *good appetite.* ²⁸apprenant, *hearing.* nouvelle, *news.* ³⁵alla ⁴rendre visite, *went to make a visit.* malade, *patient.* ¹trouva, *found.* étable, *stable.* ¹fermée, *shut*, ¹frappa, *rapped.* cependant, *however.* à, *at.* porte, *door.* jeune, *young.* fils, *the son.* ³⁵alla, *went.* ⁵⁴voir, *see.* ami, *friend.* de grâce, *pray.* ⁶ouvrez, *open.* comment se ¹porte votre père, *how does your father do.* suis ⁴¹venu, *am come.* exprès, *on purpose.* m'¹intéresse beaucoup, *am much concerned.* à, *for.* santé, *health.* beaucoup mieux, *much better.* ne ¹désirez, *desire.* ânon, *colt.* m'a ¹commandé, *has ordered me.* de ne ¹laisser entrer personne, *not to let anybody come in.* Il y a beaucoup de gens, *there are many people.* dont les visites, *whose visits.* malades, *sick persons.* aussi ¹intéressées, *as interested.*

XXXIX. Loup, *Wolf.* Bergers, *Shepherds.*—Plein, *full.* douceur, *mildness.* s'il en est de tels, *if there be such.* monde, *world.* se ¹rappela, *called to his mind.* cruautés, *cruelties.* avait ²⁴commises, *had committed.* ²⁹résolut, *resolved.* ne jamais ¹dévorer, *never to devour.* ni agneaux, *either lambs.* ni brebis, *sheep.* ni aucun autre animal, *or any other animal.* ¹⁶paîtrai, *I'll graze.* prés, *mea-dows.* ¹brouterai, *I'll browse.* plutôt que, *rather than.* m'¹attirer, *draw upon myself.* haine universelle, *universal hatred.* ²⁰disant, *saying.* mots, *words.* ⁵⁴vit, *saw.* par, *through.* trou, *gap.* haie, *hedge.* compagnie, *company.* se ¹régalaient, *were regaling themselves.* gigot, *leg of mutton.* s'¹écria, *cried out.* voilà, *behold.* gardiens, *guardians.* troupeau, *flock.* eux-mêmes, *themselves.* ne se ⁵⁷font pas scrupule, *don't scruple.* se ¹⁶repaître de, *feed upon.* bruit, *noise.* ces hommes n'auraient-ils pas ⁵⁷fait, *would these men not have made.* si, *if.* m'avaient ¹attrapé, *had caught me.* à un tel banquet, *at such a banquet.* Hommes, *men.* ¹condamnent, *condemn.* quelquefois, *sometimes.* ¹pratiquent, *practise.* scrupule, *scruple.*

XL. Corneille, *Crow.* Corbeau, *Raven.*—Avait ¹trouvé, *had found.* huitre, *oyster.* ¹essaye, *tried.* ⁶ouvrir, *open.* bec, *beak.* peines, *pains.* inutiles, *useless.* ⁵⁷faites, *are about.* cousine, *cousin.* ⁵⁵voudrais ⁶ouvrir, *want to open.* ne ⁵²saurais en ⁴¹venir à bout, *cannot bring it about.* voilà ¹embarrassée, *are puz-zled.* peu de chose, *a trifle.* vraiment, *truly.* ⁵²sais, *know.* bon moyen, *good means.* de grâce, *pray.* ²⁰dites, *tell.* de, *with.* cœur, *heart.* ²⁸prenez, *take.* proie, *prey.* ¹élevez-vous, *rise.* air, *air.* ¹laissez, *let.* ¹tomber, *fall.* roc, *rock.* ⁵⁴voyez, *see.* ici près, *yonder.* sotte, *silly.* ³¹suivit, *followed.* avis, *advice.* ²saisit de, *seized.* ¹goba, *gobbled it up.* Intérêt, *self-interest.* a souvent beaucoup de part, *has often a great share.* l'on ¹donne, *men give.* il ne ⁴⁶faudrait jamais ¹demander, *we never should ask.* gens artificieux et ¹intéressés, *artful and interested people.*

XLI. Diode, *Turkey.* Fourmi, *Ant.*—Se [1]promenait, *walked.* petits, *little ones.* bois, *wood.* [1]ramassaient, *collected.* grains, *grains.* [1]trouvaient, *found.* chemin, *way.* comme, *as.* [1]avançaient, *advanced.* [1]rencontrèrent, *met.* fourmilière, *ant-hillock.* [1]approchez, *draw near.* enfans, *children.* voici, *here is.* trésor, *treasure.* ne [22]craignez pas, *fear not.* [1]mangez, *eat.* insectes, *insects.* cérémonies, *ceremonies.* morceau friand, *dainty bit.* que nous serions heureux, *how happy were we.* si, *if.* [49]pouvions, *could.* [1]échapper, *escape.* couteau du cuisinier, *cook's knife.* en vérité, *indeed.* l'homme, *man.* bien cruel, *very cruel.* [15]détruire, *destroy.* [57]satisfaire, *satisfy.* friandise, *luxurious appetite.* [1]grimpait, *climbed.* arbre, *tree.* [4]entendit, *heard.* discours, *discourse.* avant que de [1]remarquer, *before you remark.* péchés, *sins.* autre, *other.* [1]examinez, *examine.* conscience, *conscience.* ne [15]détruire, *destroy.* toute une race, *a whole race.* [54]Voyons, *see.* fautes, *faults.* autrui, *others.* aveugles, *blind.* sur les nôtres, *to our own.*

XLII. Chat, *Cat.* Belette, *Weasel.* Lapin, *Rabbit.*—Jeune, *young.* [8]sortit un jour, *went one day out.* trou, *hole.* s'y [1]fourra aussitôt, *crept into it immediately.* à, *at.* retour, *return.* fort [28]surpris, *much surprised.* [1]trouver, *to find.* étranger, *stranger.* maison, *house.* hola, *ho! there.* que [57]faites-vous ici, *what's your business here.* demeure, *abode.* [8]sortez, *get out.* surement, *surely.* petit mignon, *little darling.* n'y [1]pensez pas, *don't think of it.* suis chez-moi, *am at home.* eh bien, *well.* beaucoup [1]disputer, *much disputing.* [1]rapportons-nous-en, *let us refer the matter.* Grippeminaud, *Grimalkin.* c'était, *it was.* arbitre, *arbiter.* différens, *disputes.* [1]arrivaient, *happened.* voisinage, *neighborhood.* [8]consentit, *consented.* [1]accepter, *accept.* [8]partent, *set out.* [1]arrivent, *arrive.* devant, *before.* juge, *judge.* [1]approchez, *draw near.* enfans, *children.* suis sourd, *am deaf.* se [1]méfier de rien, *mistrusting anything.* [1]jetant, *casting.* les griffes, *his claws.* en même temps, *at the same time.* des deux côtés, *on both sides.* [24]mit les plaideurs d'accord, *reconciled the pleaders.* [1]croquant, *eating.* On se [1]ruine souvent, *people often ruin themselves.* procès, *lawsuits.* il [53]vaut mieux, *it is better.* s'[1]accorder, *to agree.*

XLIII. Renard, *Fox.* Chat, *Cat.*—L'un et l'autre philosophes, *both philosophers.* [1]voyageaient, *travelled.* ensemble, *together.* [57]firent, *made.* chemin, *way.* plusieurs, *several.* reflections philosophiques, *philosophical reflections.* vertus morales, *moral virtues.* gravement, *gravely.* maître renard, *master renard.* miséricorde, *mercy.* assurément, *sure.* plus noble, *noblest.* [20]dites, *say.* sage ami, *sage friend.* n'est il pas vrai, *is it not true.* sans doute, *undoubtedly.* Minette, *Puss.* [1]clignant les yeux, *winking.* rien ne [41]convient mieux, *nothing is more becoming.* sensibilité, *sensibility.* pendant que, *whilst.* deux philosophes, *two philosophers.* [1]moralisaient ainsi, *were thus moralizing.* se [1]complimentaient mutuellement, *mutually complimenting each other.* sagesse, *wisdom.* solidité, *solidity.* [1]arrivèrent, *arrived.* à, *at.* village, *village.* où il y avait, *where there was.* coq, *cock.* se [1]carrant, *strutting.* fumier, *dunghill.* adieu, *adieu.* morale, *moral.* [38]court, *runs.* [2]saisit, *seizes.* proie, *prey.* [1]mange, *eats.* dans, *at.* même moment, *same moment.* souris bien dodue, *very plump mouse.* [1]déconcerta, *disconcerted.* Rien n'est plus commun, *nothing is more common.* aux hommes que d'avoir, *than for men to have.* de bonnes notions, *good notions.* vertu, *virtue.* [57]faire, au contraire, *contrary.* quand, *when.* l'occasion, *occasion.* se [1]présente, *offers.*

XLIV. Singe, *Ape.* Mulet, *Mule.*—Fier et orgueilleux, *proud and haughty.* se [1]promenait, *walked.* de haut en bas, *up and down.* champs, *fields.* [1]regardait, *looked upon.* autres animaux, *other animals.* mépris, *contempt.* [1]parlait, *spoke.* cesse, *ceasing.* mère, *mother.* jument, *mare.* [1]vantait, *boasted.* par tout, *everywhere.* noblesse, *nobility.* naissance, *birth.* ancêtres, *ancestors.* père, *father.* noble coursier, *noble courser.* [49]puis, *can.* vanité, *vanity.* me [1]glorifier d'être issu, *boast of being descended.* plus anciennes familles, *most ancient families.* féconde, *fertile.* guerriers, *warriors.* philosophes, *philosophers.* législateurs, *legislators.* n'eut pas plutôt [20]dit, *had no sooner spoken.* paroles, *words.* que, *but.* âne infirme et suranné, *infirm and antiquated ass.* près, *near.* [1]commença, *began.* [32]braire, *to bray.* ce qui lui [1]rabaissa le caquet, *which gave a check to his pride.* lui [1]renouvelant le souvenir, *reminding him.* origine, *origin.* extraction, *extraction.* là dessus, *whereupon.* rusé, *cunning.* là, *there.* hasard, *chance.* [1]sifflant, *hissing at.* imbécille que tu es, *you fool.* [41]souviens-toi de, *remember.* n'es que, *art but.* fils, *son.*

Parmi, *among.* personnes, *persons.* se [1]vantent, *brag.* pays étrangers, *foreign countries.* il y en a, *there are some.* cas, *case.* on [49]pourrait, *one could.* [1]appliquer, *apply.* sarcasme, *sarcasm.*

XLV. Mouche, *Fly.* Taureau, *Bull.*—S'était [1]placée, *had placed herself.* corne, *horn.* avait peur, *was afraid,* [1]incommoder, *to incommode.* poids, *weight.* vous [1]demande pardon de, *ask pardon for.* liberté, *liberty.* ni [28]prise, *have taken.* si, *if.* [1]presse trop, *press too hard.* tête, *head.* je m'[1]envolerai, *I'll fly away.* n'avez qu'à [1]commander, *need but command.* [1]parle là, *speaks there.* messire, *master.* de, *with.* voix brutale, *brutal voice.* me voici, *here I am.* madame, *mistress.* est-ce, *is it.* ne vous [24]mettez pas en peine, *don't be uneasy.* [1]supplie, *beseech.* si pesante, *so heavy.* vous [1]imaginez, *think.* ne me suis pas [3]aperçu, *did not perceive.* quand, *when.* vous êtes [1]posée, *placed yourself.* ne m'[3]apercevrai certainement pas, *shall certainly not perceive.* [1]jugerez à propos, *think fit.* [1]quitter, *to quit.* place, *place.*

Fort commun, *very common.* [1]trouver, *to find.* petits esprits, *little wits.* s'[1]imaginent, *fancy themselves.* gens de conséquence, *people of importance.* ont, *have.* sotte vanité, *foolish vanity.* [55]vouloir [16]paraître, *to be willing to appear.* plus que, *more than.* sont, *are.* [41]deviennent souvent, *often become.* risée, *laughing-stock.* [16]connaissent, *know.* mérite, *merit.* qualité, *quality.*

XLVI. Âne, *Ass.* Chien, *Dog.*—[1]Accompagné, *accompanied,* de, *by.* [1]portait, *carried.* pain, *bread.* marché, *market.* panier, *basket.* maître, *master.* [31]suivait, *followed.* [1]passant, *passing.* pré, *meadow.* dernier, *latter.* s'[8]endormit, *fell asleep.* baudet, *ass.* se [24]mit, *began.* [1]brouter, *graze.* ami, *friend.* n'ai pas [1]diné, *have not dined.* aujourd'hui, *to-day.* herbe, *grass.* nourriture, *food.* [1]baisse-toi, *stoop.* un peu. *a little.* je [28]prendrai, *I'll take.* petit pain, *small loaf.* ne [51]fît pas de réponse, *made no answer.* en suis [28]surpris, *am surprised at it.* pourtant, *however.* bonne créature, *good creature.* Miraut, *Jowler.* [1]recommence, *begins again.* Grison, *Grizzle.* sans [4]perdre, *without losing.* coup de dent, *bite.* [57]fait encore la sourde oreille, *is again deaf of one ear.* enfin, *at last.* [1]pressé, *pressed.* importunités, *importunities.* te [1]conseille, *advise you,* [4]attendre, *to wait.* notre maître ne [1]tardera pas à s'éveiller, *it will not be long before our master awakes.* ne [1]manquera pas, *will not fail.* te [1]donner, *give you.* dîner, *dinner.* sur ces entrefaites, *during these transactions.* loup affamé, *famished wolf.* [8]sort, *comes out.* bois voisin, *neighboring wood.* cher ami, *dear friend.* [4]léfend, *defend.* camarade, *comrade.* que, *till.* soit [1]réveillé, *is awaked.* ne [52]saurait [1]tarder, *cannot be long.* là-dessus, *whereupon.* s'[7]enfuit, *took to his heels.* [1]étrangla, *strangled.*

Il [46]faut s'[1]aider les uns les autres, *we must help one another.* [1]refuse, *refuses.* [4]rendre service, *to do a favor.* quand, *when.* il le [49]peut, *it is in his power.* s'[1]expose, *exposes himself.* être, *to be.* se [1]trouve lui-même, *finds himself.* besoin, *need.*

XLVII. Loup, *Wolf.* Cigogne, *Stork.*—Fort affamé, *very hungry.* qui plus est, *what is more.* glouton, *greedy.* avait [1]avalé, *had swallowed up.* trop goulument, *too greedily.* quartier, *quarter.* agneau, *lamb.* petit os pointu, *sharp little bone.* lui était [1]resté. *had stuck.* la gorge, *his throat.* par malheur, *unhappily.* ne [49]pouvait pas [1]crier. *could not cry.* au secours, *for help.* s'[1]agite, *agitates himself.* [6]ouvre la gueule, *opens his mouth.* [1]baisse la tête, *stoops his head.* [1]essaye, *tries.* [1]tirer, *to draw out.* patte, *paw.* peine inutile, *useless trouble.* n'en [49]put pas [41]venir à bout, *could not bring it about.* au long cou. *with a long neck.* [1]passa, *passed.* par hasard, *by chance.* près de, *near.* place, *place.* où, *where.* maître, *master.* so [1]tourmentait, *tormented himself.* qu'avez-vous, *what ails you.* [16]paraissez être [1]embarrassé, *seem to be embarrassed.* [49]puis-je vous être utile, *can I be useful to you.* [57]fit signe, *beckoned.* quelque chose, *something.* [1]gênnit, *troubled.* se [24]met aussitôt à l'ouvrage, *goes immediately to work.* [1]retire, *draws out.* bec, *beak.* salaire, *reward.* [1]badinez, *jest.* n'est-ce pas, *is it not.* beaucoup, *much.* avoir [1]laissée, *to have let.* [35]allez, *go.* ingrate, *ungrateful creature.* [1]pardonne, *forgive.* fois-ci, *time.* ne [16]paraissez jamais, *never appear.* devant, *before.* Voilà, *this is.* reconnaissance, *gratitude.* homme généreux, *generous man.* [49]peut [4]attendre, *can expect.* ingrat, *ungrateful one.* non seulement, *not only.* [1]oublie, *forgets.* bienfaits, *benefits.* [1]insulte souvent, *often insults.* bienfaiteur, *benefactor.*

XLVIII. Rat, *Rat.* Chameau, *Camel.*—Un des plus gros, *one of the largest.* Arabie, *Arabia.* [1]marchant, *going.* à pas lent, *slowly.* [1]passa, *passed.* par, *through.* village, *village.* [8]sortant, *coming out.* grange, *barn.* [1]regarda, *looked.* surprise, *surprise.* grand nombre, *great number.* spectateurs, *spectators.* [1]admiraient, *admired.* gens-ci, *people.* sont fous, *are fools.* Ronge-maille, *Squire Nibble.* [49]peuvent, *can.* [1]trouver, *find.* d'extraordinaire, *extraordinary.* animal, *animal.* il a le cou trop long, *his neck is too long.* la tête trop petite, *his head is too little.* les oreilles trop courtes, *his ears too short.* une espèce de bosse, *he has a kind of bunch.* le dos, *his back.* [2]rougis, *blush.* de, *at.* bêtise, *stupidity.* nigauds, *simpletons.* vanité, *vanity.* puis me [1]vanter, *can boast.* d'avoir, *of having.* le corps mieux proportionné, *a better proportioned body.* la peau plus unie, *a smoother skin.* yeux, *eyes.* oreilles, *ears.* tête, *head.* [4]répondent exactement à, *correspond exactly with.* grosseur, *size.* corps, *body.* mot, *word.* merveille, *miracle.* nature, *nature.* cependant, *however.* malgré, *notwithstanding.* souvent, *often.* injustes, *unjust.* en [41]conviens, *acknowledge.* ne [1]cherchent qu'à [15]détruire, *only seek to destroy.* espèce, *species.* en aurait davantage, *would have said more.* chat, *cat.* [57]fit [54]voir, *showed.* moins de, *less than.* Chacun, *every one.* [3]devrait se [16]connaître, *should know himself.* il y a, *there are.* monde, *world.* bien des fanfarons, *many swaggerers.* se [1]préfèrent, *prefer themselves.* personnes, *persons.* au dessus de, *above.* naissance, *birth.* rang, *rank.* ou, *or.* esprit, *wit.*

XLIX. Lion, *Lion.* Lionceau, *Whelp.*—Avide, *fond.* applaudissemens, *applause.* [1]évitait, *shunned.* compagnie, *company.* [1]recherchait, *sought.* celle, *that.* bêtes vulgaires et ignobles, *vulgar and ignoble beasts.* [1]passait, *spent.* temps, *time.* ânes, *asses.* [1]présidait, *copied.* airs, *airs.* manières, *manners.* hormis, *except.* oreilles, *ears.* [1]enflé, *elate.* de vanité, *with vanity.* [1]cherche, *seeks.* retraite, *retreat.* père, *sire.* pour [1]étaler, *to display.* rares qualités, *rare qualities.* no [49]pouvait pas [1]manquer, *could not fail.* d'en avoir de ridicules, *to have ridiculous ones.* [32]brait, *brays.* [9]tressaillit, *starts.* sot, *puppy.* bruit désagréable, *disagreeable noise.* [1]montre, *shows.* quelle, *what.* as, *hast.* fréquentée, *kept.* fats, *coxcombs.* [41]découvrent toujours, *always betray.* stupidité, *stupidity.* pourquoi, *why.* si sévère, *so severe.* sénat, *senate.* [1]admire, *admired.* que, *how.* orgueil, *pride.* mal fondé, *ill-grounded.* [52]sache, *know.* [1]méprisent, *despise.* [1]admirent, *admire.*

Sot, *fool.* [1]trouve toujours, *always finds.* [1]admire, *admires.* suffrage, *approbation.* telles gens, *such people.* il [46]faut, *one should.* [1]briguer, *court.* esprit, *wit.* mérite, *merit.* gout, *taste.*

L. Garçon, *Boy.* Papillon, *Butterfly.*—Se [1]promenant, *walking.* jardin, *garden.* [3]aperçut, *perceived.* [1]frappé de, *smitten with.* variété, *variety.* couleurs, *colors.* [31]poursuivit, *pursued.* fleur, *flower.* en, *to.* une peine infatigable, *indefatigable pains.* [16]paraissait légère, *seemed light.* insecte volant, *flying insect.* beau, *pretty.* [1]tachnit quelquefois, *sometimes endeavored.* [28]surprendre, *surprise.* parmi, *among.* feuilles, *leaves.* rose, *rose.* œillet, *pink.* [6]couvrit, *cover.* chapeau, *hat.* moment après, *moment after.* [1]espérait, *hoped.* [1]attraper, *catch.* branche, *branch.* myrthe, *myrtle.* ²saisir, *seize.* lit, *bed.* violettes, *violets.* efforts, *efforts.* inutiles, *useless.* inconstant, *fickle.* ¹voltigeant, *fluttering.* ¹éluda, *eluded.* poursuites, *attempts.* enfin, *at length.* ¹observant, *observing.* à moitié ²enseveli, *half-buried.* calice, *cup.* tulippe, *tulip.* s'¹élança, *rushed.* ¹arrachant, *snatching.* violence, *violence.* ¹écrasa, *crushed to pieces.* adieu, *farewell.* plaisir, *pleasure.* dont, *with which.* s'était ¹flatté, *had flattered himself.* eut bien du regret, *was much grieved.* d'avoir ¹tué, *for having killed.*

N'est que, *is but.* papillon peint, *painted butterfly.* ⁴⁹peut, *may.* ¹amuser, *amuse.* poursuite, *pursuit.* si on l'¹embrasse, *if embraced.* trop d'ardeur, *too much ardor.* ²périt, *perishes.* jouissance, *enjoyment.*

LI. Héron, *Heron.*—Oiseau, *a bird.* le bec fort long, *a very long beak.* les jambes fort hautes, *very high legs.* ¹côtoyait, *was going along.* rivière, *river.* ⁵⁴vit, *saw.* abondance, *abundance.* carpes, *carps.* brochets, *pikes.* grand mangeur, *great eater.* aurait aisément ⁴⁹pu, *could easily have.* ¹attraper, *caught.* n'avait pas faim, *was not hungry.* la raison était fort bonne, *this was a very good reason.* après, *after.* quelques momens, *some moments.* appétit, *appetite.* ⁴¹vint, *came.* ¹retourne, *returns.* bord de l'eau, *water-side.* pour ¹trouver, *to find.* de quoi, *something.* à ¹manger, *to eat.* n'y étaient plus, *were no longer there.* grande perte, *great loss.* tanches, *tenches.* met, *mess.* ne ²⁷plaisait pas, *did not please.* il lui ⁴⁶fallait, *he wanted.* quelque chose, *something.* de plus solide, *more solid.* ¹manger, *eat.* pour qui me ²⁸prend-on, *whom do they take me for.* ¹trouve, *finds.* goujons, *gudgeons.* a-t-on jamais vu, *did ever anybody see.* fretin, *small fishes.* quoi, *what.* ⁶ouvrirai-je, *shall I open.* bec, *beak.* si peu de chose, *such a trifle.* ⁶ouvrit, *opened.* moins, *less.* faim, *hunger.* ⁴¹surprit, *overtook.* extrême besoin, *extreme want.* ne ¹trouvant rien autre chose, *not finding anything else.* très aise, *very glad.* ¹rencontrer, *meet with.* limaçon, *snail.* Si difficiles, *so hard to please.* ne ¹dédaignons rien, *let us not disdain anything.* ⁵⁵voulant, *being willing.* ¹gagner trop, *gain too much.* on ³⁸court risque, *we run the risk.* ⁴perdre, *lose.*

LII. Laitière, *Milk-woman.* Pot au Lait, *Milk-pot.*—La tête, *her head.* ³⁵allait, *went.* gaiement, *merrily.* marché, *market.* ¹comptait, *reckoned.* en elle-même, *within herself.* prix, *price.* huit pintes, *eight pints.* à trois sous la pinte, *three pence a pint.* ⁵⁷font, *make.* vingt-quatre sous, *twenty-four cents.* compte, *account.* juste, *just.* sont plus qu'il ne me ⁴⁶faut, *are more than I want.* ¹acheter, *buy.* poule, *hen.* ⁵¹fera des œufs, *will lay eggs.* ⁴¹deviendront poulets, *will become chickens.* me sera facile, *will be easy for me.* ¹élever, *bring up.* petite cour, *little yard.* maison, *house.* ¹défie, *defy.* renard, *fox.* tout rusé qu'il est, *as cunning as he is.* en ¹approcher, *approach it.* ⁴vendant, *selling.* robe neuve, *new gown.* rouge, *red.* que je ¹considère, *let me consider.* oui, *yes.* me ⁴¹convient le mieux, *suits me the best.* ne ¹manquerai pas, *shall not want.* amans, *suitors.* ¹refuserai, *shall refuse.* peut-être, *perhaps.* même, *even.* dédain, *disdain.* là dessus, *thereupon.* ⁵⁷fait, *acts.* de la tête, *with her head.* ce qui, *what.* se ¹passe, *passes.* imagination, *imagination.* voilà, *behold.* à terre, *upon the ground.* adieu, *farewell.* Quel est l'homme qui ne ⁵⁷fasse, *what man does not build.* des châteaux en Espagne, *castles in the air.* sage, *wise man.* aussi bien que, *as well as.* fou, *fool.* bâtimens aériens, *airy buildings.* emblème, *emblem.*

LIII. Deux Lézards, *two Lizards.*—Animaux ovipares, *oviparous animals.* à quatre pieds, *with four feet.* longue queue, *long tail.* se ¹promenaient, *walked.* à leur loisir, *at their leisure.* mur, *wall.* ¹exposé, *exposed.* soleil, *sun.* se ¹retirent ordinairement, *commonly retire.* haies, *hedges.* trous, *holes.* que notre condition est méprisable, *how contemptible is our condition.* compagnon, *companion.* ¹existons, *exist.* vrai, *true.* plus petit ciron, *smallest handworm.* cela, *that.* commun, *common.* ⁴¹tenons aucun rang, *hold no rank.* création, *creation.* ¹rampons, *creep.* comme, *like.* vils insectes, *vile insects.* sommes souvent ¹exposés, *are often exposed.* ¹foulé au pied, *trod under foot.* enfant.

14

child. que ne suis-je ²⁶né cerf, *why was I not born a stag.* ou, *or.* quelque autre animal, *some other animal.* gloire, *glory.* bois. *wood.* forêts, *forests.* au milieu, *in the midst.* murmures injustes, *unjust murmurs.* aux abois, *at bay.* ¹tué, *killed.* à, *in.* vue, *sight.* camarade, *comrade.* celui, *him.* s'était ²²plaint, *had complained.* ne ¹pensez-vous pas, *don't you think.* pareille situation, *like situation.* ne ¹changeât volontiers, *would willingly change.* condition, *condition.* ainsi, *so.* ¹⁸croyez, *believe.* ²⁸apprenez, *learn.* content de, *contented with.* la vôtre, *yours.* à ne pas ¹envier, *not to envy.* il ⁴⁶vaut mieux, *it is better.* ³⁴vivant, *living.* ²mort, *dead.*

Condition obscure et médiocre, *obscure and middling condition.* plus sûre, *safest.* ²⁴met les gens à l'abri, *shelters people.* dangers, *dangers.* auxquels, *to which.* sont ¹exposés, *are exposed.* plus ¹élevé, *more elevated.*

LIV. Singe, *Ape.* Chat, *Cat.*—Mitis et Fagotin, *Puss and Pug.* celui-ci, *the latter.* l'autre, *the other.* ³⁴vivaient ensemble, *lived together.* en amis, *like friends.* maison, *house.* seigneur, *lord.* ¹élevés, *brought up.* dès, *from.* plus tendre jeunesse, *most tender youth.* toujours, *always.* au coin, *at the corner.* feu, *fire.* ⁵⁴virent ²rôtir des marrons, *saw chestnuts roasting.* eût ⁵⁷fait volontiers, *would have willingly made.* repas, *repast.* ne ⁵²savait, *did not know.* comment s'y ²⁸prendre, *how to go to work.* pendant que, *whilst.* servante, *maid.* absente, *absent.* frère, *brother.* n'¹ignore pas, *am not ignorant of.* talens, *talents.* ⁵²sais, *knowest.* infinité, *infinite number.* petits tours, *little tricks.* il ⁴⁶faut que tu fasses, *thou must do.* aujourd'hui, *to-day.* coup de maître, *master stroke.* de, *with.* cœur, *heart.* que ⁴⁶faut-il ⁵⁷faire, *what must I do.* seulement, *only.* ¹tirer, *take out of.* là-dessus, *thereupon.* ¹écarte, *removes.* un peu, *a little.* cendres, *cinders.* patte, *paw.* puis, *then.* ¹retire, *takes off.* ensuite, *afterwards.* ¹recommence, *begins again.* deux, *two.* trois, *three.* ¹croque, *claws off.* sur ces entrefaites, *in the meanwhile.* ¹entre, *enters.* cuisine, *kitchen.* ¹attrape, *catches.* fait, *fact.* maudit matou, *cursed cat.* donc toi, *then thou.* ¹manges, *eatest.* ²⁰disant cela, *saying this.* l'¹assomme, *knocks him down.* manche, *handle.* balai, *broom.*

Petits fripons, *little rogues.* ordinairement, *commonly.* dupes, *dupes.* grands, *great ones.* se ⁸servent, *make use.* premiers, *former.* comme, *as.* se ⁸servit, *made use.*

LV. Lynx, *Lynx.* Taupe, *Mole.*—¹Couché, *lying.* au pied, *at the foot.* arbre, *tree.* ¹aiguisait, *whetted.* dents, *teeth.* ⁴attendait, *waited for.* proie, *prey.* état, *condition.* ¹épia, *espied.* à moitié ²ensevelie, *half buried.* petit monceau, *little heap.* terre, *ground.* avait ¹élevé, *had raised.* hélas, *alas.* que je vous ²²plains, *how much I pity you.* ma mie, *my friend.* pauvre créature, *poor creature.* que ⁵⁷faites-vous de la vie, *what's life to you.* ne ⁵⁴voyez goutte, *don't see at all.* surement, *surely.* en a usé très-mal avec vous, *has been very unkind to you.* ¹priver, *deprive.* lumière, *light.* ⁵⁷faites bien, *do well.* vous ¹enterrer, *bury yourself.* car, *for.* plus d'à moitié morte, *more than half dead.* ¹remercie, *thank.* de, *for.* bonté, *kindness.* très-content, *well contented.* de ce que, *with what.* m'a ¹accordé, *has allotted me.* vrai. *true.* yeux perçans, *piercing eyes.* ai l'ouïe extrêmement fine et délicate, *have an extremely fine and delicate hearing.* ¹écoutez, *hark.* ⁴entends, *hear.* bruit, *noise.* derrière, *behind.* ²avertit, *warns.* me ¹tirer, *get out.* danger, *danger.* ¹menace, *threatens.* ayant ²⁰dit cela, *having said this.* s'¹enfonça, *sunk.* terre, *earth.* même, *same.* javelot, *javelin.* chasseur, *hunter.* ¹perça, *pierced.* cœur, *heart.*

On ne ³doit pas, *we ought not.* s'²énorgueillir, *to be proud.* facultés, *faculties.* l'on a, *we have.* ¹mépriser, *despise.* autres, *others.*

LVI. Deux Chevaux, *two Horses.*—Se ¹trouvèrent, *found themselves.* jour, *day.* par hasard, *by chance.* près, *near.* bois, *wood.* ¹chargé de, *loaded with.* sac, *sack.* farine, *flour.* grande somme, *great sum.* argent, *money.* dernier, *latter.* fier, *proud.* fardeau, *burthen.* ¹marchait, *walked.* tête levée, *with a high head.* ²remplissait, *filled.* air, *air.* de, *with.* hennissemens, *neighings.* misérable esclave, *miserable slave.* meunier, *miller.* [8]sors, *get out.* chemin, *way.* ne [54]vois tu pas, *dost thou not see.* [1]porte, *carry.* trésor, *treasure.* tranquillement, *quietly.* premier, *former.* vous en [57]fais mon compliment, *wish you joy of it.* cet honneur là, *that honor.* [1]assure, *assure.* charge ordinaire, *ordinary burthen.* sont [1]attaqués, *are attacked.* bande, *gang.* voleurs, *robbers.* [1]tombent, *fall.* lui [1]enlèvent, *plunder him of.* [1]laissent [1]passer, *let pass.* frère, *brother.* plus pauvre, *poorer.* [28]apprenez, *learn.* grands postes, *great posts.* dangereux, *dangerous.* [1]possèdent, *possess.* comme, *like.* n'aviez [1]porté que, *had only carried.* auriez [49]pu voyager, *might have travelled.* sureté, *safety.*

Objet, *object.* orgueil, *pride.* [1]cause, *cause.* malheurs, *misfortunes.*

LVII. Grenouille, *Frog.* Souris, *Mouse.*—Il y eut, *there was.* jour, *day.* grande, *great.* entre, *between.* chacune, *each.* [4]prétendait, *pretended.* maîtresse, *mistress.* marais, *fen.* commère, *gossip.* [1]céderez, *shall yield.* place, *place.* [27]plaît, *please.* m'[41]appartient, *belongs to me.* de droit, *by right.* la [1]possédais, *was in possession of it.* avant, *before.* surement, *surely.* n'y [1]pensez pas, *don't think of it.* [28]apprenez, *learn.* vous [16]connaître, *know yourself.* soyez contente, *be contented.* de, *with.* trous, *holes.* [1]offensée de, *offended at.* [1]répliqua, *reply.* comme, *like.* [1]donna un cartel, *challenged.* [1]accepté, *accepted.* deux rivales, *two rivals.* colère, *anger.* cœur, *heart.* [16]parurent, *appeared.* champ, *field.* bataille, *battle.* [1]armées, *armed.* de, *with.* joncs, *bulrushes.* au lieu, *instead.* [35]allait [41]devenir, *was like to become.* sanglant, *bloody.* milan, *kite.* [1]planait, *was hovering.* [54]vit, *saw.* deux, *two.* héroines, *heroines.* [2]finit, *put an end to.* querelle, *quarrel.* [1]enlevant l'une et l'autre, *carrying off both.* serres, *talons.*

Voilà, *this is.* parmi, *among.* gens faibles, *weak people.* ordinairement, *commonly.*

LVIII. Deux Truites, *two Trouts.* Goujon, *Gudgeon.*—Pêcheur, *fisherman.* [1]jeta, *threw.* rivière, *river.* ligne, *line.* [1]armée de, *armed with.* mouche artificielle, *artificial fly.* jeune, *young.* très-bon, *very good.* [35]allait [1]avaler, *was going to swallow.* appas, *bait.* avidité, *greediness.* [1]arrêtée, *stopped.* fort à propos, *very seasonably.* mère, *mother.* enfant, *child.* toute [47]émue, *quite moved.* [1]tremble, *tremble.* de grâce, *pray.* ne soyez jamais, *be never.* [1]précipitée, *precipitate.* où, *where.* il [49]peut y avoir, *there may be.* du, *some.* comment [52]savez, *how know.* si, *whether.* belle, *fine.* [54]voyez, *see.* réellement, *really.* peut être, *perhaps.* piège, *snare.* [1]croyez, *believe.* fille, *daughter.* vieille, *old.* [16]connais, *am acquainted with.* hommes, *men.* [57]fais, *know.* de quoi, *what.* se [4]tendent des pièges, *lay snares for.* les uns aux autres, *one another.* [46]faut-il s'[1]étonner, *is it to be wondered.* poissons, *fishes.* à peine, *hardly.* [2]fini de [1]parler, *done speaking.* [2]saisit goulument, *greedily seized upon.* [4]prétendue, *pretended.* [1]vérifin, *verified.* avis, *advice.*

Il ne [46]faut pas, *we must not.* aisément, *easily.* se [1]laisser [4]prendre, *yield.* plus belles, *finest.* quelquefois, *sometimes.* trompeuses, *deceitful.*

LIX. Milan, *Kite.* Rossignol, *Nightingale.*—[1]Pressé de la faim, *hungry.* avait [1]passé, *had passed.* jour, *day.* [1]manger, *eating.* [4]entendit, *heard.* vers le soir, *towards evening.* qui [1]chantait, *singing.* parmi, *among.* arbre, *tree.* bon, *good.* proie, *prey.* voici, *here is.* me [2]réjouit les oreilles, *rejoices my ears.* il [46]faut quelque autre chose à mon estomac, *my stomach wants something else.* petit musicien, *little musician.* [3]doit être, *must needs be.* friand morceau, *dainty bit.* dans l'instant, *immediately.* [41]vient [4]fondre, *comes powdering.* l'[1]enlève, *carries him away.* miséricorde, *bless me.* s'[1]écria, *cried out.* héraut, *herald.* printemps, *spring.* assez barbare, *barbarous enough.* [1]tuer, *kill.* [57]faire, *make.* repas, *repast.* d'ailleurs, *besides.* pourquoi, *why.* [1]tueriez-vous, *should you kill.* n'ai jamais [57]fait, *never did.* mal, *harm.* [1]écoutez, *hear.* petite chanson, *little song.* [1]badinez, *jest.* [24]mets, *meal.* ne me [1]soucie pas, *don't care.* de, *for.* ventre affamé, *hungry belly.* n'a point, *has no.* oreilles, *ears.* ainsi, *so.* [40]mourrez, *shalt die.*

Le nécessaire, *necessary things.* [3]doit être, *ought to be.* [1]préféré, *preferred.* ce qui n'est que, *those that are only.* ou, *or.*

LX. Dogue, *Mastiff.* Epagneul, *Spaniel.*—Voisin. *neighbor.* petite promenade, *little walk.* ne [57]fera point de mal, *will do no harm.* qu'en [1]pensez vous, *what do you think of it.* de, *with.* cœur, *heart.* Brisaut, *Tray.* où [35]irons-nous, *where shall we go.* voisin, *neighboring.* Aboyard, *Tiger.* loin, *far off.* [52]savez *know.* [3]devons, *owe.* visite, *visit.* deux amis, *two friends.* [8]partent, *set out.* s'[41]entretiennent, *discourse together.* chemin, *way.* de plusieurs choses indifférentes, *about several indifferent things.* A peine furent ils [1]arrivés, *they were hardly arrived.* [1]commença, *began.* [1]montrer, *display.* mauvaise, *malignant.* [1]japant, *barking.* [4]mordant, *biting.* autres chiens, *other dogs.* [57]fit, *made.* tant de, *so much.* bruit, *noise.* paysans, *peasants.* [8]sortirent, *went out.* maisons, *houses.* se [1]jetèrent, *fell.* indifféremment, *indifferently.* étrangers, *strangers.* [1]chassèrent, *drove out.* à grands coups de bâton, *with great cudgels.*

Il ne [46]faut pas, *we must not.* s'[1]associer, *associate ourselves.* gens, *people.* turbulente et emportée, *turbulent and passionate.* quelque tranquille et pacifique que l'on soit, *however peaceable and quiet we may be.* s'[1]expose, *expose ourselves.* mal traité, *ill used.* [4]battu, *beaten.*

LXI. Lièvre, *Hare.* Grenouilles, *Frogs.*—Extrêmement, *extremely.* triste, *sad.* timide, *fearful.* le sont tous, *are all so.* [57]fesait, *made.* gîte, *form.* arbre *tree.* mille, *a thousand.* malheur, *unhappiness.* moindre chose, *least thing.* m'[1]effraie, *frightens me.* ombre, *shadow.* [2]suffit, *is sufficient.* [24]mettre en fuite, *put to flight.* ne [52]saurais [1]manger, *cannot eat.* morceau, *bit.* crainte, *fear.* maudite, *cursed.* m'[1]empêche, *hinders me.* souvent, *often.* de [8]dormir, *from sleeping.* s'[8]endormit, *fell asleep.* cependant, *however.* bientôt, *soon.* [1]réveillé, *awake.* petit bruit, *little noise.* [1]occasionné, *occasioned.* feuilles, *leaves.* malheur, *woe.* s'[1]écria-t-il, *cried he out.* en sursaut, *suddenly.* suis [4]perdu, *am undone.* voici, *here is.* meute, *pack.* chiens, *hounds.* trousses, *heels.* se [1]trompait, *was mistaken.* vent, *wind.* [38]court, *runs.* au travers, *through.* champs, *fields.* [1]arrive bientôt, *soon arrives.* auprès, *near.* fossé, *ditch.* [1]approche, *approach.* bord, *shore.* [28]prendre, *take.* se [1]jetèrent, *threw themselves.* eau, *water.* [22]craigne, *fears.* gens, *people.* [4]répand, *spreads.* marais, *fens.* s'[7]enfuient, *fly.* de peur, *for fear.* se [1]cachent, *hide themselves.* seul, *single.* On est, *people are.* mécontent, *discontented.* de sa, *with their.* l'on ne [16]connaît pas, *they do not know.* autres, *others.*

LXII. Loup, *Wolf.* Chien maigre, *lean Dog.*—Plus sot, *most foolish.* espèce, *species.* [1]trouva, *found.* hors, *out.* bois, *wood.* [35]allait, *was going.* [1]emporter, *carry away.* [1]représenta, *represented.* trop, *too.* [54]voyez, *see.* n'ai que la peau et les os, *am nothing but skin and bones.* [4]attendez, *stay.* plus gras, *fatter.* fille unique, *only daughter.* maître, *master.* [3]doit se [1]marier, *is to be married.* demain, *to-morrow.* aux nôces, *at the wedding.* [1]dureront, *will last.* huit jours, *a week.* [40]pouvez, *may.* aisément, *easily.* [1]juger, *judge.* ne [1]manquerai pas, *shall not fail.* m'[1]engraisser, *grow fat.* [18]crut, *believed.* [1]laissa [35]aller, *let go.* chemin, *way.* quelques jours après, *some days after.* [41]vint [54]voir, *came to see.* si, *whether.* bon, *good.* [28]prendre, *take.* Laridon, *Larder.* chez son maître, *at his master's.* par, *through.* treillis, *a grate.* ami, *friend.* [35]vais [1]sortir, *am going out.* portier, *door-keeper.* logis, *house.* serons à, *shall be with.* se [1]douta du, *suspected the.* se [24]mit à [7]fuir, *began to fly.* de, *with.* forces, *force.*

LXIII. Rat, *Rat.* Huitre, *Oyster.*—De peu de cervelle, *of little brains.* il y en a de tels, *there are such.* monde, *world.* las, *weary.* [34]vivre, *living.* se [24]mit en tête, *took it into his head.* [1]voyager, *travel.* à peine avait-il [57]fait, *he had hardly made.* quelques milles, *some miles.* que le monde est grand et spacieux, *how great and spacious is the world.* s'[1]écria-t-il, *cried he.* voilà, *there are.* Alpes, *Alps.* voici, *here are.* Pyrénées, *Pyrenees.* moindre taupinière, *least mole hill.* [1]semblait, *seemed.* montagne, *mountain.* au bout de quelquesjours, *some days after.* voyageur, *traveller.* [1]arrive, *arrives.* au bord de la mer, *at the sea shore.* où, *where.* il y avait, *there were.* beaucoup d'huitres, *a great many oysters.* [18]crut, *believed* d'abord. at first. vaisseaux, *ships.* parmi, *among.* tant de, *so many.* ouverte, *open.* [3]apercevant, *perceiving.* que [54]vois-je, *what do I see.* mets, *meal.* ne me [1]trompe, *am not mistaken.* [57]ferai, *shall make.* bonne chère, *good cheer.* aujourd'hui, *to-day.* là-dessus, *whereupon.* approche, *approaches.* écaille, *shell.* [1]allonge un peu le cou, *stretches out his neck a little.* [1]fourre, *thrusts.* tête, *head.* se [1]referme, *shuts.* tout d'un coup, *all at once.* voilà, *behold.* messire Ratapon, *Squire Nibble.* [28]pris, *taken.* comme, *as.* ratière, *mouse-trap.*

Sont [1]frappés d'étonnement, *are struck with astonishment.* moindres objets, *least objects.* [41]deviennent souvent, *often become.*

LXIV. Renard, *Fox.* Moucherons, *Gnats.* Hirondelle, *Swallow.*—Plus rusé, *most cunning.* s'était [4]rendu fameux, *had rendered himself famous.* grand, *great.* poules, *hens.* avait [1]mangées, *had eaten.* fut [31]poursuivi, *was pursued.* chasseurs, *hunters.* n'ayant point d'autre moyen, *having no other means.* d'[1]échapper, *of escaping.* poursuites, *pursuits.* [1]passa une rivière à la nage, *swam over a river.* fut [1]arrivé, *came.* côté, *side.* [1]trouva, *found.* bord, *bank.* si escarpé, *so steep.* ne [48]put, *could not.* le [2]franchir, *get over it.* à l'instant, *immediately.* [41]vinrent en foule, *thronged together.* se [1]placèrent, *settled.* tête, *head.* yeux, *eyes.* [1]piquèrent, *stung.* [1]sucèrent, *sucked.* sang, *blood.* [1]volant, *flying.* surface, *surface.* eau, *water.* [54]vit, *saw.* embarras, *distress.* ami, *friend.* [54]vois bien, *see well.* sangsues, *blood-suckers.* [1]tourmentent, *plague.* sans que vous [49]puissiez, *without your being able.* [1]aider, *help.* en aurai bientôt [1]débarrassé, *shall soon get rid of them.* [55]voulez, *choose.* ne le [57]faites pas, *don't do it.* [1]prie, *pray.* [1]chassez, *chase away.* assez pleins, *sufficiently filled.* essaim, *swarm.* [41]viendrait [28]prendre, *would come and take.* ne [1]laisseraient pas, *would not leave.* goutte, *drop.* sang, *blood.*

Il [53]vaut mieux, *it is better.* [1]supporter, *bear with.* petit mal présent, *little present evil.* s'[1]exposer, *expose one's self.* plus grand, *greater.*

LXV. Ours, *Bear.* Charlatan, *Quack.*—[49]Puisse être, *can be.* [1]débitait, *was selling.* drogues. *drugs.* onguens, *unguents.* Tour, *Tower.* se [1]vantait, *boasted.* avait [2]guéris, *had cured.* [1]parlait, *spoke.* Hippocrate, *Hippocrates.* Galien, *Galen.* tout le monde, *everybody.* l'[1]écoutait, *listened to him.* Savoyard, *a native of Savoy.* [1]passa, *passed by.* [1]menait, *was leading.* museau, *snout.* [38]courut, *ran.* se [1]moqua de, *laughed at.* vous [1]vantez, *boast.* vous [1]laissez, *suffer yourselves.* [1]mener, *to be led.* comme des sots, *like fools.* nez, *nose.* encore, *likewise.* oreilles, *ears.* témoin, *witness.*

Bien des gens, *many people.* seule, *only.* premier, *former.* [1]mené, *led.* se [1]laissent mener, *suffer themselves to be led.*

LXVI. Barbet, *Water Dog.* Brebis, *Sheep.*—Nouvellement tondu, *newly shorn.* depuis la tête jusqu'à la queue, *from head to tail.* [38]courait, *was running.* champs, *fields.* au milieu, *in the middle.* hiver, *winter.* [1]tremblant de tous ses membres, *all his limbs shivering.* [40]mourait presque, *was almost dying.* de froid, *with cold.* [57]l'esait, *made.* cris, *cries.* qu'est-ce qu'il y a, *what's the matter.* [16]parnissez, *look.* tout transi, *quite chilled.* il [46]faut que je [40]meure, *I must die.* il n'y a que vous qui [49]puissiez, *there is nobody but you who can.* [1]sauver, *save.* comment cela, *how so.* [1]prie, *pray.* chose, *thing.* facile, *easy.* n'avez qu'à, *need only.* [1]prêter, *lend.* toison, *fleece.* [4]rendrai, *will return.* dès ce soir, *this very evening.* [24]promets, *promise.* foi, *faith.* comme, *like.* sotte, *fool.* se [1]dépouilla de, *pulled off.* en [10]revêtit le chien, *clothed the dog with.* ne fut pas plutôt, *was no sooner.* [6]couvert, *covered.* que, *but.* [1]tourna le dos, *turned his back.* bienfaitrice, *benefactress.* s'enfuit, *ran away.* soir [41]vient, *evening comes.* point de, *no.* lendemain, *next day.* la pauvre brebis eut beau attendre, *it was in vain for the poor sheep to wait.* [40]mourut de, *died with.*

Charité bien ordonnée commence par soi-même, *charity begins at home.*

14 *

LXVII. Âne sauvage, *wild Ass.* domestique, *tame.*—[16]Paissait, *was grazing.*
prairie, *meadow.* auprès, *near.* bois, *wood.* Arcadie, *Arcadia.* l'[1]approcha,
approached him. envie, *envy.* sort, *lot.* à ce qui me [16]parait, *as it appears to
me.* [28]prend, *takes.* grand soin, *great care.* gros, *big.* gras, *fat.* peau, *skin.*
unie, *smooth.* reluisante, *shining.* [1]couchez, *lie.* toutes les nuits, *every night.*
bonne litière, *good litter.* tandis que, *whilst.* m'[4]étendre. *lay myself down.* terre,
ground. de langage, *his tune.* lendemain, *next day.* [54]vit, *saw.* du coin, *from
the corner.* même, *same.* dont il avait tant [1]envié le bonheur, *whose happiness
he had so much envied.* [1]chargé de. *loaded with.* deux bats, *two pack saddles.*
[49]pouvait à peine, *could hardly.* [1]porter, *carry.* [31]suivait, *followed.* [57]fesait
[1]avancer, *made go forwards.* à coups de bâton, *with a cudgel.* [1]secouant les
oreilles, *shaking his ears.* ma foi. *faith.* fou, *a fool.* [22]plaindre, *complain.*
Chaque, *every.* peines, *troubles.* agrémens, *allurements.* homme sage, *wise
man.* ne se [22]plaint pas, *does not complain.* ni [1]envie, *nor envy.* [1]pense, *think.*

LXVIII. Lion, *Lion.* Âne, *Ass.* Renard, *Fox.*—[1]Oubliant, *forgetting.* une
fois, *once.* férocité, *fierceness.* [35]alla à la chasse, *went a hunting.* [55]voulait avoir,
was willing to have. chasseurs, *hunters.* [28]prirent, *took.* chevreuil, *roe-buck.*
maître Baudet, *master Jack-ass.* partages, *shares.* [2]obéit, *obeyed.* trois parts,
three parts. proie, *prey.* plus consciencieusement, *most conscientious manner.*
maraut, *rascal.* il t'[41]appartient bien, *it becomes thee well.* [40]mourras, *shalt die.*
à l'instant, *immediately.* l'[4]étend sur le carreau, *kills him upon the spot.* eh
bien, *well.* [1]partage, *make the shares.* as de la conscience, *art conscientious.*
rusé, *cunning.* [24]mit, *put.* presque toutes, *almost all.* ensemble, *together.* ne se
[1]réserva que très-peu, *reserved only a little for himself.* qui est-ce qui t'a [28]appris,
who has taught thee. [1]partager, *share.* ma foi, *faith.* sire, *sir.*
L'homme sage, *a wise man.* [52]sait [1]tirer, *knows how to reap.*

LXIX. Feu d'artifice, *Firework.* Brochet, *Pike.*—Fin, *end.* jour clair et
serein, *clear and serene day.* rivière, *river.* au bruit, *at the noise.* pétards,
crackers. vue, *sight.* mille serpenteaux, *thousand serpents.* poissons, *fishes.*
grands, *large.* petits, *small.* terriblement, *terribly.* [1]effrayés, *frightened.*
s'[1]écrièrent-ils, *cried they out.* [1]tremblant, *trembling.* de peur, *with fear.* monde,
world. [35]va [2]finir, *is near its end.* que chacun, *let every one.* [1]pense à, *mind.* le
[1]méritons bien, *deserve it indeed.* nous [1]mangeons les uns les autres, *eat one
another.* miséricorde, *mercy.* malheur, *woe.* plus faible, *weakest.* m'en [8]repens,
repent it. de, *with.* âme, *soul.* [28]prens pitié, *take pity.* [57]fais [1]cesser, *put an end
to.* feu exterminateur, *destroying fire.* t'en [1]conjure, *conjure thee.* [24]promets,
promise. au nom, *in the name.* de ne plus [1]manger, *no more to eat.* pendant
que, *whilst.* [1]implorait, *implored.* [1]cessa, *ceased.* aussi, *likewise.* [41]revint,
returned. alors, *then.* ne [1]songea qu'à, *thought only.* [1]déjeuner, *breakfast.*
[1]mangea, *eat.*
On [57]fait, *people make.* mille promesses, *a thousand promises.* quand on est,
when they are. en est-on [8]sorti, *are they out of it.* ne [1]songe pas, *think not.* les
[2]accomplit, *fulfil them.*

[In the following vocabularies, words which have been given in the preceding ones
are not repeated.]

LXX. Chat, *Cat.* Souris, *Mouse.*—Rusée, *cunning.* souricière, *mouse-trap.*
[1]excité, *incited.* odeur, *odor.* lard, *bacon.* [41]vint [1]flairer, *came to smell.* trébuchet, *trap.* messire Grippeminaud, *master Grimalkin.* petite commère, *little
gossip.* [1]lorgnant, *ogling.* d'un air hypocrite, *with an hypocritical air.* belle
prisonnière, *fair prisoner.* las, *weary.* vous [57]faire la guerre, *waging war with
you.* [34]vécu, *lived.* inimitié, *enmity.* désormais, *henceforth.* cœur, *heart.* tout
de bon, *seriously.* çà [54]voyons, *well, let us see.* durable, *lasting.* [6]ouvrez, *open.*
il [46]faut que nous nous [1]embrassions, *we must embrace one another.* petite
planche, *little board.* de l'autre coté, *on the other side.* [2]saisit, *lays hold.* pattes,
paws. morceau, *piece.* bois, *wood.* [4]pendait, *was hanging.* se [1]baisse, *stoops.*

elle [1]lève, *it rises.* [1]échappe, *escapes.* [38]court, *runs.* en vain, *in vain.* trou, *hole.*
Qu'on [8]sert, *that people serve.* [1]tâchant, *endeavoring.* [15]nuire, *to hurt.*

LXXI. Corbeau, *Raven.* Faucon, *Hawk.*—Vigueur, *vigor.* âge, *age.* [1]volait, *flew.* par dessus, *over.* montagnes, *mountains.* de quoi se [2]nourrir, *something to feed upon.* tout pelé, *quite bald.* goutteux, *gouty.* [1]apportait, *brought.* fait, *fact.* véritable, *true.* [1]rapporte, *relates.* bien fou, *a fool indeed.* étourdi corbeau, *stupid raven.* [1]subsister, *subsist.* à peine ai-je de quoi [1]manger, *I have hardly anything to eat.* tandis que, *whilst.* bisaïeul, *great-grandfather.* ne [1]bougeons pas d'ici, *let us not go from hence.* [1]resta tranquille, *remained quiet.* coin, *corner.* [4]attendait, *expected.* [1]trompé, *mistaken.* pourvoyeur, *purveyor.* ne [16]parut pas, *did not appear.* se [8]sentant faible, *feeling himself weak.* après avoir [1]jeûné, *after having fasted.* faiblesse, *weakness.* [1]empêcha, *hindered.* [1]Fiez-vous, *trust.* ne la [1]tentez pas, *tempt her not.*

LXXII. Grenouille, *Frog.* Renard, *Fox.*—Extrêmement maigre, *extremely lean.* n'ayant que la peau et les os, *being nothing but skin and bones.* se [24]mit en tête, *took it into his head.* marais, *fen.* [1]publia, *made proclamation.* [52]savait [2]guérir, *knew how to cure.* toutes sortes de maux, *all sorts of evils.* s'[1]assemblèrent autour de, *gathered around.* ne [22]craignez plus les maladies, *don't fear diseases any longer.* radicalement, *radically.* plus invétérées, *most inveterate.* pratique, *practice.* bien, *benefit.* [1]examinant, *examining.* de près, *nearly.* mépris, *contempt.* commère, *gossip.* [25]apprenez, *learn.* au moins, *at least.* jargon, *gibberish.* de grâce, *pray.* [20]dites, *tell.* comment [1]osez-vous prétendre, *how dare you pretend.* voix rauque, *hoarse voice.* joues maigres, *lantern-jaws.* corps, *body.* plein, *full.* pustules, *blisters.* [2]Guéris-toi toi-même, *heal thyself.* [1]vérifié, *verified.* on [3]doit être exempt, *people ought to be free.* défauts, *defects.* l'on [55]voudrait, *they would.* [1]corriger, *correct.*

LXXIII. Âne blessé, *wounded Ass.* Corbeau, *Raven.* Loup, *Wolf.*—Abcès, *imposthume.* le dos, *his back.* [16]paissait, *was grazing.* prairie, *meadow.* fort carnassier, *very voracious.* amateur, *lover.* ulcères, *ulcers.* [4]fondit, *stooped down.* [1]enfonça, *thrust.* bec, *bill.* plaie, *wound.* baudet, *ass.* vivement [1]piqué, *stung to the quick.* se [24]mit, *began.* à [1]sauter, *to skip.* [57]faire des gambades, *frisk.* ne [1]bougeait pas, *did not stir.* vue, *sight.* rustre, *clown.* aux environs, *thereabouts.* [1]éclata de rire, *broke out into laughter.* s'[1]imagina, *imagined.* [1]dévorait, *was devouring.* maître Grison, *master Grizzle.* [1]affamé, *famished.* [1]siffé, *hissed.* [1]hué, *hooted at.* [1]assommé, *knocked down.* au lieu que, *whereas.* on ne [57]fait que [30]rire de, *they only laugh at.* cruauté, *cruelty.*
Méprises, *mistakes.* l'on [1]condamne souvent, *we often condemn.* n'est qu'un sujet de rire, *is only a laughing matter.*

LXXIV. Renard, *Fox.* Coq, *Cock.*—[1]Perché, *perched.* chêne, *oak.* [1]annoncer, *to acquaint of.* paix, *peace.* [4]descends, *come down.* vîte, *quickly.* t'[1]embrasse, *may embrace thee.* [49]pouvais jamais, *never could.* [25]apprendre, *hear.* nouvelle plus agréable, *more agreeable news.* [4]attends, *stay.* lévriers, *greyhounds.* [35]vont vîte, *go fast.* [1]arrivée, *arrival.* afin que, *that.* tous quatre, *all four.* nous [2]réjouir, *rejoice.* de, *at.* ne [52]saurais [1]rester, *cannot stay.* très-mécontent de, *much discontented with.* se [24]mit, *began.* à battre des ailes, *to flutter.* [1]chanter, *crow.* imposteur, *impostor.*
Bon, *a good thing.* [1]repousser, *repel.* ruse, *craft.* ruse, *cunning.* se [1]méfier, *mistrust.* [1]manque, *want.* bonne foi, *faith.* honnêteté, *honesty.*

LXXV. Forêt, *Forest.* Bucheron, *Wood-cutter.*—[1]Regarda, *looked.* de, *on.* air [1]embarrassé, *perplexed air.* sur quoi, *upon which.* [1]demandèrent, *asked.* empressement, *eagerness.* [1]cherchait, *looked for.* morceau, *piece.* manche, *handle.* coignée, *hatchet.* [1]délibérèrent, *deliberated.* [29]résolu, *resolved.* presque unanimement, *almost unanimously.* frêne, *ash.* à peine l'eut-il [3]reçu, *he had no sooner received it.* [1]ajusté, *fitted.* [1]commença, *began.* [1]couper, *to hack.* à droite et à gauche, *on his right and left.* [1]tailler, *hew.* de sorte que, *so that.* avec le temps, *in time.* [4]abattit, *fell.* plus beaux, *finest.* plus grands, *greatest.* on [20]dit, *it is said.* hêtre, *beech.*

Rien de plus, *nothing more.* comble, *highest pitch.* méchanceté, *wickedness.* se [8]sert, *makes use.* bienfaits, *benefits.* contre, *against.* bienfaiteur, *benefactor.*

LXXVI. Araignée, *Spider.* Ver à soie, *Silk-worm.*—[1]Occupée à [4]étendre, *busied in spreading.* toile, *web.* d'un côté, *from one side.* chambre, *room.* fut [1]interrogée, *was asked.* [1]employait, *spent.* travail, *labor.* lignes, *lines.* [27]tais-toi, *hold your tongue.* en colère, *in a passion.* ne me [1]trouble pas, *don't disturb me.* [1]travaille, *work.* [24]transmettre, *transmit.* renommée, *fame.* poursuites, *pursuits.* [1]rester [1]enfermée, *remain shut up.* coquille, *shell.* ensuite, *afterwards.* y [40]mourir de faim, *starve in it.* [1]entrant, *coming.* [1]donner à [1]manger, *feed.* feseuse, *maker.* [1]enleva, *swept away.* d'un coup, *with a stroke.* balai, *broom.* [15]détruisit, *destroyed.* renom, *renown.*

Très commun, *very common.* [1]méprisent, *despise.* ouvrages, *works.* se [1]vantent, *boast.* qu'un jour d'existence, *but one day's existence.*

LXXVII. Guenon, *Monkey.* Guenuche, *young one.*—[1]Assembla, *assembled.* animaux, *animals.* lequel d'entre eux, *which among them.* dernière, *last.* à la vue, *at the sight.* guenuche, *young monkey.* [57]fit de grands éclats de rire, *broke out into loud laughter.* [1]clignotant des yeux, *twinkling with her eyes.* [1]fronçant les sourcils, *knitting her brows.* ne [1]décidera pas, *will not decide.* matière, *matter.* il [41]appartient, *it belongs.* le [1]méritera le mieux, *shall deserve it best.* tant d'agrémens, *so many allurements.* [1]semble, *seems.* digne, *worthy.* petits yeux pétillans, *little sparkling eyes.* air vif et enjoué, *lively and merry countenance.* visage, *face.* presque semblable, *almost like.* quoiqu'elle n'ait que six semaines, *though she be but six weeks old.* mille tours, *a thousand tricks.* de nouveaux, *again.* ne [49]put s'[1]empêcher, *could not forbear.* d'en [57]faire autant, *doing the same.* [18]Croient toujours, *always think.* plus spirituels, *more witty.*

LXXVIII. Lion, *Lion.* se [1]préparant, *preparing himself.* à la guerre, *for war.*—En [1]donna avis, *gave advice of it.* sujets, *subjects.* [1]ordonna, *ordered.* de se [4]rendre, *to repair.* camp, *camp.* parmi, *among.* grand, *great.* [2]obéirent, *obeyed.* lièvres, *hares.* au rendez-vous, *at the rendezvous.* [6]offrit, *offered.* [*]armée, *army.* ours, *bear.* [28]entreprit, *undertook.* [1]mener, *to lead.* assauts, *assaults.* se [1]proposa, *intended.* [1]menager, *manage.* tours, *tricks.* [36]renvoyez, *send back.* sont trop lourds, *are too heavy.* terreurs paniques, *panic fears.* point du tout, *not at all.* trompettes, *trumpeters.* courriers, *couriers.*

Corps, *body.* utile, *of use.* bon sens, *good sense.* [52]sait [1]tirer, *knows how to take.* tout, *everything.*

LXXIX. Âne mécontent, *discontented Ass.*—Pauvre, *poor.* transi de froid, *benumbed with cold.* au milieu, *in the middle.* hiver, *winter.* [1]soupirait après, *longed for.* printemps, *spring.* assez tôt, *soon enough.* maître Baudet, *master Grizzle.* [1]travailler, *work.* depuis le matin jusqu'au soir, *from morning till night.* ne [27]plaisait pas, *pleased not.* paresseux, *lazy.* [1]arrive, *arrives.* qu'il [57]fait chaud, *how hot it is.* s'[1]écria, *exclaimed.* Grison, *Grizzle.* suis tout en eau, *am all in a sweat.* automne, *autumn.* me [41]conviendrait, *would suit with me.* beaucoup mieux, *a great deal better.* paniers, *hampers.* [2]remplis, *full.* poires, *pears.* pommes, *apples.* choux, *cabbages.* n'avait pas de repos, *had no rest.* à peine avait-il le temps, *he had hardly time.* sot que j'étais, *what a fool I was.* j'avais froid, *I was cold.* vrai, *true.* qu'à [56]boire, *but to drink.* manger, *eat.* [49]pouvais me [1]coucher, *could lay myself down.* tranquillement, *quietly.* journée, *day long.* comme, *like.* litière, *litter.*

Chaque, *every.* vie, *life.* avantages, *advantages.* inconvéniens, *inconveniencies.* l'homme prudent, *a prudent man.* ne se [22]plaint d'aucune, *complains not of any.*

LXXX. Renard, *Fox*. Cigogne, *Stork*.—[1]Rencontra, *met*. au coin, *at the corner*. bon jour, *good-day*. compère, *compeer*. il y a long-temps que je ne vous ai [54]vu, *I have not seen you this long while*. chez-moi, *at my house*. volontiers, *willingly*. à l'instant, *immediately*. [8]partent, *set out*. n'en [1]manquent pas, *want none*. [1]espérait, *hoped*. repas, *repast*. [1]comptait, *reckoned*. hôte, *host*. [1]présenta, *presented*. hachis, *minced meat*. bouteille, *bottle*. si étroite, *so narrow*. n'en put goûter, *could not taste it*. [1]mangez donc, *eat then*. [57]faites comme moi, *do as I do*. assez [1]mangé, *eaten enough*. commère, *gossip*. cœur, *heart*. n'y [1]manquerai pas, *will not fail*. [1]attrapa, *cheated*. [6]offrit, *offered*. plat, *dish*. bouillie fort claire, *very thin pap*. courage, *cheer up*. [1]lapant, *lapping*. chez-vous, *at your house*. [1]regalâtes, *treated*. juste, *just*. [1]avalé, *swallowed up*. pour se [1]venger, *to be revenged*. s'était moqué de, *had bantered*. première, *first*. long cou, *long neck*. [1]étrangla, *strangled*.
Dangereux, *dangerous*. [1]jouer, *ridicule*. [1]tromper, *cheat*.

LXXXI. Champignon, *Mushroom*. Gland, *Acorn*.—[1]Tombé, *fallen*. à ses cotés, *by him*. faquin, *scoundrel*. hardiesse, *boldness*. d'[1]approcher, *to approach*. si près, *so near*. supérieurs, *superiors*. [1]lever la tête, *hold up thy head*. ennoblie, *ennobled*. ancêtres, *ancestors*. depuis, *for*. illustre seigneur, *illustrious lord*. [16]connais, *know*. parfaitement bien, *perfectly well*. aussi, too. ne [4]pretends pas, *mean not*. [1]disputer, *dispute*. naissance, *birth*. d'y [1]comparer la mienne, *to compare mine to it*. [1]avoue, *acknowledge*. [52]sais à peine, *hardly know*. d'où, *from whence*. suis [41]venu, *sprung*. [27]plais, *please*. aux palais, *the palates*. fumet délicieux, *delicious flavor*. viandes les plus exquises et les plus délicates, *the most exquisite and delicate meats*. au lieu que, *whereas*. orgueil, *pride*. n'êtes propre qu'à, *are fit only to*. [1]engraisser, *fatten*. cochons, *hogs*.
[1]Fonde, *grounds*. gens sensés, *sensible people*. peu de chose, *small matter*. d'elle-même, *by itself*. n'est pas [41]soutenue, *is not supported*.

LXXXII. Chat, *Cat*. Deux Moineaux, *two Sparrows*.—[1]Élevé, *brought up*. fort, *very*. intimes amis, *intimate friends*. se [1]quitter, *quit one another*. amitié, *friendship*. [18]crut, *increased*. Raton, *Puss*. [1]badinait, *played*. Pierrot, *Philip*. bec, *beak*. pattes, *paws*. de ne pas [4]étendre, *not to stretch out*. griffes, *claws*. voisinage, *neighborhood*. [41]vint [4]rendre visite, *came to pay a visit*. bon jour, *good day*. serviteur, *servant*. qu'il [41]survint, *but there arose*. querelle, *quarrel*. [2a]prit le parti de Pierrot, *took Philip's part*. étranger, *stranger*. assez hardi, *bold enough*. en [1]jure, *swear*. là-dessus, *thereupon*. [1]croque, *eats*. vraiment, *truly*. morceau friand, *dainty bit*. un goût si exquis et si délicat, *so exquisite and delicate a taste*. vous [41]tiendrez, *you'll keep*.
Ne vous [1]fiez pas, *don't trust*. quelques, *whatever*. amitié, *friendship*. méchans, *wicked*.

LXXXIII. Loup, *Wolf*. Renard, *Fox*.—Ennemi irréconciliable, *irreconcilable enemy*. troupeaux, *flocks*. [1]enlevé, *carried away*. brebis, *sheep*. [38]courant, *running*. grand destructeur, *great destroyer*. volaille, *poultry*. [41]venait, *had just*. poule, *hen*. terrier, *burrow*. [1]approchez-vous de, *come near*. déjeûner, *breakfast*. [1]régalons-nous ensemble, *let us feast together*. y [8]consens, *agree to it*. [1]manqua de, *wanted*. [1]portant, *carrying*. par ma foi, *faith*. volaille, *fowl*. [1]semble, *seems*. grasse et tendre, *fat and tender*. morceau, *bit*. trop friand, *too dainty*. [41]conviendra mieux, *will better suit*. à, *with*. estomac, *stomach*. là-dessus, *thereupon*. [1]croqua, *eat*. se [1]retira, *withdrew*. tout honteux, *quite ashamed*. [1]marchant en arrière, *going backward*. [1]baissant, *letting down*. les oreilles, *his ears*.
Nuisibles, *hurtful*. méprisables, *contemptible*. s'en [8]servent, *make use of them*.

LXXXIV. Paon, *Peacock*. Oie, *Goose*. Dindon, *Turkey*.—Grange, *barn*. [1]regardaient, *viewed*. d'un œil envieux, *with an envious eye*. se [1]moquaient de, *mocked*. faste ridicule, *gaudiness*. sur, *sure*. [1]méprisa, *despised*. basse, *base*. [1]étala, *displayed*. belles plumes, *fine feathers*. [2]éblouirent, *dazzle*. orgueil, *pride*. se [1]promène, *walks*. hautaine, *haughty*. aussi vain, *so vain*. peau, *skin*. plus blanche, *whiter*. jambes hideuses, *hideous legs*. laides griffes, *ugly claws*.

cris horribles, *horrid cries.* [1]épouvanter, *frighten.* même, *even.* hiboux, *owls.*
défauts, *defects.* [1]mépriser, *despise.* de tels, *such.* critiques, *critics.* [1]raillent,
rail. [1]supportaient, *did support.*
[41]Deviennent, *grow.* visible, *conspicuous.* beauté, *beauty.* de n'avoir des
yeux que, *to have eyes only.* [6]découvrir, *discover.* [1]censurer, *censure.* réelles,
real.

LXXXV. Loup, *Wolf.* Cabri, *Kid.*—S'était [1]égaré, *went astray.* carnassier,
voracious. fort à propos, *very opportunely.* fort bon souper, *very good supper.*
s'il [46]faut que je [40]meure, *if I must die.* de grâce, *pray.* chanson, *song.* auparavant, *before.* première, *first.* ai jamais [1]demandée, *have ever asked.* ai [2]ouï
dire, *heard.* comme, *like.* [1]commença, *began.* [1]hurler, *howl.* au lieu, *instead.*
bruit, *noise.* [38]accourut, *hastened.* [24]mirent en fuite, *put to flight.* s'en [35]allant,
going away. [1]mérite, *deserve.* à me [41]tenir, *to stick.* métier, *trade.* boucher,
butcher. [57]faire, *act.*
[16]Connaissez, *know.* imbécille, *simpleton.* ne [3]devrait pas, *should not.* [4]pre-
tendre [1]imiter, *pretend to imitate.* esprit, *wit.*

LXXXVI. Loup, *Wolf.* Agneau, *Lamb.*—[56]Buvait, *was drinking.* paisiblement, *peaceably.* ruisseau, *brook.* même endroit, *same place.* beaucoup plus
haut, *much higher.* ayant envie, *having a mind.* de [1]commencer, *to begin.*
querelle, *quarrel.* d'un ton sévère, *in a severe tone.* [1]troublait, *troubled.* eau,
water. [28]surpris de, *surprised at.* si mal, *so ill.* fondée, *grounded.* soumission,
submission. [3]concevoir, *conceive.* plus bas, *lower.* [1]coule, *runs down.* par conséquent, *of course.* ne [52]saurais, *cannot.* maraut, *sirrah.* [26]né, *born.* inutile, *to no
purpose.* de [1]raisonner, *to argue.* plus long temps, *any longer.* vérité, *truth.*
coquin, *rascal.* colère, *passion.* là-dessus, *thereupon.* [2]saisit, *seized.* [24]mit en
pieces, *tore to pieces.*
Cruauté, *cruelty.* [22]jointes, *joined.* pouvoir, *power.* leur est aisé, *is easy for
them.* des prétextes, *pretences.* [1]tyranniser, *tyrannize over.* [1]exercer, *exercise.*
sorte, *manner.*

LXXXVII. Âne, *Ass.* Maîtres, *Masters.*—Quelle étoile malheureuse, *what
unhappy star.* se [22]plaignant, *complaining.* on me [57]fait [1]lever, *they make me raise.*
suis plus matineux, *rise earlier.* coqs, *cocks.* choux, *cabbages.* marché, *market.*
belle nécessité, *fine necessity.* [4]interrompre, *interrupt.* sommeil, *sleep.* [1]touché
de, *moved by.* plainte, *complaint.* aux longues oreilles, *long-eared.* [1]passa,
passed. mains, *hands.* jardinier, *gardener.* corroyeur, *currier.* maître Aliboron,
Jack Fribblish. bientôt las, *soon tired.* pesanteur, *heaviness.* mauvaise odeur,
bad smell. peaux, *skins.* [8]repens, *repent.* avoir [1]quitté, *my having quitted.*
premier, *first.* [1]attrapais, *caught.* petit feuille de chou, *little cabbage leaf.* ne
[1]coutait rien, *cost nothing.* n'ai que des coups, *have only blows.* [1]changea encore
une fois, *changed once again.* charbonnier, *coalman.* colère, *passion.* plus de
besogne, *more work.* dix, *ten.* [35]allez [1]trouver, *go find.* [1]contentez-vous de, *be
contented with.*
On n'est jamais content, *people are never contented,* selon, *according to.* pire,
worst. à force, *by dint.* de [1]changer, *of changing.* on se [1]trouve souvent, *they
find themselves often.* cas, *case.*

LXXXVIII. Oiseleur, *Fowler.* Merle, *Blackbird.*—[4]Tendit, *was spreading.*
filets, *nets.* à côté, *by the side.* haie, *hedge.* [1]perché, *perched.* [2]bâtis, *build.* ville,
city. la [11]pourvois, *provide it.* vie, *life.* s'en [35]va, *departs.* se [1]cache, *hides himself.* [18]croyant, *believing.* [4]descendit, *came down.* [26]pris, *taken.* homme, *man.*
[8]sortit, *came out.* cachette, *hiding place.* proie, *prey.* c'est-là, *this be.* bonne
foi, *faith.* honnêteté, *honesty.* [2]bâtissez, *build.* n'aurez que fort peu de, *will
have but few.* habitants, *inhabitants.* de vous avoir [1]écouté, *for having listened
to you.*
Hommes, *men.* trompeurs, *deceitful.* [1]méfiez-vous de, *mistrust.* belles paroles,
fine words. cajoleries, *cajolings.* se [1]vantent souvent, *often boast.* [1]inventent,
invent. no [1]cherchent que, *only mind.* particulier, *private.*

LXXXIX. Tulippe, *Tulip.* Rose, *Rose.*—Voisines, *neighbors.* même jardin, *asme garden.* extrêmement belles, *extremely beautiful.* cependant, *yet.* jardinier, *gardener.* plus de soin, *more care.* facilement, *easily.* se ¹cacher, *be concealed.* extérieurs, *external.* ne ⁴⁹pouvant ¹supporter, *unable to bear.* pensée, *thought.* d'être abandonnée, *of being forsaken.* ¹reprocha au, *reproached with.* ainsi négligée, *thus neglected.* plus vives, *brighter.* variées, *various.* engageantes, *inviting.* la ¹préferez-vous, *do you prefer her.* ¹donnez, *give.* belle, *fair.* ¹méritent, *deserve.* favorite, *favorite.* de telles, *such.* odeurs, *odors.* intérieurs, *internal.* la seule, *alone.* ¹procurer, *procure.* ¹Frappe, *strikes.* d'abord, *at first.* il ⁴⁶faut ¹préférer, *one ought to prefer.*

XC. Loup, *Wolf.* Chien de Berger, *Shepherd's Dog.*—Par, *through.* troupeau, *flock.* moutons, *sheep.* ¹rencontra, *met.* affaire, *business.* petite promenade, *little walk.* surement, *surely.* ¹badinez, *jest.* ne ⁵⁵voudrais pas, *would not.* pour gage, *as a pledge.* honnêteté, *honesty.* point de tache, *no stain.* sentiment, *sense.* aussi délicat, *as nice.* grands exploits, *great exploits.* pendant que, *whilst.* panégyrique, *panegyric.* agneau, *lamb.* s'¹écarta, *went out.* tentation, *temptation.* ²saisit, *seized upon.* proie, *prey.* ¹emporte, *carries it.* ¹cria, *cried.* assez haut, *loud enough.* ⁴entendu, *heard.* holà ho, *ho there.* ⁴¹venez de ¹parler, *were just now speaking.*

XCI. Aigle, *Eagle.* Hibou, *Owl.*—Long temps la guerre, *war a long time.* ⁴¹convinrent de, *agreed upon.* paix, *peace.* préliminaires, *preliminary.* préalablement, *previously.* ¹signés, *signed.* plus essentiel, *most essential.* premier, *former.* tant pis, *so much the worse.* ²²peignez les, *describe them.* ou ¹montrez, *or show.* foi d'honnête, *upon the faith of an honest.* n'y ¹toucherai jamais, *shall never touch them.* mignons, *pretty.* bien faits, *well shaped.* ¹ressemblent, *are like.* la voix fort douce et mélodieuse, *a very sweet and melodious voice.* rocher, *rock.* petits monstres fort laids, rechignés, *very ugly grim-faced little monsters.* triste et lugubre, *sad and mournful.* n'⁴¹appartiennent pas, *belong not.* ¹croquons, *I must eat.* n'avait pas tort, *was not in the wrong.* fausse peinture, *false description.* moindre trait, *least feature.* ³Devraient ¹éviter avec soin, *should carefully avoid.* faible, *weak.* aveugles, *blind.* défauts, *failings.* aux uns et aux autres, *to both.*

XCII. Âne, *Ass.* Lion, *Lion.*—Se ²⁴mit en tête, *took it into his head.* d'³⁵aller à la chasse, *to go a hunting.* ²réussir, *succeed.* se ⁸servit, *made use.* ¹posta, *posted.* des broussailes, *a thicket.* d'¹épouvanter, *to frighten.* bêtes, *beasts.* cris, *cries.* voix, *voice.* inconnue, *unknown.* afin qu'il se ¹jetât, *that he might throw himself.* fuite, *flight.* aux longues oreilles, *long-eared.* ²obéit, *obeyed.* se ²⁴mit, *began.* à ³²braire, *to bray.* de, *with.* ²remplit de frayeur, *filled with fear.* des environs, *of the neighborhood.* intimidées, *intimidated.* nouveau prodige, *new prodigy.* ¹cherchent, *seek for.* sentiers, *paths.* ¹⁶connus, *known.* au lieu de, *instead of.* ¹éviter, *escaping.* piège, *snare.* ¹tombent, *fall.* entre, *into.* griffes, *claws.* ¹lassé, *tired.* carnage, *slaughter.* roi, *king.* animaux, *animals.* ¹rapelle, *calls back.* maître Grison, *master Grizzle.* ¹ordonne, *orders.* de se ²⁷taire, *to be silent.* baudet, *ass.* ⁴¹devenu fier, *grown proud.* ⁴prétendue bravoure, *pretended bravery.* s'¹attribue, *assumes.* chasse, *hunting.* que vous ¹semble, *what do you think.* ⁴rendu, *rendered.* ⁵⁷fait des merveilles, *done wonders.* ¹Vante, *cries up.* ¹trompe, *deceives.* se ⁵⁷fait ¹moquer, *makes himself ridiculous.*

XCIII. Écho, *Echo.* Hibou, *Owl.*—Enflé d'orgueil, *puffed up with pride.* ¹répétait, *was repeating.* cris lugubres, *mournful screams.* à minuit, *at midnight.* creux, *hollow.* vieux chêne, *old oak.* d'où ⁴¹provient, *whence proceeds.* ¹règne, *reigns.* si ce n'est, *unless it be.* ¹favoriser, *favor.* bocages, *groves.* sont ¹charmés, *are charmed.* ¹écoute, *listens.* ¹répète, *repeats.* dans le même instant, *immediately.* rossignol, *nightingale.* ¹usurpé, *usurped.* droit, *right.* ramage, *note.* vrai, *true.* ¹excité, *roused.* au lever, *at the rising.* soleil, *sun.* ¹mêla, *mingled.* oiseaux, *birds.* ¹dégoutés, *disgusted.* bruit, *noise.* ¹chassèrent, *drove.* unanime-

mont, *unanimously.* ¹continuent encore, *still continue.* ³¹poursuivre, *pursue.* par-tout où, *wherever.* ¹⁶parait, *appears.* de sorte que, *so that.* se ²⁴mettre à l'abri, *shelter himself.* poursuites, *pursuits.* fuit, *avoids.* lumière, *light.* se ²⁷plaît, *delights.* ténêbres, *darkness.*
Hommes vains et orgueilleux, *vain and proud men.* s'¹imaginent, *think.* sujet, *subject.* propres, *own.* voix, *voice.* renommée, *fame.*

XCIV. Cerf, *Stag.* Faon, *Fawn.*—⁴¹Devenu vieux et hargneux, *become old and peevish.* ¹frappait du pied, *was stamping with his foot.* selon, *according to.* coutume, *custom.* ¹élevait la tête, *raising up his head.* fe ²⁴mit à réer, *began to bellow.* d'une manière si terrible, *so terribly.* si fort, *so strong.* en d'autres temps, *at other times.* mieux ¹armé, *better armed.* ¹jappe, *barks.* frayeur, *fright.* ²⁸prenez la fuite, *take flight.* à vos trousses, *at your heels.* plus de mille fois, *more than a thousand times.* n'⁴entends pas plutôt, *no sooner hear.* ¹tremble de tous mes membres, *all my limbs tremble.* malgré, *in spite of.* force, *strength.* ²⁸prendre la fuite, *take flight.*
Ne ²guérissent pas, *do not cure.* poltrons, *cowards.* hors, *out.* ¹manque, *fails.* poltronnerie, *cowardice.* d'autant plus, *the more.* bravoure, *bravery.*

XCV. Dogue, *Mastiff.* Loup, *Wolf.*—Maigre et à moitié mort de faim, *lean and half starved.* dogue gros, gras, et bien nourri, *large, plump, well fed mastiff.* avez très-bonne mine, *look extremely well.* ⁵⁷faite, *shaped.* cela se ⁵⁷fait-il, *comes it about.* me ¹hasarde, *venture.* ⁴⁰meurs presque de faim, *am almost starving with hunger.* ne ⁴¹tient qu'à vous, *is in your power.* de nuit, *at nights.* ¹mène, *lead.* vie dure, *hard life.* temps, *weather.* ne ¹trouve rien, *find nothing.* chemin ⁵⁷fesant, *on the way.* cou, *neck.* pelé, *bald.* de grâce, *I beg.* cela ⁴¹vient, *that proceeds.* peut-être, *perhaps.* collier, *collar.* dont, *with which.* ¹avançons, *go on.* qu'avez-vous, *what's the matter with you.* bonheur, *happiness.* ¹préfère, *prefer.* me ¹promener, *take a walk.* où et quand il me ²⁷plait, *where and when I please.* bonne chère, *good cheer.*
Sort, *lot.* plus grand bien, *greater good.*

XCVI. Deux Ânes, *Two Asses.*—¹Chargés chacun, *each loaded.* paniers, *hampers.* se ¹désennuyer, *divert themselves.* chemin, *way.* ¹entrèrent, *entered.* comme, *like.* gens, *people.* esprit, *wit.* bon sens, *good sense.* maître Aliboron, *Jack Fribblish.* Grison, *Grizzle.* ¹profanent, *profane.* ¹traitent de, *call.* quiconque, *whoever.* sot, *fool.* sont bien plaisans, *are very ridiculous.* ⁴prétendre ¹exceller au dessus de, *pretend to excel.* meilleurs orateurs, *best orators.* brailleurs, *bawlers.* comparaison, *comparison.* ⁴entendez, *understand.* ¹dressant les oreilles, *pricking up his ears.* mélodieuse, *melodious.* ramage, *warbling.* rossignol, *nightingale.* ¹surpassez, *surpass.* se ¹louaient, *praised each other.* se ¹complimentaient, *complimented one another.*
Louanges, *praises.* ¹méritent, *deserve.*

XCVII. Chat, *Cat.* Souris, *Mice.* Vieux Rat, *Old Rat.*—Fléau, *scourge.* croqué, *eaten.* ¹restaient, *remained.* n'¹osaient ⁸sortir, *durst not go out.* trous, *holes.* de peur, *for fear.* proie, *prey.* Raton, *Grimalkin.* état, *situation.* ¹manquerait, *should be in want.* mûre, *mature.* ²⁰résolut, *resolved.* recours, *recourse.* effet, *purpose.* ⁵⁷contrefit la mort, *pretended to be dead.* se ¹couchant, *laying himself.* tout de son long, *at full length.* à terre, *upon the earth.* ⁴étandant, *stretching.* quatre pattes, *four paws.* queue, *tail.* nez, *nose.* hors, *out.* trous, *holes.* ¹montrent, *show.* ¹rentrent, *enter again.* ⁸resortent, *go out again.* ¹avancent, *advance.* quatre pas, *four steps.* Ronge-maille, *Squire Nibble.* vieux routier, *of much experience.* tour, *trick.* se ¹sauvant, *escaping.* ratière, *trap.* sureté, *safety.* n'¹approchez pas de plus près, *don't go nearer.* ¹⁸croyez mort, *think dead.* aussi vivant, *as much alive.* piège, *snare.* ⁴tend, *lays.* ne ⁵²saurait y avoir de mal, *there can be no harm.* ⁴¹souvenez-vous de, *remember.* précaution, *caution.* mère, *parent.* sureté, *safety.*

XCVIII. Rose, *Rose.* Papillon, *Butterfly.*—Poudré, *powdered.* fit l'amour, *made love.* [4]répandait, *expanded.* parterre, *parterre.* s'[1]aimèrent bientôt l'une l'autre, *soon loved one another.* se [1]jurèrent mutuellement, *mutually vowed.* tout à vous, *wholly yours.* pleinement satisfait, *fully satisfied with.* [28]prit congé, *took leave.* que vers midi, *till about noon.* avez vouée, *have vowed.* sitôt éteinte, *so soon extinguished.* il y à un siècle, *it is an age.* ne m'en [1]étonne pas, *wonder not at it.* [57]fesiez la cour à, *courted.* [41]convient bien, *well becomes.* ne [57]fais que [1]copier, *only copy.* m'avez [1]donné, *have set me.* pour ne pas [1]parler, *not to speak.* embrassades, *embraces.* abeille, *bee.* mouche, *fly.* guêpe, *wasp.* même, *nay.* araignée, *spider.* vue, *sight.* chère, *dear.* amie, *friend.* [58]voulez être, *will be.*

Ne [8]devrions pas [1]donner, *should not give.* mêmes défauts, *same failings.*

XCIX. Mouche, *Fly.* Fourmi, *Ant.*—[1]Disputaient, *were disputing.* amour propre, *self-love.* aveugle tellement les gens, *blind people in such a manner.* vil et [4]rampant, *vile and creeping.* se [1]comparer, *to compare himself.* mignonne, *darling.* vous [1]asseyez-vous, *do you sit.* [1]hantez-vous, *do you frequent.* mille, *a thousand.* commère, *gossip.* froidement, *coldly.* de grâce, *pray.* tour, *turn.* princesse, *princess.* [40]mourrez, *shall die.* de faim, *with hunger.* froid, *cold.* langueur, *faintness.* au lieu que, *whereas.* me [1]reposerai, *shall rest myself.* travaux, *labors.* [34]vivrai, *shall live.* abondance, *plenty.* cour, *court.* [1]laissez, *let.* ouvrage, *work.* [22]Jointe, *joined.* sottise, *folly.* méprisable, *contemptible.* était le plus heureux, *the happiest state.*

C. Ours, *Bear.* Taureau, *Bull.*—[1]Élevé, *bred.* déserts sauvages, *savage deserts.* Sibérie, *Siberia.* voyages, *travels.* royaumes, *kingdoms.* résultat, *result.* aucun pays, *no country.* univers, *universe.* n'[1]égalait le sien, *was equal to his own.* sagesse, *wisdom.* lois, *laws.* [1]semblaient, *seemed.* imbécile, *silly.* doute, *doubt.* n'importe, *no matter.* prairie, *meadow.* troupeau, *herd.* vaches, *cows.* qu'ils sont maigres, *how lean they are.* [27]tais-toi, *hold your tongue.* colère, *passion.* veaux, *calves.* pays ci, *country.* bœufs, *oxen.* [1]habitons, *inhabit.* Sotte, *foolish.* sa patrie, *one's country.* dessein, *design.* [1]tirer, *reap.* exempt, *free.* préjugés, *prejudice.*

CI. Renard, *Fox.* Tambour, *Drum.*—[1]Affamé, *famished.* poule, *hen.* [1]ramassait, *was picking up.* vers, *worms.* au pied, *at the foot.* [35]allait se [1]jeter, *was just going to fling himself.* bruit, *noise.* [4]suspendu, *hanging.* [1]agitées, *agitated.* vent, *wind.* [57]fesaient [47]mouvoir, *moved.* [1]levant la tête, *holding up his head.* tout à l'heure, *by-and-by.* qui que, *whoever.* plus de chair, *more flesh.* fort ordinaire, *very ordinary.* tant [1]mangé, *eat so many.* [1]dégouté, *disgusted.* vous [1]dédommagerez, *you'll make amends.* des mauvais repas, *for the meals.* par ma .foi, *faith.* fort à propos, *very seasonably.* [1]grimpe, *climbs.* s'[7]enfuit, *flies away.* très-aise, *very glad.* d'un danger aussi éminent, *so imminent a danger.* [1]travaille, *falls to work.* des griffes, *with claws.* dents, *teeth.* creux, *hollow.* cavité vide, *empty cavity.* de l'air, *air.* au lieu de, *instead.* [1]poussant, *fetching.* profond soupir, *deep sigh.* malheureux que je suis, *unhappy me.* morceau, *morsel.* vide, *emptiness.*

CII. Singe, *Ape.* Léopard, *Leopard.*—Deux charlatans, *two quacks.* affiche, *bill.* au coin, *at the corner.* grande rue, *great street.* messieurs, *gentlemen.* ne me [1]vante pas, *boast not.* gloire, *glory.* [16]connus, *known.* lieu, *place.* cour, *court.* ville, *city.* corps, *body.* peau, *skin.* très bien marquetée, *very well spotted.* si belle bigarrure, *so fine a variety of colors.* dames, *ladies.* se [1]disputeront, *will contend for.* manchon, *muff.* placé vis-à-vis, *placed opposite.* n'[1]écoutez pas, *don't listen to.* grossier, *clownish.* esprit, *wit.* vrai, *true.* se [1]vante tant, *boasts so much.* pape, *pope.* [52]sais [1]imiter, *can imitate.* singeries, *apish tricks.* [1]sauter, *jump.* [1]cabrioler, *caper.* on [4]rendra votre argent, *your money shall be returned.* Fagotin, *Pug.* beaucoup de monde, *a great many people.* ne [16]parut mécontent, *seemed discontented.* tours de souplesse, *feats of activity.*

15

CIII. Faucon, *Falcon.* Poulet, *Chicken.*—⁴⁹Peut-il y en avoir, *can there be.* premier, *former.* coupable, *guilty.* à l'égard des hommes, *in regard to men.* pendant le jour, *by day.* ²nourissent, *feed.* nuit, *night.* convenable, *convenient.* vous ¹jucher, *roost.* à l'abri, *sheltered.* injures, *inclemency.* soins, *cares.* ¹attraper, *to catch.* ¹oubliez, *forget.* bontés, *goodness.* à votre égard, *to you.* vous ¹efforcez lâchement, *basely endeavor.* d'échapper aux mains, *to escape the hands.* ¹logent, *lodge.* sauvage, *wild.* aux moindres, *upon the least.* m'l approvoise, *grow tame.* me ¹laisse ²⁸prendre, *suffer myself to be taken.* mains, *hands.* en broche, *upon the spit.*

Extérieurs, *outward.* preuve, *proof.* amitié, *friendship.* l'on a, *people have.* presque tout le monde, *almost everybody.* ne ¹recherche que, *seek only.* propre, *own.* fourbe, *knave.* apparence, *appearance.* pleine, *full.* ¹cache quelquefois, *sometimes conceals.* âme la plus noire, *blackest soul.*

CIV. Tortue, *Tortoise.* Deux Canards, *Two Ducks.*—Lasse, *weary.* ¹enfermée, *shut up.* écaille, *shell.* ²⁸prit, *took.* ¹voyager, *travel.* dessein, *design.* commère, *gossip.* ¹habitent, *inhabit.* ⁴⁶faut-il que je ⁵⁷fasse, *must I do.* milieu, *middle.* bâton, *stick.* à la bouche, *in your mouth.* bout, *end.* cœur, *heart.* ¹gardez-vous bien, *be sure.* de ¹lâcher prise, *not to let go your hold.* j'y ²⁸prendrai garde, *I'll take care.* ⁴¹tenez bien, *hold well.* ⁸partons, *let us set out.* n'eurent pas ¹volé, *had not fled.* bien haut, *very high.* corbeau, *raven.* ¹portaient, *carried.* reine, *queen.* tout ²⁸surpris, *quite surprised.* vraiment oui, *yes truly.* sot, *silly.* ¹lâcha, *let go.* ¹tombant, *falling.* pierre pointue, *sharp stone.* ²⁴mise en pièces, *dashed to pieces.*

On ne ³devrait jamais ²⁸entreprendre, *one never should undertake.* aù-dessus de, *above.* ses forces, *one's strength.*

CV. Chat sauvage, *Wild Cat.* Renard, *Fox.*—Compère, *gossip.* dernier, *latter.* premier, *former.* associés, *partners.* ¹partagerons, *shall share.* ⁵⁷fis hier, *made yesterday.* très-mauvais souper, *very bad supper.* chemin ⁵⁷fesant, *as they went along.* ¹entrent, *enter.* maître Renard, *master Renard.* moins vain, *least vain.* ¹étaler, *display.* belles, *fine.* plus rusé, *most cunning.* envie de, *wish for.* il ⁴⁶faut qu'elle soit bien fine, *she must be very cunning.* coqs aussi, *cocks too.* me ³⁰ris des pieges, *laugh at snares.* plus de mille finesses, *more than a thousand tricks.* Rominagrobis, *Grimalkin.* vous en ¹félicite, *wish you joy.* bonnes griffes, *good claws.* ²⁰suffice me ¹tirer, *extricate me.* embarras, *troubles.* tout à coup, *on a sudden.* ⁴¹venaient se ¹jeter, *came rushing.* matou, *cat.* ¹tirez, *draw out.* cervelle, *brains.* l'instant, *immediately.* ¹grimpa, *climbed.* ¹demeura, *remained.* sureté, *safety.* ¹dévoré, *devoured.* malgré, *in spite of.*

Assez d'habileté, *ability enough.* embuches, *snares.* ses ennemis, *one's enemies.*

CVI. Papillon, *Butterfly.* Abeille, *Bee.*—¹Perché, *perched.* feuilles, *leaves.* bel œillet, *fine pink.* ¹vantait, *was extolling.* vaste étendue, *vast extent.* avec soin, *carefully.* tableaux, *pictures.* sculptures, *carvings.* grands maîtres, *great masters.* pape, *pope.* cardinaux, *cardinals.* colomnes, *columns.* Hercule, *Hercules.* mignonne, *darling.* peux, *canst.* te ¹vanter, *boast.* un bonneur semblable, *such an honor.* parfaite liberté, *perfect freedom.* ¹caressé, *caressed.* fleurs les plus belles et les plus odoriférantes, *finest and most odoriferous flowers.* violettes, *violets.* œillets, *pinks.* ⁴¹conviens, *grant.* ¹occupée, *busy.* lit, *bed.* marjolaine, *marjoram.* froidement, *coldly.* fanfaron, *boaster.* ¹consiste, *consists.* connaissance, *knowledge.* ¹tiré, *drawn.* quelque chose d'utile, *something useful.* voyageuse aussi, *a traveller too.* ³⁵va et ¹regarde, *go and look into.* ruche, *hive.* trésors, *treasures.* but, *end.* des voyages, *of travelling.* ou, *either.* ³⁹recueillir, *collect.* usage, *use.* vie privée, *private life.* utilité, *advantage.*

Fat, *coxcomb.* ⁴⁹peut se ¹vanter, *may boast.* goût, *taste.* ⁴⁹puisse ¹profiter de, *can profit by.*

CVII. Bouc, *Goat.* Renard, *Fox.*—Vieux, *old.* à longue barbe, *with a long beard.* philosophiques, *philosophical.* s'en ¹retourna, *returned.* vers, *towards.*

soir, *evening.* étable, *stable.* puits, *well.* [57]fesait clair de lune, *was moonshine.* [28]prenez vous le bain, *do you bathe.* brèche, *gap.* [4]descendez vîte, *come quickly down.* en [55]voulez, *choose some.* vrai fromage d'Angleterre, *genuine English cheese.* il en [1]reste encore assez, *there remains still enough.* me [28]prenez vous pour une groue, *do you take me for a simpleton.* à barbe, *bearded.* [8]mentir, *lie.* aussi impudemment, *so impudently.* [35]allez, [35]allez, *come, come.* n'[1]ignore pas, *am not ignorant of.* finesses, *cunning.* [1]tomber, *fall.* pièges, *snares.* [1]souhaite, *wish.* [1]pressante, *pressing.* [1]empêche, *hinders.* de m'[1]arrêter, *from stopping.* en [4]attendant, *in the mean while.* trop dur, *too hard.* estomac, *stomach.* Fourbe, *knave.*

CVIII. Lièvre, *Hare.* Tortue, *Tortoise.*—[1]Semblait, *seemed.* à peine, *hardly.* se [1]remuer, *to stir.* lentes, *slow.* le dos, *her back.* quelle drôle de figure, *what a comical figure.* Trottevite, *Puss.* s'[1]arrêtant, *stopping.* commère, *gossip.* pas, *step.* un fardeau aussi pesant, *so heavy a load.* [1]remercie, *thank.* lenteur, *slowness.* [1]parie, *bet.* quelque, *whatever.* [49]puissiez [1]nommer, *may name.* [1]radotez, *dote.* [1]parions, *let us bet.* y [8]consens, *agree to it.* parieurs, *bettors.* [8]partent, *set out.* [1]méprisa, *scorned.* aussi aisée, *so easy.* [1]retourne, *goes back.* lentement, *slowly.* bien fou, *a fool indeed.* vîtesse, *swiftness.* pendant que, *whilst.* m'[1]amuserai, *amuse myself.* [1]brouter, *browse.* la [1]devancerai, *I'll get the start of her.* il me [1]plaira, *I please.* s'[1]arrête, *stops.* [1]broute, *browses.* s'[8]endort, *falls asleep.* gîte, *form.* [1]éveillé, *awake.* Nonchalance, *carelessness.* [1]gâtent souvent, *often spoil.* ne [8]sert de rien, *avails nothing.* n'en [57]fait pas un bon usage, *makes no good use of them.*

CIX. Lion, *Lion.* Loup, *Wolf.* Renard, *Fox.*—Se [4]rendirent, *repaired.* tanière, *den.* [4]rendre, pay. cour, *court.* orgueil, *pride.* [1]empêchent, *prevent.* de [16]paraître, *from appearing.* n'[1]ignore pas, *is not ignorant of.* maladie, *sickness.* s'[1]emparer, *possess.* qu'on le [57]fasse [41]venir, *bid him come.* [1]soupçonnant, *suspecting.* de lui avoir [1]joué un mauvais tour, *of having played him a bad trick.* qu'on ne m'ait [2]noirci, *that I have been disgraced.* [24]permettez que je vous [57]fasse, *permit me to give you.* récit fidèle, *faithful account.* pélérinage, *pilgrimage.* m'[1]acquittais, *fulfilled.* d'un vœu, *a vow.* rétablissement, *recovery.* gens experts et savans, *skilful and learned people.* maladie, *disease.* assez heureux, *happy enough.* pour [28]apprendre, *to be informed of.* avec empressement, *eagerly.* peau, *skin.* [1]écorche, *flayed.* [1]entortillée, *wrapped.* toute chaude et toute fumante, *quite reeking warm.* autour, *round.* corps, *body.* [1]approuva, *approved of.* à l'instant, *immediately.* on [28]prend, *they seize.* [1]écorche, *flay.* s'[1]enveloppe, *wraps himself up.* de, *with.* défunt, *deceased.* [1]Tâchent, *endeavor.* [15]nuire, *to hurt.* faux rapports, *false reports.* méchanceté, *wickedness.*

CX. Grenouille, *Frog.* Écrévisse, *Cray-fish.* Serpent, *Serpent.*—[1]Demeurait, *dwelled.* voisinage, *neighborhood.* lui [57]fit presque [4]perdre l'esprit, *put her almost out of her senses.* griefs, *grievances.* amertume, *bitterness.* [1]proféra, *uttered.* [1]assurant, *assuring.* on [49]pourrait [1]trouver un moyen, *a way might be found out.* [1]délivrer, *rid.* un voisin aussi dangereux, *such a dangerous neighbor.* [1]écoutez donc, *hark then.* on [1]regarde, *is looked upon.* [20]suffisant, *sufficient.* petits verons, *little minnows.* [1]rangez, *lay.* trou, *hole.* [1]happera certainement, *will certainly nab.* [2]gît, *lies.* [1]dévorera aussi, *will devour too.* [1]gouta, *tasted.* doux plaisir, *sweet pleasure.* vengeance, *revenge.* [1]pensant, *thinking.* Suites funestes, *fatal consequences.* [2]réussit, *succeeds.* on [54]voit aussi, *we likewise see.* trompeurs, *deceivers.* [1]trompés, *deceived.*

CXI. Fermier, *Farmer.* Chasseur, *Hunter.* Cerf, *Stag.*—Vivement [31]poursuivi, *briskly pursued.* hors d'haleine, *out of breath.* ferme, *farm.* fermier, *farmer.* [2]saisi de peur, *struck with fear.* [1]pria, *begged.* les larmes aux yeux, *with tears in his eyes.* d'avoir pitié de, *to take pity on.* cour, *yard.* s'[1]engager, *engaged.* à ne point [6]découvrir, *not to discover.* métayer, *farmer.* par ici, *this way.* [1]indiqua, *pointed.* doigt, *finger.* timide, *fearful.* [1]caché, *concealed.* [1]appliqué à, *intent on.* chasse, *game.* ne [28]prit pas garde au, *did not mind.* s'en [35]alla, *went away.* s'[7]enfuit, *flies away.* remerciment, *acknowledgment.* [1]accordé, *granted.* si votre main avait été, *had your hand been.* langue, *tongue.* n'aurais certainement pas [1]manqué, *would certainly not have failed.* [1]mérite, *deserves.* homme à deux visages, *double dealer.* mépris, *contempt.* Fort commune, *very common.* la plupart, *greatest part.* se [1]méfie, *mistrusts.* fondées, *grounded.*

CXII. Rat, *Rat.* Amis, *Friends.*—Abondance, *plenty.* grenier, *corn loft.* froment, *wheat.* maitre Rongemaille, *'Squire Nibble.* trou, *hole.* par où, *through which.* magasin, *storehouse.* prodigue, *spendthrift.* ne se [1]contentait pas, *was not contented.* [1]assemblait, *assembled.* [6]découvert, *discovered.* eut beaucoup d'amis, *got many friends.* n'en [1]doute pas, *doubt not of it.* amis de table, *table friends.* [55]veux dire, *mean.* grain, *corn.* quoiqué, *though.* n'y [1]touchât pas, *did not touch.* [29]résolut, *resolved.* [1]ôter, *remove.* à la besace, *reduced to beggary.* ne me [1]laisseront pas [1]manquer, *will not let me want.* [1]juré, *sworn.* [1]comptait, *reckoned.* hôte, *host.* imbécille, *simpleton.* dans la misère, *in want.* plupart, *most part.* lui [1]fermèrent la porte au nez, *shut the door in his face.* Puissant, *powerful.* [1]flatte, *flatters.*

CXIII. Cheval, *Horse.* Lion, *Lion.*—Laponais, *Lapland.* philosophe, *philosopher.* s'il en fut jamais, *if there ever was one.* se [57]fit [1]présenter, *caused himself to be presented.* [15]introduit, *introduced.* singe, *ape.* soyez le bien venu, *be welcome.* il me [1]tarde, *I long.* de vous [4]entendre [1]raconter, *to hear you relate.* ai du loisir, *am at leisure.* de m'[1]ennuyer, *to tire me.* ne se [57]fait pas [1]prier deux fois, *requires not to be asked twice.* grand parleur, *great talker.* sire, *sir.* [57]fesant la révérence, *bowing.* plus fertile, *most fruitful.* de l'univers, *in the universe.* premièrement, *first.* blancs, *white.* noirs, *black.* secondement, *secondly.* rivières, *rivers.* dures comme, *as hard as.* marbre, *marble.* on [1]traverse, *people cross.* à pied, *on foot.* halte là, *hold there.* [4]interrompant, *interrupting.* imbécille, *simpleton.* [18]accroire, *believe.* m'en [1]imposer, *impose upon me.* quadrupède, *four-footed.* [55]veut, *attempts.* ne l'[1]écoute pas, *don't listen to him.* [1]chasse, *drive away.* à coups de cornes, *with their horns.* griffes, *claws.* dents, *teeth.* Gens prévenus, *prepossessed people.* [1]nier, *deny.* opiniatreté, *obstinacy.* [16]paraît, *seems.* difficile, *difficult.*

CXIV. Chien, *Dog.* Chat, *Cat.*—Laridon, *Larder.* dont il [1]tira l'oreille, *whom he pulled by the ear.* [1]disputant, *contending for.* os, *bone.* jaloux, *jealous.* tu me le [1]payeras, *I'll pay thee off for it.* maudite bête, *cursed beast.* Raton, *Puss.* yeux enflammés, *fiery eyes.* peux t'[4]attendre, *mayest attend.* à pis qu'à la pareille, *worse than the like.* ne [4]répond mot, *answers nothing.* [1]ronge, *gnaws.* traître de, *treacherous.* [1]médite, *meditates.* [1]notez, *note.* serin de Canarie, *Canary bird.* ramage, *warbling.* folle, *fond.* [1]épie, *watches.* [1]saute, *leaps.* [1]tue, *kills.* tout [1]rongé, *quite gnawed.* loge, *lodge.* je vous [1]laisse à [1]penser, *you may imagine.* bruit, *noise.* en allarme, *in an uproar.* on [38]court, *they run.* [1]cherche, *seek.* perfide, *perfidious wretch.* s'[1]écria, *cries out.* dame, *lady.* il [46]faut qu'il [40]meure, *he must die.* point de pardon, *no pardon.* ingrat, *ungrateful dog.* énorme, *enormous.* vite qu'on l'[1]assomme, *haste, let him be knocked down.* à l'instant, *immediately.* [1]tombe, *falls.* coups, *blows.* le [1]pleure, *laments for him.* dommage, *pity.* qu'y [57]faire, *who can help it.* [40]mort, *dead.* [15]Nuit, *hurts.*

CXV. Ligue, *League.* Chiens, *Dogs.*—[41]Tinrent, *held.* diète, *diet.* sommes bien fous, *are fools indeed.* Brisefer, *Rockwood.* Miraut, *Jowler.* de nous [1]déchirer à belles dents, *to tear one another to pieces.* bagatelle, *trifle.* os décharné, *picked bone.* [1]resté, *lain.* pavé, *pavement.* [1]cessons, *let us forbear.* querelles, *quarrels.* [1]donnons-nous les pattes, *let us shake paws.* dogue, *mastiff.* orateur, *speaker.* point de faquin, *no scoundrel.* qui ne [49]puisse [1]ohasser, *but will be able to drive away.* à coups de pierres, *with stones.* ligués, *confederates.*

[57]font serment, *take an oath.* amour, *love.* [1]anime, *animates.* marcassin, *a young wild boar.* [1]attaquent, *attack.* [1]terrassent, *throw down.* [1]déchirent, *tear to pieces.* il ne s'[2]agit plus que, *the only business now is.* [1]querellent, *quarrel.* en [55]veux avoir, *insist upon having.* [1]étranglé, *strangled.* dents, *teeth.* sang, *blood.* fureur, *fury.* s'[18]accroît, *increases.* se [1]déchirer les autres, *to tear one another.* tandis que, *whilst.* confédérés, *confederates.* n'[1]écoutent que, *only listen to.* [41]venir une troupe de loup, *a herd of wolves coming.* bien embarrassés, *very much puzzled.* la [28]prennent, *do.* ne [49]purent pas [1]bouger de la place, *were unable to stir.* [41]devinrent, *became.* proie, *prey.*

Parmi, *among.* chefs, *chiefs.* au lieu que, *whereas.* [41]maintient, *maintains.* [1]fortifie, *strengthens.*

CXVI. Chenille, *Caterpillar.* Fourmi, *Ant.*—Fort affairée, *very busy.* [1]trottait, *was trotting.* çà et là, *up and down.* beaucoup d'empressement, *much eagerness.* paresseuse, *idle.* [1]renfermée, *shut up.* coque, *cod.* papillon, *butterfly.* le ciel, *may heaven.* [1]guide, *guide.* ver, *worm.* pourvoyeuse, *purveyor.* dédaigneux, *disdainful.* bien dure, *very hard.* te remuer, *to stir.* le ciel soit [1]loué, *heaven be praised.* de bonnes jambes, *good legs.* à la vérité, *indeed.* bien dégagées, *free and easy.* aussi leste, *so spruce.* aussi bien proportionnée, *so well proportioned.* me [1]promène, *walk.* [1]juge à propos, *think fit.* quand il me [27]plaît, *when I please.* [1]monte, *get.* au haut, *on the top.* trop [1]jaser, *too much talking.* [1]rampant, *creeping.* [1]repassa, *repassed.* même endroit, *same place.* [1]changées, *changed.* ver, *worm.* papillon, *butterfly.* hola ho, *ho! there.* [1]arrête un peu, *stop a little.* petite présomptueuse, *presumptuous little creature.* ne [1]méprise jamais personne, *never despise anybody.* mouche vaine et orgueilleuse, *vain and proud fly.* me voilà, *behold me.* [1]rampes encore, *creepest still.* Orgueil, *pride.* méprisables, *contemptible.* n'[1]insulte à, *insults.*

CXVII. Deux Livres, *Two Books.*—Boutique, *shop.* libraire, *bookseller.* côte-à-côte, *abreast.* planche, *shelf.* neuf, *new.* [1]relié, *bound.* maroquin, *morocco.* [1]doré, *gilt.* tranches, *edges.* vieux parchemin, *old parchment.* vermoulu, *worm eaten.* qu'on m'[1]ôte d'ici, *remove me from hence.* que ce bouquin [8]sent le moisi, *how mouldy this old book smells.* à moitié pourrie, *half rotten.* moins de dédain, *less disdain.* [1]ignorez, *are ignorant of.* on ne m'a jamais [54]vu, *I never have been seen.* épicier, *grocer.* bahutier, *trunk maker.* cornets, *paper bags.* carton, *pasteboard.* [1]envelopper, *wrap up.* livre, *pound.* [1]cesse, *leave off.* [1]retire-toi, *get you gone.* [6]souffrez du moins que je, *suffer me at least.* [27]taisez vous, *hold your tongue.* me [57]faites honte, *make me ashamed.* [1]jasaient ainsi, *were thus chattering.* [23]lit, *reads.* rare, *scarce.* sot, *dull.* goût, *taste.* [24]remettant, *putting again.*

Habits, *clothes.* [1]constituent, *constitute.*

CXVIII. Portrait Parlant, *Speaking Portrait.*—S'était [57]fait [1]tirer, *got his picture drawn.* amour propre, *self-love.* vous [1]trompez, *are mistaken.* n'êtes qu'[1]ébauché, *are but sketched.* ignorant, *ignorant fellow.* [1]tiré, *drawn.* noir, *black.* blanc, *white.* laid, *ugly.* vieux, *old.* jeune, *young.* beau, *handsome.* il [46]faut retoucher, *he must mend.* le peintre a beau [41]soutenir, *it is in vain for the painter to maintain.* très bien [1]tiré, *very well drawn.* il faut qu'il [1]recommence, *he must begin again.* [1]travaille, *works.* à son gré, *to his liking.* m'[1]engage, *engage.* [57]satisfaire, *satisfy.* ou, *or.* [1]brulerai, *will burn.* pinceau, *pencil.* connaisseurs, *connoisseurs.* étant [8]partis, *being gone.* preuve, *proof.* j'[1]ôterai, *I'll take away.* y [8]consens, *consent to it.* à demain donc, *to-morrow then.* lendemain, *next day.* troupe, *company.* s'[1]assembla, *assembled.* [1]montra, *showed.* endroit obscur, *dark place.* que vous en [1]semble, *what do you think of it.* [1]retouché, *mended.* la peine, *worth the while.* [57]faire [41]revenir, *make come back.* ne [1]montrer que, *show but.* ébauche, *sketch.* du tout, *at all.*

N'[28]entreprenez pas, *don't undertake.* [39]couvaincre, *convince.* raisonnemens, *reasonings.* prévenus, *prepossessed.* ne [55]veulent ni [4]entendre, *will neither hear.* [54]voir, *see.* vérité, *truth.*

15 *

CXIX. Orme, *Elm.* Noyer, *Walnut tree.*—[1]Planté, *planted.* [1]jasaient, *chatted.*
se [1]désennuyer, *divert themselves.* premier, *former.* compère, *gossip.* sujet de
me [22]plaindre, *occasion to complain.* haut, *high.* vert, *green.* stérile, *barren.*
malgré, *in spite of.* ne [1]porte point de fruit, *bear no fruit.* ombre, *shade.* en
[41]conviens, *agree to it.* [1]souhaiterais [49]pouvoir [1]partager, *wish I could share.*
[1]distribue, *dispenses.* arbre à demi, *half-tree.* il n'en [41]viendra pas, *none will
come.* à force, *by dint.* il faut se [24]soumettre, *you must submit.* [1]ordonne, *orders.*
babillard, *prattling.* [1]moralisait ainsi, *was thus moralizing.* troupe, *troop.* enfans,
children. [4]interrompt, *interrupts.* à coups de pierres, *with stones.* bâtons, *sticks.*
mille blessures, *a thousand wounds.* adieu, *farewell.* verdure, *verdure.* fruits,
fruits. ainsi [1]maltraité, *thus ill used.* [1]montent, *get upon.* arbre fruitier, *fruit
tree.* en [1]cassent les branches, *break its branches.* [1]dépouiller, *strip.* [1]chargés
de, *loaded with.* [4]descendent, *come down.*

CXX. Singes, *Apes.*—Navire, *ship.* [1]chargé de, *loaded with.* guenons,
monkeys. port, *harbor.* débit, *sale.* marchandise, *commodity.* singeries, *apish
tricks.* négocians, *merchants.* [1]annoncer, *bring news of.* cargaison, *cargo.*
matelots, *sailors.* se [2]réjouir, *rejoice.* vieux magot, *old baboon.* se [1]leva, *got up.*
[1]haranguer, *harangue.* [1]médite, *project.* bon tour, *good trick.* gravement,
gravely. s'[1]offre, *presents itself.* esclavage, *slavery.* ne la [1]laissons pas [16]échapper,
we must not let it slip. [1]hâtons, *let us haste.* retour, *return.* [1]traitent, *treat.*
[1]lient, *tie.* esclaves, *slaves.* au milieu, *in the middle.* corps, *body.* mille avanies,
a thousand injuries. [52]sais [1]gouverner, *know how to steer.* [8]partons, *let go.* [1]dé-
marrent, *unmoor.* [24]mettant à la voile, *set sail.* vent, *wind.* [1]favorise, *favors.*
à peine eurent ils [1]quitté, *they had hardly quitted.* bord, *shore.* orage, *storm.*
[1]menace, *threatens.* [1]travaillez, *work.* [1]comptez, *rely.* adresse, *skill.* quant à, *as
to.* flots, *waves.* [2]mugissent, *roar.* [1]menacent, *threaten.* [2]engloutir, *swallow up.*
équipage, *crew.* consterné, *affrighted.* pareilles, *such.* [1]brisé, *dashed.* fond,
bottom. mer, *sea.*
[28]Entreprendre, *undertake.* [1]imiter, *imitate.* aù-dessus de, *above.*

CXXI. Chien du Berger, *Shepherd's Dog.* Loup, *Wolf.*—Terreur, *terror.*
carnage, *slaughter.* brebis, *sheep.* [4]tendu, *laid.* pièges, *snares.* sûreté, *safety.*
se [1]régalait, *feasted.* le jour, *in the day time.* dès, *upon.* vols, *robberies.* Brisaut,
Ringwood. [1]traversait, *went through.* retraite, *retreat.* [4]suspendons, *let us sus-
pend.* guerre, *war.* [1]raisonnons, *reason.* en amis, *like friends.* trêve, *truce.* aussi
fort, *so strong.* [1]attaquer, *attack.* pauvre faible, *poor weak.* agneau sans défense,
defenceless lamb. [3]devriez [1]dédaigner, *should disdain.* nourriture aussi commune,
such a common food. n'y a-t-il pas d'autres bêtes, *are there no other beasts.* plus
noble, *nobler.* les grandes âmes, *great souls.* poltrons seuls, *cowards only.*
vindicatifs, *revengeful.* [1]épargnez, *spare.*
[1]Pesez, *weigh.* chose, *matter.* mûrement, *maturely.* comme telles, *as such.*
[1]ordonne, *orders.* [1]mangent, *should eat.* tant, *so much.* zèle, *zeal.* sûreté, *safety.*
discours pathétique, *moving speech.* [1]dévorées, *devoured.*
Ami [4]prétendu, *pretended friend.* pire, *worse.* ennemi déclaré, *open foe.*

CXXII. Cheval, *Horse.* Loup, *Wolf.* Renard, *Fox.*—Prairie, *meadow.* empressement, *eagerness.* plus drôle, *most comical.* plus fort, *stronger.* portrait,
description. [1]procure, *procures.* cordonnier, *shoemaker.* talon, *heel.* s'[1]excusa,
excused himself. ne m'ont rien [28]appris, *have taught me nothing.* [57]fait [28]ap-
prendre, *made learn.*
[1]Flatté, *flattered.* s'[1]approcha, *drew near.* [1]lâcha, *gave.* ruade, *kick.* lui
[1]cassa les dents, *broke his teeth.* [2]hennissant, *neighing.* [1]triomphant, *triumphing.*
se [24]mit à [1]galoper, *fell a galloping.* [1]charmé d'avoir [1]repoussé, *charmed at
having repulsed.* ruse, *craft.* là-dessus, *whereupon.* [1]montre, *shows.* ne [3]devons
pas nous [1]fier, *ought not to trust.*
Ordinairement, *commonly.* s'[2]applaudit, *applauds himself.* ruses, *artifices.*
[1]insulte même à, *even insults.* [1]trompés, *cheated.*

CXXIII. Bouc, *Goat*. Barbe, *Beard*.—Aussi vain, *as vain*. [1]affectait, *affected*. bord, *bank*. claire, *clear*. [2]hais, *hate*. vilaine, *frouzy*. jeunesse, *youth*. [1]cachée, *hidden*. déguisement, *disguise*. [57]faire [1]couper, *to get cut off*. s'[1]adressa, *addressed himself*. barbier, *barber*. [51]assied, *seats*. chaise de bois, *wooden chair*. serviette, *towel*. menton, *chin*. [1]rase, *shaves*. maître Fagotin, *master Pug*. pratique, *custom*. [1]rasé, *shaved*. visage, *face*. [2]uni, *smooth*. glace, *glass*. Fier, *proud*. louanges, *praises*. [1]quitte, *quits*. siège, *seat*. montagnes voisines, *neighboring hills*. chèvres, *she-goats*. s'[1]assemblent autour de lui, *gather round him*. [6]ouvrent des grands yeux, *stand staring*. s'[1]écria une d'entre elles, *exclaimed one of them*. ainsi, *thus*. [1]défiguré, *disfigured*. sottes, *foolish*. [16]connaissez peu, *know little*. monde, *world*. par tout où, *wherever*. [1]moquées, *mocked*. [1]mortifier, *mortify*. orgueil, *pride*. [41]soutiendrez-vous, *will you stand*. troupeau, *flock*. Fat, *coxcomb*. se [1]distinguer, *distinguish himself*. manières affectées, *affected manners*. risée, *laughter*. [16]connaissent, *know*.

CXXIV. Ligue, *League*. Rats, *Rats*.—Jeune souris, *young mouse*. la peau velouté, *a velvet skin*. grenier, *garret*. Ronge-maille, *Squire Nibble*. maudit matou, *cursed cat*. tu me le [1]payeras, *I shall pay you off for it*. s'était cent fois [1]vanté, *had a hundred times boasted*. de ne [22]craindre, *of fearing*. ratière, *trap*. il fut d'avis, *his advice was*. d'[1]assembler, *to assemble*. députés, *deputies*. [16]paraissent, *appear*. au jour et à l'heure [1]marquée, *at the appointed day and hour*. plus méchant, *most wicked*. [1]croqué, *eaten up*. [1]laisserons-nous, *shall we leave*. cruauté, *cruelty*. [2]impunie, *unpunished*. je suis donc d'avis, *my advice is then*. nous [1]liguions, *should join in a league*. destructeur, *destroyer*. aux armes, *to arms*. s'[1]écrièrent, *cried out*. voix, *voice*. il y va de notre propre sûreté, *our own safety is at stake*. [16]Paraissent, *appear*. [1]armés, *armed*. de lances, *with lances*. fétus, *straws*. ordre de bataille, *battle array*. fureur, *fury*. carnage, *slaughter*. [1]animent, *animate*. [1]respirent que, *breathe nothing but*. [57]faire des merveilles, *perform wonders*. Grippeminaud, *Grimalkin*. le corps [2]applati, *his body flattened*. la queue allongée, *his tail stretched out*. les yeux enflammés, *fiery eyes*. à petits pas, *with slow steps*. [22]joint, *joins*. [1]allonge un coup, *makes a pass*. [1]pare, *parries*. griffes, *claws*. en déroute, *to flight*. s'[7]enfuient, *run away*. vainqueur, *conqueror*. [31]poursuit, *pursues*. fuyards, *runaways*. jusqu'à l'entrée, *to the entrance*. trous, *holes*. Plus faible, *weakest*. [3]doit [1]céder, *must yield*. plus fort, *strongest*. [1]lutter contre la force, *struggle with strength*.

CXXV. Deux Chats, *Two Cats*.—Rodilard, *Puss*. Mitis, *Grimalkin*. ne [49]purent s'[1]accorder, *could not agree*. [1]terminer, *put an end to*. [8]consentirent, *consented*. à s'en [1]rapporter, *to refer the matter*. arbitre, *arbitrator*. [1]accepte, *accepts*. [15]produit, *produces*. [1]tousse, *coughs*. [1]crache, *spits*. morceau, *bit*. chaque bassin, *each scale*. [1]pèse plus, *weighs more*. [15]réduire, *reduce*. poids égal, *equal weight*. tour de singe, *apish trick*. bassin [1]opposé, *opposite scale*. plus pesant, *heaviest*. [2]fournit, *afforded*. nouvelle, *new*. bouchée, *mouthful*. [1]arrêtez, *hold*. part, *share*. [1]déterminé si-tôt, *so soon determined*. sur quoi, *upon which*. [1]ronge, *nibbles*. [1]Diminuait, *diminished*. [1]prièrent, *prayed*. de ne se plus [1]donner de peine, *to give himself no further trouble*. de [24]remettre, *deliver*. ce qui [1]restait, *what remained*. pas si vîte, *not so fast*. maître Fagotin, *master Pug*. [3]devons, *owe*. nous-mêmes, *ourselves*. ce qui [1]reste, *what remains*. m'est [3]dû, *is due to me*. en vertu, *in right*. charge, *office*. [1]avala, *swallowed up*. [36]renvoya, *dismissed*. plaideurs, *pleaders*. très-mécontens, *very discontented*. sottise, *folly*. Il [53]vaut mieux s'[1]accorder, *it is better to agree*. à se [1]ruiner, *to be ruined*. procès, *lawsuits*.

CXXVI. Hibou présomptueux, *presumptuous Owl*.—Petit-maître de Paris, *Parisian coxcomb*. s'étant [54]vu par hasard, *having accidentally seen himself*.

claire fontaine, *clear fountain.* plus haute, *highest.* ce serait dommage, *it would be a pity.* si la race des oiseaux les plus accomplis était éteinte, *were the race of the most accomplished birds extinct.* telle, *such.* plein, *full.* pensées orgueilleuses, *proud thoughts.* [1]deviner, *guess.* dédain, *disdain.* méritait, *deserved.* tout surpris, *quite surprised.* [1]badinez, *jest.* compagne d'un chat-huant, *an owl's mate.* ténèbres, *darkness.* demain matin, *to-morrow morning.* au [1]lever, *at the rising.* milieu, *middle.* firmament, *sky.* nous [1]arrêterons, *we'll settle.* y [8]consens, *agree to it.* galant, *suitor.* n'y [1]manquerai pas, *shall not fail.* jusqu'au revoir, *till our next meeting.*

Lendemain, *next day.* [1]vola, *flew.* [2]ébloui, *dazzled.* n'en [49]put [1]supporter les rayons, *could not bear its rays.* [31]poursuivi, *pursued.* témoins, *witnesses.* s'[1]échappa, *made his escape.* creux, *hollow.* vieux chêne, *old oak.* [34]vécut, *lived in it.* reste, *remainder.*

Se [1]terminent, *end.* qualités, *qualifications.* [57]faire [2]réussir, *make succeed.* risée, *laughter.*

CXXVII. Abeille, *Bee.* Mouche, *Fly.*—[1]Retire-toi, *avaunt.* vil insecte volant, *vile flying insect.* [1]voltigeait autour de, *was fluttering about.* ruche, *hive.* [41]convient bien, *becomes well.* de vous [1]fourrer, *to intrude yourself.* reines, *queens.* ne [1]recherche pas, *don't court.* aussi querelleuse et vindicative, *so quarrelsome and vindictive.* meilleurs lois, *best laws.* chef-d'œuvre, *master-piece.* [34]vivons, *feed upon.* fleurs les plus odoriférantes, *most fragrant flowers.* en [1]tirons, *extract from them.* suc le plus délicieux, *most delicious juice.* miel, *honey.* au lieu que, *whereas.* ne [34]vis que de, *livest upon nothing but.* ordures, *filth.*

Tranquillement, *quietly.* colère, *passion.* doux, *sweet.* l'[1]accorde, *grant it.* [1]goûté, *tasted.* n'est qu'amertume, *is nothing but bitterness.* pour vous [1]venger, *to be revenged.* vous [15]détruisez vous-mêmes, *destroy yourselves.* inconsidérée, *inconsiderate.* plus de mal, *more harm.*

Défauts, *defects.* petits génies, *little geniuses.* se [50]prévalent, *avail themselves.*

CXXVIII. Souriceau, *young Mouse.* Mère, *Mother.*—S'[1]avisa, *took it in his head.* air de la campagne, *country air.* à peine avait il [57]fait, *he had hardly gone.* mille, *mile.* grande hâte, *great haste.* plus, *most.* air turbulent et inquiet, *turbulent and restless countenance.* regard farouche et irrité, *fierce and angry look.* voix perçante, *shrill voice.* morceau, *piece.* chair, *flesh.* aussi rouge, *as red.* sang, *blood.* [18]croît, *grows.* tête, *head.* gorge, *throat.* se [24]mit à battre, *fell a clapping.* côtés, *sides.* bras, *arms.* [4]étendit, *stretched out.* [6]ouvrit la bouche, *opened his mouth.* m'[1]avaler, *swallow me up.* un tel bruit, *such a noise.* grâces, *thanks.* dieux, *gods.* me [1]pique, *pique myself.* en ai [28]pris la fuite, *took flight.* de peur, *for fear.*

Maudit soit, *cursed be.* sans, *had it not been for.* aurais fait connaissance, *should have got acquainted.* plus belle, *prettiest.* doux, *mild.* benin, *benign.* peau veloutée, *velvet skin.* regard, *look.* beaux yeux luisans, *fine sparkling eyes.* oreilles, *ears.* m'a [57]fait [28]prendre la fuite, *frightened me away.* l'avez [1]échappé belle, *escaped narrowly.* doucereux, *whining.* minois, *countenance.* [1]cache, *conceals.* haine, *hatred.* [1]attraper, *catch.*

CXXIX. Poissons, *Fishes.* Cormoran, *Cormorant.*—La vue courte, *short-sighted.* hors d'état, *unable.* au fond, *at the bottom.* s'[1]avisa, *bethought himself.* carpe, *carp.* étang, *pond.* commère, *gossip.* exprès, *purposely.* avis salutaire, *salutary advice.* quelque égard, *any concern.* [35]allez dès ce, *go this very.* [20]dites-leur de ma part, *acquaint them from me.* [1]déterminé, *determined.* [1]pêcher, *fish.* dans huit jours, *a week hence.* [1]nage sur le champ, *swims immediately.* rapport, *report.* nouvelle, *news.* on [38]court, *they run.* [1]députe, *send.* [1]remercier, *thank.* de ce qu'il les avait [2]avertis, *for his having warned them.* [1]prier, *beg.* moyens, *means.* [16]échapper, *of escaping.*

Ambassadrice, *ambassadress.* [4]rendent mille grâces, *give a thousand thanks.* [1]prient, *beg.* n'en soyez pas en peine, *be not uneasy about it.* n'ont qu'à, *need* but. s'[1]assembler, *assemble.* propre demeure, *own dwelling-place.* n'en [52]sait lo chemin, *knows the way to it.* sûreté, *safety.* vivier claire et frais, *clear and fresh pond.* inconnu, *unknown.* traître, *traitor.* à son tour, *in his turn.*

CXXX. Jugement, *Judgment.* Mémoire, *Memory.* Imagination, *Imagination.*—Habitation, *abode.* entre, *betwixt.* ne [1]dura pas long temps, *did not last long.* [1]troubla, *troubled.* paix, *peace.* saillies, *flights.* [1]raillait, *jeered.* ne [1]cessait pas de [1]babiller, *did not cease prattling.* las du caquet, *tired with the talkativeness.* railleries, *jeers.* [1]murmurait, *grumbled.* folle, *mad.* babillard, *prattler.* vrai pédant, *arrant pedant.* il faut nous [1]séparer, *we must part with one another.* qu'en [1]pensez vous, *what do you think of it.* ne [49]pourrons jamais nous [1]accorder, *shall never be able to agree.*

On se [1]sépare, *they part with one another.* [1]quitte, *quit.* les voilà tous trois qui [1]cherchent, *now all three are looking for.* celui chez qui, *he to whom.* théologie, *divinity.* Palmyre, *Palmyra.* louve, *she-wolf.* Antoine, *Antony.* vinaigre, *vinegar.* hauteur, *height.* à un pouce près, *to an inch.* Tour, *Tower.* hardi, *bold.* frénétique, *frantic.* hôte, *landlord.* ami du vrai, *friend to truth.* ne [1]jugeant jamais, *never judging.* prévention, *prepossession.* [1]pratiquant, *practising.*

Ne vous [2]énorgueillissez pas, *don't be proud.* [1]partagés, *divided.* genre humain, *mankind.*

CXXXI. Chat, *Cat.* Lapins, *Rabbits.*—Garenne, *warren.* allarmée, *alarmed.* se [1]sauva, *slunk.* Mitis, *Puss.* se [1]posta, *posted himself.* terrier, *burrow.* [1]remuant, *shaking.* queue, *tail.* [1]allongeant, *lengthening.* [1]serrant, *joining.* [36]envoyèrent, *sent.* endroit le plus étroit, *narrowest place.* entrée, *entrance.* griffes, *claws.* [1]cherchez-vous, *look for.* [1]étudier, *study.* mœurs, *manners.* en qualité de philosophe, *as being a philosopher.* parcours, *travel over.* m'[1]informer, *inquire about.* coutumes, *customs.* lois, *laws.* [57]Firent rapport, *related.* maintien, *countenance.* fourrure majestueuse, *majestic fur.* [55]voulait seulement, *only wanted.* [1]rechercher, *seek after.* sagesse, *wisdom.* Bramin, *Bramine.* n'avoir garde de, *was far from.* [1]croquer, *eating.* chair, *flesh.* [54]faire connaissance, *get acquainted.* [1]gardez-vous en bien, *be sure not to do it.* orateur, *speaker.* ce [4]prétendu philosophe m'est suspect, *I suspect this pretended philosopher.* [1]étrangla, *strangled.* au premier salut, *at the first salutation.* se [1]sauvèrent, *fled.* bien effrayés, *much frightened.* honteux, *ashamed.* [1]Méfiez-vous de, *mistrust.* empressemens, *eagerness.* [8]partent souvent, *often proceed.* cœur perfide, *perfidious heart.*

CXXXII. Voyageurs, *Travellers.* Caméléon, *Cameleon.*—Gens, *people.* on [49]pourrait fort proprement [1]appeler, *could very properly be called.* coureurs, *ramblers.* [55]voudraient tout [54]voir et tout [16]connaître, *would see and know everything.* pour [49]pouvoir [20]dire, *that they might say.* [3]doit bien [52]savoir, *ought to know.* [1]voyageant, *travelling.* Arabie, *Arabia.* [1]raisonnaient, *reasoned.* de ma vie je n'ai [54]vu, *I never saw.* lézard, *lizard.* longue queue, *long tail.* pas, *pace.* tardif, *slow.* couleur bleue, *blue color.* alte-là, *hold there.* verte, *green.* [1]parie, *lay.* [41]soutiens, *maintain.*

Se [1]donnèrent le démenti, *gave one another the lie.* en [41]viennent, *come.* en [35]allaient [41]venir aux mains, *were going to fight.* quel vertige, *what whim.* holà donc, *hold then.* [1]calmez-vous, *be quiet.* [1]jugez, *judge.* de quoi s'agit-il, *what's the matter.* [41]soutient, *maintains.* soyez d'accord, *agree.* [1]badinez, *jest.* boite, *box.* [4]confondre, *confute.* grave arbitre, *grave arbitrator.* blanc comme de la neige, *as white as snow.* tout étonnés, *quite astonished.* [35]allez enfans, [35]allez, *come, come children.* sage, *wise.* rapports, *relations.* presque tout, *almost everything.*

Il ne [46]faut jamais [41]soutenir, *we should never maintain.* opiniatreté, *obstinacy.* [1]tâcher, *endeavor.* y [2]assujettir, *subject to it.* il faut [52]savoir [1]douter, *we must know how to doubt.* moyen, *means.* [41]parvenir à, *arrive at.*

CXXXIII. Seigneur, *Lord.* Paysan, *Countryman.*—Amateur, *lover.* jardinage, *gardening.* jardin propre et spacieux, *neat and spacious garden.* il y [18]croissait, *there grew.* ozeille, *sorrel.* laitue, *lettuce.* oignons, *onions.* choux, *cabbages.* sortes, *sorts.* [1]troublée, *troubled.* lièvre, *hare.* manant, *clown.* s'en [22]plaignit, *complained of it.* voisinage, *neighborhood.* maudit, *cursed.* soir, *in the evening.* matin, *morning.* se [30]rit, *laughs.* des pièges, *at snares.* pierres, *stones.* bâtons, *sticks.* [1]chasser, *drive away.* sorcier, *sorcerer.* [1]badinez, *jest.* fut-il diable, *were he a devil.* Miraut, *Jowler.* [1]attrapera, *will catch.* je vous en [4]réponds, *I'll answer for it.* en serez [57]défait, *shall get rid of him.* [1]comptez là-dessus, *rely upon that.*

Lendemain, *next day.* ça, *well.* [1]déjeûnons, *let us breakfast.* vos poulets sont-ils tendres, *are your chickens tender.* jambons, *hams.* ont fort bonne mine, *look very well.* ils sont à votre service, *you are welcome to them.* valets, *servants.* [1]commande, *commands.* [1]mange, *eats.* [56]boit, *drinks.* vin, *wine.* [30]rit, *laughs.*

Se [1]prépare, *gets ready.* cors, *horns.* un tel tintamarre, *such a thundering noise.* [2]étourdi, *stunned.* on commence, *they begin.* chasse, *hunting.* potager, *kitchen-garden.* gît, *lies.* gros chou, *large cabbage.* on [1]guette, *they watch.* [1]lance, *dislodge.* se [1]sauve, *makes his escape.* grande ouverture, *great gap.* plus de dégat, *more havoc.*

Bagatelle, *trifle.* se [22]plaindre, *complaining,* de s'[1]exposer, *to expose one's self.* mal, *evil.* dont on se [22]plaint, *of which we complain.*

CXXXIV. Serpent, *Serpent.* Grenouilles, *Frogs.*—Nourriture, *food.* sur le point de [40]mourir, *a dying.* de faim, *with hunger.* malheureuse, *unhappy.* [1]déplorait, *bewailed.* [1]souhaitait, *wished.* force, *strength.* jeunesse, *youth.* faim pressante, *pressing hunger.* au lieu de, *instead of.* de quoi se [2]nourrir, *something to eat.* se [1]traina, *crept.* lentement, *slowly.* au bord, *along the brink.* fossé, *ditch.* lieu, *place.* délices, *delight.* abondance, *plenty.* [16]paraissait, *seemed.* fort triste, *very sad.* extrêmement malade, *extremely sick.* sur quoi, *whereupon.* [1]lève, *raises.* ce qu'il [1]cherche, *what he wants.* nourriture, *food.* [4]rampant, *creeping.* prêt de [40]mourir de faim, *a dying with hunger.* de grâce, *pray.* [1]aidez, *help.*

J'ai bien du regret, *I very much repent.* rien [1]attraper, *catch anything.* [34]vivre, *live upon.* me [8]repens, *repent.* cruauté, *cruelty.* gourmandise, *gluttony.* [8]repentir, *repentance.* m'[1]offre, *offer myself.* esclave, *slave.* [2]obéir, *obey.* par tout où il vous [27]plaira, *wherever you please.*

Charmées des, *charmed with.* [1]acceptent, *accept.* [1]aiment à [1]voyager, *like travelling.* [1]montent, *get.* quel plaisir, *what a pleasure.* courte durée, *short duration.* [4]rampant, *creeping.* [55]voulez, *have a mind.* [1]croque, *eats.* sottes, *foolish.*

Il ne faut jamais se [1]fier, *we should never trust.* quelques, *whatever.* d'amitié qu'il [57]fasse, *of friendship he makes.* ne [1]cherche qu'à [1]tromper, *only wants to deceive.* caresses mêmes, *very caresses.* trahisons cachées, *hidden treasons.* corbeau, *raven.*

CXXXV. Négociant, *Merchant.* Voisin, *Neighbor.*—Perse, *Persia.* Chine, *China.* n'importe, *it matters not.* voyage, *journey.* [24]mit en dépot, *deposited.* quintal, *hundred weight.* fer, *iron.* [1]espérait, *expected.* s'en [1]retourna, *returned.* au logis, *home.* retour, *return.* fâché, *sorry.* [1]annoncer, *tell.* mauvaise nouvelle, *bad news.* ne [49]pouvait [12]prévoir, *could foresee.* maudit, *cursed.* qu'y [57]faire, *who can help it.* grenier, *garret.* par où, *through which.* [1]entrent, *get in.* mille dégats, *a thousand havocs.*

[22]Feint, *feigns.* endroit écarté, *retired place.* [1]mène, *carries.* chez lui, *to his house.* [1]enferme sous clef, *locks up.* chambre, *room.* [1]supplie, *beseech.* on m'a [1]dérobé, *they have stolen.* fâché, *sorry.* perte, *loss.* unique, *only.* très-sensible, *very grievous.* [8]partis, *went.* d'ici, *from hence.* chat-huant, *owl.* [1]enleva, *carried away.* imbécille, *simpleton.* de me [55]vouloir [57]faire [18]accroire, *to want to make me believe.* un tel mensonge, *such a lie.* hibou, *owl.* ne [1]pese tout au plus que, *weighs at most but.* [49]peut-il [1]enlever, *can he carry away.* d'ailleurs, *besides.* un

demi-cent, *half a hundred.* n'avait pas à faire à un sot, *had no fool to deal with.* [4]**rendit,** *restored.* échange, *exchange.* De [55]**vouloir** [57]**faire** [18]**accroire,** *to attempt to make believe.* conte, *story.* outré, *overstretched.* on lui [57]**fait,** *people do it.* raisonnemens, *reasonings.*

CXXXVI. **Abeille,** *Bee.* **Araignée,** *Spider.*—[1]**Disputaient,** *were disputing.* beaucoup de chaleur, *much heat.* [1]**excellait,** *excelled.* ouvrages, *works.* [49]**puis me** [1]**vanter,** *can boast.* ne [49]**peut** [1]**former,** *can form.* presque, *almost.* vue, *sight.* aucun, *any.* miel, *honey.* vous vantez tant, *boast so much.* [1]**dérobez,** *steal.* superficiel, *flimsy.* balai, *broom.* [15]**détruit,** *destroys.* sans ressource, *to all intents and purposes.*

Larcin, *theft.* ne [57]**fait** aucun tort, *does no harm.* ne [6]**souffrent** pas, *suffer not.* moindre, *least.* bonne odeur, *fragrancy.* ne me [1]**chasse,** *drives me out.* c'est là qu'on [2]**bâtit,** *there they build.* châteaux, *castles.* au lieu de [15]**détruire,** *instead of destroying.* on en a le plus grand soin, *they take the greatest care of.* on [39]**recueille,** *they gather.* [1]**excelle,** *excels.* douceur, *sweetness.* espèce entière, *whole species.* de plus curieux, *most curious.* usages, *uses.* cire, *wax.* sont sans nombre, *are numberless.* mille bougies, *a thousand wax candles.* on [1]**trouve** encore mon ouvrage, *my work is moreover found.* on [1]**brule** ma cire, *my wax is burnt.* autels, *altars.* vous [1]**fourrer,** *get.* petit vilain coin, *little dirty corner.* pleine, *full.* [1]**ressemblent,** *are like.* [1]**travaillez** à, *go about.* on les [15]**détruit** souvent, *they are often destroyed.* utile, *useful.* [1]**durera,** *will last.*

On ne [3]**doit** [1]**apprécier,** *one ought to value.* esprit, *wit.* qu'à proportion que, *but in proportion as.* [1]**contribuent,** *contribute.* plaisirs [24]**permis,** *lawful pleasures.*

CXXXVII. **Paysan,** *Countryman.* **Couleuvre,** *Adder.*—Sac, *bag.* noisettes, *hazel-nuts.* manant, *clown.* n'en [1]**échapperas** pas, *shalt not escape.* [55]**veux** [20]**dire,** *mean.* [1]**mériter,** *deserve.* un tel traitement, *such a treatment.* plus odieux, *most odious.* s'il [46]**faut** que tous les ingrats [40]**meurent,** *if all ungrateful people must die.* hardiment, *boldly.* vous [1]**condamnez** vous-même, *condemn yourself.* [28]**surpris** de, *surprised at.* hardiesse, *boldness.* [49]**pourrais** [1]**écraser,** *could squash.* [55]**veux** m'en [1]**rapporter,** *will refer the matter.* y [8]**consens,** *agree to it.* vache, *cow.* on [1]**appelle,** *they call.* [41]**vient,** *comes.* on [1]**propose,** *they propose.* cas, *case.* c'était bien la peine de m'[1]**appeler,** *there was no need of my being called.* claire, *clear.* [2]**nourris,** *feed.* beurre, *butter.* fromage, *cheese.* bienfait, *good turn.* à peine sont-ils nés, *they are hardly born.* [1]**égorgés,** *killed.* [1]**coupés,** *cuts.* mille morceaux, *thousand pieces.* ingrat, *ungrateful wretch.* [1]**assomme,** *knocks down.* pitié, *pity.* ma peau même, *even my hide.* à l'abri, *secure.* [1]**tane,** *tans.* bottes, *boots.* souliers, *shoes.* de là, *from that.* [14]**conclus,** *conclude.*

Tout étonné, *quite surprised.* ne [18]**crois** pas, *don't believe.* radoteuse, *doting creature.* a perdu l'esprit, *out of her senses.* [1]**rapportons-nous** en, *let us refer the matter.* arbre, *tree.* bien pire encore, *still worse.* [24]**mets** l'homme à l'abri, *shelter man.* orages, *storms.* chaleur, *heat.* pluie, *rain.* été, *summer.* ombre, *shade.* [15]**produis,** *produce.* cependant, *nevertheless.* après mille, *after a thousand.* me [57]**fait** [1]**tomber** à terre, *fells me to the ground.* hache, *axe.* pour être [1]**scié,** *to be sawed.* planches, *planks.* se [54]**voyant,** *seeing himself.* [33]**convaincu,** *convicted.* suis bien sot, *am a fool indeed.* [1]**écouter,** *listen to.* radoteuse, *doting beast.* jaseur, *prattler.* [1]**foula** aux pieds, *trampled upon.* [1]**écrasa,** *crushed in pieces.* [1]**Opprime,** *oppresses.* plus faible, *weakest.* force, *power.* sourdes, *deaf.*

CXXXVIII. **Rat de Ville,** *City Rat.* **Rat de Campagne,** *Country Rat.*—Ancien compère, *old compeer.* soyez le bien venu, *be welcome.* suis las, *am tired.* bonne chère, *good cheer.* [38]**court,** *runs.* quelques petits grignons, *some little pieces of crust.* fromage pourri, *rotten cheese.* morceau, *bit.* lard, *bacon.* ne [57]**fait** que [1]**grignoter,** *does nothing but nibble.* était [1]**accoutumé,** *was used.* meilleure chère, *better cheer.* étant [2]**fini,** *being over.* repas, *meals.* pour ne pas [40]**mourir** de faim, *not to starve.* vîte, [8]**partons,** *quick, let us set out.* il me [1]**tarde,** *I long.* commensal, *table companion.*

Vers minuit, *about midnight.* [15]conduit, *conducts.* beau salon, *handsome parlor.*
[1]étale, *displays.* tapis de Perse, *Persian carpets.* [24]mets les plus friands, *most
dainty meats.* rien n'y [1]manquait, *nothing was wanting.* poulet, *chicken.* chapon,
capon. dindon, *turkey.* roti, *roast meat.* [1]pensez, *do think.* pâté de pigeonneaux, *pigeon pie.* [1]avouez, *confess.* campagne, *country.* pendant que, *whilst.*
[57]fesait ainsi l'éloge de, *thus praised.* mets, *meats.* [1]avaler, *swallow.* morceau,
bit. [6]ouvre, *opens.* [1]décampent, *scamper away.* aussi vîte, *as fast.* se [2]tapit,
lay squat. [1]tremblait, *trembled.* membres, *limbs.* [2]maudissait, *cursed.* cent fois,
a *hundred times.* sûreté, *safety.* [1]oublié, *forgot.* [1]montrer, *show.* cas, *case.*
cependant, *mean time.* se [1]retire, *withdraws.* [1]rappelle, *recalls.* passé, *over.*
[1]reste, *remainder.* nuit, *night.* noisettes, *hazel-nuts.* marrons, *chestnuts.* assez
mangé, *eat enough.* campagnard, *country rat.* encore effrnyé, *still frighted.* au
logis, *home.* n'[1]envie pas, *don't envy.* abondance, *plenty.* délicatesse, *delicacy.*
repas, *meals.* grignons, *pieces of crust.* friandises, *dainties.* [4]corrompre, *corrupt.*
Médiocre, *middling.* soins, *cares.* craintes, *fears.* inquiétudes, *uneasiness.*

CXXXIX. Animaux, *Animals.* Malades, *Sick.* Peste, *Plague.*—Parmi,
among. [1]enlevait, *swept away.* relâche, *abatement.* [41]tint conseil, *held a council.*
infortune, *misfortune.* péchés, *sins.* plus coupable, *most guilty.* se [1]sacrifie,
sacrifice himself. salut, *safety.* [2]applaudirent, *applauded.* [1]déclaré, *declared.*
du consentement unanime, *by the unanimous consent.* père confesseur, *father
confessor.*

Grand pécheur, *great sinner.* [1]dévoré, *devoured.* beaucoup de moutons, *many
sheep.* coupables, *guilty.* même une fois, *nay once.* cas, *case.* berger, *shepherd.*
je me [1]sacrifierai donc, *I'll lay then down my life.* s'il le [46]faut, *if it must be.*
plus coupable, *most guilty.* [1]périsse, *should perish.* [1]avoua, *acknowledged.* meurtres, *murders.* [1]croquant, *eating.* moindre mal, *least evil.* d'avoir [1]mangé, *in
having eaten.* [1]justifie, *justifies.* selon, *according to.* casuistes, *casuists.* n'a point
de loi, *has no law.* ainsi [1]jugea, *thus judged.* [2]applaudi, *applauded.* de, *by.*
bêtes, *beasts.*

Tigre, *tiger.* léopard, *leopard.* ours, *bear.* semblables à celles, *like those.*
peccadilles, *venial sins.* me le [1]pardonne, *forgive it me.* fanfaron, *swaggering
fellow.* [57]fesait tant de bruit, *made so much noise.* tous les matins, *every
morning.* [1]éveillait, *awoke.* voisinage, *neighborhood.* [20]maudit, *cursed.* ne [1]lais-
sait pas [8]dormir, *did not let sleep.* [1]avançons, *let us go on.* tour, *turn.* [1]portant
des choux, *carrying cabbages.* feuilles, *leaves.* [40]mourais de faim, *was starving.*
larcin, *theft.* [1]espère, *hope.* [1]transporté de, *transported with.* zèle, *zeal.* colère,
anger. aussi énorme, *so enormous.* seul, *alone.* membres, *limbs.* coquin, *rascal.*
féroces, *fierce.* se [1]jetèrent, *threw themselves.* [24]mirent en pieces, *tore in pieces.*
[1]dévorèrent, *devoured.*

Tandis que d'autres, *whilst others.* [1]échappent quelquefois, *sometimes escape.*
[1]méritent, *deserve.* plus, *most.*

CXL. Meunier, *Miller.* Fils, *Son.* Âne, *Ass.*—Ne [1]manquait pas de pratiques,
did not want customers. [1]élevé, *brought up.* la mouture, *the toll.* [1]fournissait,
gave. moyens, *means.* [1]engraisser, *fatten.* bientôt las, *soon tired.* première foire,
first fair. [4]vendons, *let us sell.* maître Grison, *master Grizzle.* [20]suffisent, *suffice.*
farine, *flour.* grain, *corn.* tout-à fait, *quite.* inutile, *useless.* ne [57]fait que [32]braire,
does nothing but bray. [1]accompagnerai, *I'll accompany.* [8]consent, *consents.* se
[24]mettent en marche, *set out.*

Pour ne pas [1]fatiguer, *not to tire.* baudet, *ass.* [57]fuire [16]paraître frais, *make
appear fresh.* lui [1]lient les pieds, *tie his feet.* au travers d'une perche, *across a
pole.* [1]éclata de rire, *burst into laughter.* pauvres gens que vous êtes, *how silly
you are.* quelle farce [1]jouez-vous, *what farce are you acting.* plus, *most.*
[2]rougissant de, *blushing at.* [16]reconnais, *acknowledge.* [1]délie, *unties.* [15]conduit,
drives. bourrique, *ass.* [1]portée, *carried.* se [22]plaint, *complains.* patois, *gibberish.*
de ce qu'on, *that they.* [57]fesait [1]marcher, *made walk.* n'[1]écoute pas, *does not
listen to.* plaintes, *complaints.* [1]monte, *gets.*

Jeune étourdi, *heedless youth.* voyageur, *traveller.* [1]passait, *passed.* même chemin, *same way*. honteux, *ashamed*. ¹laisser ¹marcher, *let walk*. vieillard, *old man*. n'en ⁴⁹peut plus, *is quite spent*. ⁴descendez, *get down*. robuste, *robust*. à vous, *your turn*. à la barbe grise, *graybeard's*. ¹monter, *get upon*. ²⁴met pied à terre, *alights*. quelle barbarie, *what barbarity*. vieux pénard, *old dotard*. est assis, *sits*. évêque, *bishop*. ¹pense, *fancies*. bien sage, *very wise*. ¹⁸crut, *thought*. en croupe, *behind him*. se ²²plaignit, *complained*. à, *in*. tour, *turn*. ¹traiter ainsi, *use thus*. ⁸servi, *served*. ¹écrasez, *crush*. ¹avance, *go on*. ²obéit, *obeys*. ¹Rencontrent, *meet*. ¹trouve à gloser, *finds a fault*. n'en ⁴⁹peut plus, *is quite spent*. ¹ajoute, *adds*. doute, *doubt*. n'ont envie que de ⁴vendre, *have a mind to sell only*. peau, *skin*. parbleu, *oddsbodikins*. colère, *passion*. bien fou est celui, *he is a fool indeed*. ⁴prétend ²⁷plaire, *pretends to please*. en ⁴¹venir à bout, *bring it about*. ⁴descendent tous deux, *both alight*. ¹déchargé, *unloaded*. pesant fardeau, *heavy load*. ¹marche, *walks*. ¹dressant les oreilles, *pricking up his ears*. ¹charmé d'être, *pleased at being*. aise, *ease*. à peine avaient-ils ⁵⁷fait, *they had hardly made*. mille, *mile*. nouveau reproche, *new reproach*. mode, *fashion*. ¹voyage, *should travel*. ³⁵aille à pied, *should go afoot*. ¹rencontrés, *met*. ⁴prétendaient, *pretended*. ¹blâmez, *blame*. ¹louez, *praise*. ⁵⁵veux ⁵⁷faire désormais à ma tête, *I will henceforward be my own adviser*.

FINIS.

16

A VOCABULARY

Of over 2000 FRENCH NOUNS, with their signification in English, arranged by classes or groups of the same kind, and followed by a Vocabulary of the MOST USEFUL FRENCH ADJECTIVES.

This Vocabulary must be well learned by heart. The pupil should study a certain portion of it for each lesson, and when the whole has been committed to memory, begin and review it. Then, when studying the French verbs, and required by his teacher to compose *French sentences* with them, the learner will be able to do so, having acquired the most useful nouns and adjectives.

With regard to the gender of these nouns, let the pupil observe the determinative word placed before each noun. In doubtful cases, the gender is indicated by the italic letters *m.* (masculine), *f.* (feminine).

I.

UN HOMME, une femme, une famille, le père, la mère, l'enfant, un garçon, une fille, un fils, un fils unique, une fille, un frère, une sœur, un frère jumeau, une sœur jumelle, le grand-père, la grand'mère, le bisaïeul, la bisaïeule, un petit-fils, une petite-fille, l'oncle, la tante, un neveu, une nièce, un parrain, une marraine, le filleul, la filleule, un mari, une femme, un beau-père, une belle-mère, un beau-fils, *ou* gendre, une belle-fille, *ou* bru,   · un beau-frère, une belle-sœur, un parent, une parente, un proche parent, un parent éloigné, un cousin, une cousine,   [maine, un cousin germain, une cousine ger- un cousin issu de germain, un petit- une petite nièce, le tuteur,   [neveu, le *ou* la pupille, un ancien ami,

A MAN, a woman, a family, the father, the mother, the child, a boy, a girl, a son, an only son, a daughter, a brother, a sister, a twin brother, a twin sister, the grandfather, the grandmother, the great-grandfather, the great-grand- a grandson, a granddaughter, [mother, the uncle, the aunt, a nephew, a niece, a godfather, a godmother, the godson, the goddaughter, a husband, a wife, a father-in-law, a mother-in-law, a daughter-in-law, a brother-in-law, a sister-in-law, a relation, *m.*, a relation, *f.*, a near relation, a distant relation, a cousin, *m.*, a cousin, *f.*, a first cousin, *m.*, a first cousin, *f.*, a second cousin, a grand-nephew, a grand-niece, the guardian, the ward, an old friend.

II.

LE CORPS, la tête, le front, la figure, la peau, le teint, la barbe, les traits, *m.*, les yeux, *m.*, les sourcils, *m.*, les paupières, *f.*, le nez, la bouche, les lèvres, *f.*, une dent, les dents, les gencives, *f.*, le palais, la langue, le gosier, les joues, *f.*, les favoris, *m.*, les oreilles, *f.*

THE BODY, the head, the forehead, the skin, the complexion,   [face, the beard, the features, the eyes, the eyebrows, the eyelids, the nose, the mouth, the lips, a tooth, the teeth, the gums, the palate, the tongue, the throat, the cheeks, the whiskers, the ears,

(134)

le menton, le cou, les épaules, *f.*,
le dos, la taille, les membres, *m.*,
les bras, *m.*, le coude, la main,
les doigts, *m.*, le pouce, les ongles, *m.*,
les jambes, *f.*, le genou, le pied,
la cheville, le talon, la plante,
un orteil, l'épine du dos, la poitrine,
les poumons, *m.*, l'haleine, *f.*, le cœur,
l'estomac, *m.*, le foie, le sang, un os,
une artère, une veine, le pouls,
les nerfs, *m.*, les cheveux, *m.*,
frisés *ou* bouclés, nattés *ou* tressés,
la raie, une boucle, une torsade,
à la chinoise, des cheveux lisses,
une rousse, une blonde,
une brune,

the chin, the neck, the shoulders,
the back, the waist, the limbs,
the arms, the elbow, the hand,
the fingers, the thumb, the nails,
the legs, the knee, the foot,
the ankle, the heel, the sole,
a toe, the backbone, the chest,
the lungs, the breath, the heart, [bone,
the stomach, the liver, the blood, a
an artery, a vein, the pulse, .
the nerves, the hair,
curled, braided,
the parting, a curl, a rope,
brushed back, smooth hair, [lady,
a red-haired lady, a light, fair-haired
a dark-haired lady.

III.

UN ARCHITECTE, un fermier,
un jardinier, un arpenteur, un avoué,
un médecin, un meunier, un chirurgien,
un maître d'école, un précepteur,
une institutrice, un pharmacien,
un matelot, un banquier, un négociant,
un commerçant, un marchand,
un boulanger, un boucher, un épicier,
un papetier, un marchand de tabac,
un tailleur, une couturière,
une ouvrière, un chapelier,
une marchande de modes, un libraire,
un relieur, un graveur, un musicien,
un accordeur, un imprimeur, un orfèvre
un horloger, un joailler, un courtier,
un agent de change, un prêteur sur gage
un tapissier, un charpentier, un menui-
un vitrier, un peintre, un facteur, [sier,
un marchand de bas, un teinturier,
un bottier, un cordonnier, un coutelier,
un pâtissier, un confiseur, un tonnelier,
un coiffeur, un brasseur, un carossier,
un marchand de poisson, un serrurier,
un maçon, un couvreur, un colleur,
un sellier, un manufacturier,
un raffineur, un artisan, un tisserand,
un plombier, une blanchisseuse,
un ouvrier, un balayeur, un ramoneur,
une bonne, une nourrice,
une garde,

AN ARCHITECT, a farmer,
a gardener, a surveyor, a lawyer,
a physician, a miller, a surgeon,
a schoolmaster, a tutor,
an instructress, an apothecary,
a sailor, a banker, a merchant,
a tradesman, a shopkeeper,
a baker, a butcher, a grocer,
a stationer, a tobacconist,
a tailor, a dressmaker,
a seamstress, a hatter,
a milliner, a bookseller,
a bookbinder, an engraver, a musician,
a tuner, a printer, a goldsmith,
a watch or clockmaker, a jeweller, a
a stockbroker, a pawnbroker, [broker,
an upholsterer, a carpenter, a joiner,
a glazier, a painter, a postman,
a hosier, a dyer,
a bootmaker, a shoemaker, a cutler,
a pastry-cook, a confectioner, a cooper,
a hairdresser, a brewer, a coachmaker,
a fishmonger, a locksmith, [per-hanger,
a mason or bricklayer, a slater, a pa-
a saddler, a manufacturer,
a sugar-baker, a mechanic, a weaver,
a plumber, a laundress, [er,
a laborer, a sweeper, a chimney-sweep-
a child's nurse, a wet nurse,
a nurse for the sick.

IV.

LES SENS, *m.*, un sens, la vue, l'ouïe, *f.*,
l'odorat, *m.*, le goût, le toucher,
une sensation, le plaisir, une douleur,
une douleur vive, *ou* aiguë, des élance-
une maladie, le mal de tête, [ments, *m.*,
un rhume, une toux, un rhume de cer-
un rhume de poitrine, [veau,

THE SENSES, a sense, sight, hearing,
smelling, taste, feeling,
a sensation, pleasure, a pain,
a sharp pain, throbbings,
an illness, the headache,
a cold, a cough, a cold in the head,
a cold on the lungs,

une *ou* la fièvre, un accès de fièvre, — a fever, a fit of ague,
le frisson, le mal de gorge, — shivering, the sore throat,
le mal de dent, le mal de cœur, — the toothache, sickness (nausea),
une maladie, la fièvre scarlatine, — a disease, the scarlet fever,
la petite vérole, la rougeole, — the smallpox, the measles,[in the chest,
la coqueluche, une fluxion de poitrine, — the whooping-cough, an inflammation
la névralgie, la gourme, un compère- — neuralgia, the mumps, a sty,
des engelures, *f.*,   [loriot, — chilblains,
un point de côté, le mal de mer, — a stitch in the side, seasickness,
la migraine, une démangeaison, — the sick headache, an itching,
la goutte, le vertige, le mal du pays, — the gout, dizziness, home-sickness,
les humeurs noires, *f.*, une chute, — the blues, a fall,
une entorse, une égratignure, — a sprain, a scratch,
une brûlure, une coupure, une piqûre, — a burn, a cut, a prick,
une cicatrice, un remède, une pilule, — a scar, a remedy, a pill,
des pastilles, *f.*, une médecine, — lozenges, physic,
une potion, un gargarisme, un cata- — a mixture, a gargle, a poultice,
un vésicatoire, une saignée,   [plasme, — a blister, bleeding,
une incision, un emplâtre, — cupping, a plaster,
du taffetas d'Angleterre, de la charpie, — court-plaster, lint,
de l'onguent, une sangsue, — ointment, a leech,
du soulagement, du repos, le sommeil, — relief, rest, sleep,
une guérison, une rechute, l'agonie, *f.*, — a cure, a relapse, the death-pangs,
le râle, — the death-rattle.

V.

UN TROUSSEAU, une layette, — A SET of clothes, a set of baby's clothes,
la toilette, la coiffure, un nécessaire, — the dress, the head-dress, a dressing-
un peigne, une brosse, des ciseaux, *m.*, — a comb, a brush, scissors,   [case,
un rasoir, une brosse à barbe,   [lote, — a razor, a shaving-brush,
du savon, de la pommade, une papil- — soap, pomatum, a curl-paper,
un chapeau, la forme, le bord, la coiffe, — a hat, the crown, the brim, the lining,
une casquette, des habits, *m.*, un habit, — a cap (*as worn by boys*) clothes, a coat,
une redingote, un paletot,   [veste, — a great-coat,
une redingote courte, un gilet, une — a frock-coat, a waistcoat, a jacket,
le collet, les manches, *f.*, les pans, *m.*, — the collar, the sleeves, the coat-skirts,
une couture, un pli, la doublure, — a seam, a wrinkle, the lining,
les revers, *m.*, une poche, un bouton, — the facings, a pocket, a button,
des manchettes, *f.*, la boutonnière, — cuffs, the button-hole,
un pantalon, un caleçon, des bretelles, *f.* — pantaloons, drawers, suspenders,
le linge, une chemise, une chemisette, — the linen, a shirt, a shirt-bosom,
un col, un col, une cravate, un chapeau, — a collar, a stock, a cravat, a bonnet,
un chapeau de paille, une calotte, — a straw bonnet, a crown,
un bavolet, une ruche, une passe, — a cape, a ruche, front,
un tour de tête, des brides, *f.*, un nœud, — inside, strings, bow,
de la blonde, une plume, du laiton, — blonde-lace, feather, wire,
une forme, évasée, un voile à pois, — shape, open, spotted veil,
le tulle illusion, un rose tendre, — silk-tulle, delicate pink,
un vert pomme, un bonnet, — light green, a cap (*as worn by women*),
une camisole, une robe, — a woman's jacket, a gown,
une robe de bal, grande toilette — frock or dress, a party dress, full dress,
robe de ville, une jupe ample, — walking dress, a full skirt,
une robe simple, robe unie, — a plain dress, dress of one color,
robe de dessous, robe à raies, — under dress, striped dress,
robe écossaise, — } plaid dress,
robe à carreaux,
robe à disposition, robe à deux jupes, — pattern dress, double skirt,
robe à volants, robe à queue, — flounced dress, train dress,

robe à plis, robe à petit dessin, — tucked dress, small-pattern dress,
robe à grand dessin, un patron de robe, — large-pattern dress, a pattern (for cut-
un corsage montant, décolleté, — a high neck, low neck, [ting a dress),
la doublure, le corsage serré, — the lining, the tight body,
une robe de chambre, un peignoir, — a morning-dress, a loose dress,
des manches larges, *f.*, des manches — some wide sleeves, some open sleeves,
des garnitures, *f.*, [ouvertes, — some trimmings,
de la passementerie, —
un corsage plat, un corsage froncé, — a plain body, a fulled body,
l'entournure, *f.*, liséré, un lé, — the arm-hole, piping, a breadth,
une frange, effilé, bouillon, œillet, — a fringe, a small fringe, puff, an eyelet,
un jupon, un corset, les œillets, *m.*, — a petticoat, a corset, the holes,
le lacet, un fichu, un corps de fichu, — the lacing, a neck-kerchief, inside neck-
un nœud, une pélerine, une berthe, — a tie, a large cape, a small cape, [kerchief
une collerette, un tablier, une ceinture, — a collar, an apron, a belt,
un ruban, un cordon, un nœud, — a ribbon, a string, a knot,
une boucle, une agrafe, un crochet, — a buckle, a clasp, a hook,
une parure, un collier, un bracelet, — a set of jewels, a necklace, a bracelet,
une bague, une boucle d'oreille, — a ring, an ear-ring,
une écharpe, un châle, un manteau, — a scarf, a shawl, a cloak,
un amazône, un boa, un manchon, — a riding dress, a boa, a muff,
un voile, des bottes, *f.*, des guêtres, *f.*, — a veil, boots, gaiters,
des brodequins, *m.*, des souliers, *m.*, — laced boots, shoes, [made,
chaussures, *f.*, souliers tout faits, — all kinds of shoes, some shoes ready
des bottes vernies, bottines, *f.*, — patent leather boots, ladies' boots,
bottines à talons, des pantoufles, *f.*, — heeled boots, slippers, [chief,
des bas, *m.*, une jarretière, un mouchoir, — stockings *or* hose, a garter, a handker-
des gants, *m.*, un éventail, un flacon, — gloves, a fan, a smelling-bottle,
une lorgnette, des besicles, *f.*, — an opera-glass, spectacles,
une canne, un parapluie, une ombrelle, — a cane, an umbrella, a parasol,
une montre, une montre à répétition, — a watch, a repeater,
le cadran, les aiguilles, *f.*, — the dial, the hands,
le mouvement, le ressort, la chaîne, — the works, the spring, the chain,
un portefeuille, un crayon, une carte, — a pocket-book, a pencil, a card,
une bourse, de l'argent, de la monnaie. — a purse, some money, change.

VI.

UNE MAISON, la façade, la porte, — A HOUSE, the front, the door,
le numéro, le marteau, la sonnette, — the number, the knocker, the bell,
la clef, un loquet, le décrottoir, — the key, a latch, the scraper,
une marche, le vestibule, — a step, the hall *or* entry,
le rez-de-chaussée, la salle, un mur, — the ground floor, the parlor, a wall,
une cloison, l'escalier, la rampe, — a partition, the stairs, the banisters,
les marches, *f.*, un étage, — the steps, a story,
un appartement, une chambre, [vant, — a suite of rooms, a room,
une chambre meublée, la chambre de de- — a furnished room, the front room,
la chambre du fond, une serrure, — the back room, a lock,
le trou de serrure, un verrou, un gond, — the key-hole, a bolt, a hinge,
la fenêtre, le chassis, un carreau de — the window, the sash, a pane of glass,
un rideau, un gland, le volet, [vitre, — a curtain, a tassel, the shutter,
une jalousie, un balcon, le salon, — a blind, a balcony, the drawing-room,
le plafond, la tenture, la cheminée, — the ceiling, the paper, the chimney,
l'âtre, *m.*, le plancher, [toilette, — the hearth, the floor,
une chambre à coucher, un cabinet de — a bed-room, a dressing-room,
un cabinet, une armoire, la salle à man- — a closet, the dining room,
la chambre des enfants, [ger, — the nursery,
une bibliothèque, un grenier, — a library, a garret,
une mansarde, le toit, une poutre, — an attic, the roof, a beam,

16 *

une solive, une plate-forme, — a joist, a platform,
une gouttière, un tuyau, un égout, — a spout, a pipe, a drain,
des réparations, *f.*, une pierre, — repairs, a stone,
une brique, une ardoise, de la chaux, — a brick, a slate, lime,
du mortier, du ciment, du plâtre, — mortar, cement, plaster,
de la peinture, un échafaud, [tions, *f.*, — paint, a scaffold,
⊤ une planche, les frais, *m.*, les imposi- — a board, the expense, the taxes,
le loyer, les locataires, *m.*, — the rent, the tenants,
le quartier, un voisin, — the neighborhood, a neighbor.

VII.

LE MOBILIER, un meuble, — THE FURNITURE, a piece of furniture,
les pincettes, *f.*, la pelle, le tisonnier, — the tongs, the shovel, the poker,
le soufflet, le garde-cendre, le fourneau, — the bellows, the fender, the grate,
les chenets, *m.*, une poilette, — andirons, a hod,
le coin du feu, un écran, un calorifère, — the fireside, a screen, a furnace,
la bouche de chaleur, une table, — the register, a table,
une chaise, un fauteuil, un sofa, — a chair, an arm-chair, a sofa,
un coussin, un tabouret, l'armoire, *f.*, — a cushion, a stool, the cupboard,
les tablettes, *f.*, la commode, un tiroir, — the shelves, the bureau, a drawer,
une bibliothèque, les rayons, *m.*, — a book-case, the shelves,   [er,
une toilette, un lavabo, le pot à l'eau, — a toilet-table, a wash-stand, the pitch-
la cuvette, une serviette, un miroir, — the basin, a towel, a looking-glass,
un lit, le bois de lit, une paillasse, — a bed, the bed-stead, a straw bed,
un matelas, un lit de plume, un oreiller, — a mattress, a feather bed, a pillow,
la taie d'oreiller, le traversin, — the pillow-case, the bolster,
des draps, *m.*, un drap, une couverture, — sheets, a sheet, a blanket,
le couvre-pied, le rideau, — the coverlet, the curtain,
des tableaux, *m.*, un tableau, le cadre, — pictures, a picture, the frame,
le verre, la gravure, une pendule, — the glass, the print, a house-clock,
un vase, un chandelier, une chandelle, — a vase, a candlestick, a candle,
une bougie, la mèche, des mouchettes, *f.*, — a wax candle, the wick, snuffers,
un éteignoir, un lustre, un bec-de-gaz, — an extinguisher, a chandelier, a gas-
une lampe, de la porcelaine, — a lamp, china,   [burner,
un service de porcelaine, une statue, — a set of china, a statue,
le piédestal, un ornement, la dorure, — the pedestal, an ornament, the gilding,
le tapis, le buffet, le plateau, — the carpet, the sideboard, the waiter,
une tasse et la soucoupe, un bol, — a cup and saucer, a bowl,
le sucrier, les pinces à sucre, *f.*, — the sugar bowl, the sugar tongs,
la théière, la cafetière, l'argenterie, *f.*, — the tea pot, the coffee pot, the silver,
l'huilier, la burette à l'huile, — the cruet-stand, the oil cruet,
la poivrière, le moutardier, — the pepper-box the mustard-pot,
un saladier, une carafe, la cuisine, — a salad-dish, a decanter, the kitchen,
la batterie de cuisine, le four, la salière, — kitchen utensils, the oven, the salt-cel-
un fourneau, une bouilloire, — a range, a kettle,   [lar,
une casserole, la cave, un baril, — a sauce-pan, the cellar, a cask,
un baquet, un seau, un balai, — a tub, a pail, a broom,
un trépied, un fer à repasser, un gril, — a trevet, a flat-iron, a gridiron,
un séchoir, un hachoir, — a clothes-horse, a chopping-knife,
une coquetière, — an egg-boiler.

VIII.

LES REPAS, un repas, le déjeûner, — THE MEALS, a meal, breakfast,
une collation, *ou* un goûter, le dîner, — a luncheon, dinner,
le thé, le souper, un service, — tea, supper, a course (at dinner),
le dessert, la nappe, une serviette, — the dessert, the table-cloth, a napkin,
une cuillère, une fourchette, un cou- — a spoon, a fork, a knife,
du pain, du pain tendre, *ou* frais, [teau, — bread, new bread,

du pain rassis, du pain de ménage, — stale bread, home-made bread,
un pain, l'entame, f., de la croûte, — a loaf, the first cut, crust,
de la mie, un morceau de pain, — crumb, a piece of bread,
une tartine, une bouchée, — a slice of bread, a mouthful,
des petits-pains, m., du thé, du café, — rolls, tea, coffee,
du chocolat, du lait, de la crême, — chocolate, milk, cream,
du beurre, du fromage, du vermicelle, — butter, cheese, vermicelli,
du riz, un œuf, la coque, le blanc, — rice, an egg, the shell, the white,
le jaune, un œuf à la coque,   [plat, — the yolk, a boiled egg,
des œufs brouillés, m., des œufs sur le — scrambled eggs, dropped eggs,
des œufs pochés, des œufs frits, — poached eggs, fried eggs,
œufs au lait, des œufs durs, — custards, hard-boiled eggs,
des œufs à la neige, un coquetier, — floating-island, an egg-cup,
un plat, une assiette, une soupière, — a dish, a plate, a soup-tureen,
de la soupe, du bouillon, de la viande, — soup, beef-soup, meat,   [steak,
du bœuf, du rôti, du bouilli, un biftek, — beef, roast beef, boiled beef, a beef-
du veau, une côtelette de veau, — veal, a veal-cutlet,
la viande rouge, la viande bien cuite, — rare meat, well-done meat,
du hâchis, un grand dîner, du mouton, — mince-meat, a dinner party, mutton,
une côtelette de mouton, un gigot de — a mutton chop, a leg of mutton,
de l'agneau, m., du porc,   [mouton, — lamb, pork,
du lard, du jambon, — salt pork, ham,
une tranche de jambon, du gras, — a slice of ham, fat,
du maigre, du jus, de la sauce, — lean, gravy, made gravy,
une étuvée, ou un ragoût, des légumes, — a stew, vegetables,
un chou, un navet, une carotte, — a cabbage, a turnip, a carrot,
un chou-fleur, un artichaut, — a cauliflower, an artichoke,
des asperges, f., des épinards, m., — asparagus, spinach,
des haricots verts, m., des pois, m., — string beans, peas,
des petits-pois, m., du sel, du poivre, — green peas, salt, pepper,
de la moutarde, des épices, f., — mustard, spices,
des cornichons, m., une bouteille, — pickles, a bottle,
le bouchon, un tire-bouchon, — the stopper, a corkscrew,
un verre, du vin, de la bière, une carafe, — a tumbler, wine, beer, a decanter,
du porter, de l'aile, du cidre, de l'eau, — porter, ale, cider, water,
un hors d'œuvre, un concombre, — a side-dish, a cucumber,
des radis, m., du cresson, une salade, — radishes, water-cress, a salad,
de la laitue, un pied de céléri, — lettuce, a head of celery,
un oignon, du persil, de l'oseille, — an onion, parsley, sorrel,
de l'huile, du vinaigre, une volaille, — oil, vinegar, a fowl,
du gibier, du poisson, une pâte, — game, fish, a meat pie,
une tourte, une tarte, une pomme, — a pie, a tart, an apple,
une poire, des cerises, f.,   [quereau, — a pear, some cherries,
des groseilles, f., des groseilles à ma- — currants, gooseberries,
une pêche, un abricot, une prune, — a peach, an apricot, a plum,
des fraises, f., des framboises, f., — strawberries, raspberries,
des noix, m., le casse-noisette, — walnuts, the nut-crackers,
du raisin, des bonbons, m., du sucre, — grapes, sweetmeats, some sugar,
des dragées, une praline, du miel, — sugar-plums, a burnt almond, honey,
des compotes, f., des confitures, f., — stewed fruit, preserves,
une gelée, un gâteau, des glaces, f., — a jelly, a cake, ice-cream,
des beignets, m., des crêpes, f., — fritters, pancakes,
de la purée de pommes de terre, — mashed potatoes,
des patates, f., de la sauce, des rô- — sweet potatoes, gravy, toast,
de la compote de pommes,   [ties, m., — apple-sauce.

IX.

Un ANIMAL, une bête,   [vache, — AN ANIMAL, a beast,
des quadrupèdes, m., un bœuf, une — quadrupeds, an ox, a cow,

un veau, un bélier, un mouton,	a calf, a ram, a sheep,
un agneau, un bouc, une chèvre,	a lamb, a he-goat, a she-goat,
un cheval, une jument, un poulain,	a horse, a mare, a colt,
un âne, un chien, un chat, un renard,	an ass, a dog, a cat, a fox,
un cerf, un daim, une biche, un faon,	a stag, a deer, a kid, a fawn,
un loup, un sanglier, un cochon,	a wolf, a wild boar, a hog,
un lièvre, un lapin, un chien de chasse,	a hare, a rabbit, a hound,
un épagneul, un basset,	a spaniel, a terrier,
un chien d'arrêt, un Terre-neuve,	a setter, a Newfoundland,
un taureau, un lion, une lionne,	a bull, a lion, a lioness,
un tigre, une tigresse, un léopard,	a tiger, a tigress, a leopard,
un éléphant, un chameau, une girafe,	an elephant, a camel, a giraffe,
un ours, un singe, un castor,	a bear, a monkey, a beaver,
un oiseau, un moineau, une alouette,	a bird, a sparrow, a lark,
une hirondelle, un rossignol, un serin,	a swallow, a nightingale, a canary,
un rouge-gorge, un merle,	a robin, a blackbird,
un perroquet, un paon, un corbeau,	a parrot, a peacock, a raven,
une corneille, un hibou,	a crow, an owl,
une chauve-souris, un coq, une poule,	a bat, a cock, a hen,
un poulet, un pigeon, une colombe,	a chicken, a pigeon, a dove,
une tourterelle, un dindon, ou une dinde	a turtle-dove, a turkey,
un canard, un cygne,	a duck, a swan,
une perdrix, une bécasse,	a partridge, a woodcock,
une bécassine, une caille,	a snipe, a quail,
uno autruche, une mouette,	an ostrich, a gull,
un aigle, une oie, un poisson,	an eagle, a goose, a fish,
une baleine, un requin, une morue,	a whale, a shark, a cod,
une raie, un saumon, un brochet,	a skate, a salmon, a pike,
une merluche, un éperlan, une truite,	a haddock, a smelt, a trout,
une perche, une anguille,	a perch, an eel,
un maquereau, un hareng, une alose,	a mackerel, a herring, a shad,
un homard, une crevette, une huître,	a lobster, a shrimp, an oyster,
des insectes, des reptiles, une mouche,	insects, reptiles, a fly,
une abeille, une guêpe, une sauterelle,	a bee, a wasp, a grasshopper,
une couturière, un papillon,	a lady-bird, a butterfly,
une demoiselle, un moustique,	a dragon-fly, a mosquito,
une teigne, un escarbot, un limaçon,	a moth, a beetle, a snail,
un serpent, une chenille, un ver,	a snake, a caterpillar, a worm,
un lézard, une souris, une taupe,	a lizard, a mouse, a mole,
un crapaud, une grenouille,	a toad, a frog,
une araignée, une punaise, une puce,	a spider, a bed-bug, a flea,
un perce-oreille, une fourmi,	an earwig, an ant,
un grillon, une sangsue,	a cricket, a leech.

X.

LES ARBRES, un arbre, un chêne,	TREES, a tree, an oak,
un orme, un tilleul, un frêne, un pin,	an elm, a linden, an ash, a pine,
un sapin, un noyer, un marronnier,	a fir, a walnut, a chestnut,
un bouleau, un peuplier, un saule,	a birch, a poplar, a willow,
un saule pleureur, un hêtre, un érable,	a weeping willow, a beech, a maple,
un pommier, un poirier, un pêcher,	an apple tree, a pear tree, a peach tree,
un prunier, un cérisier, un mûrier,	a plum tree, a cherry tree, a mulberry
des arbrisseaux, m., un sureau,	shrubs, an elder, [tree,
une aubépine, un groseiller,	a hawthorn, a currant bush,
un figuier, un oranger, un fraisier,	a fig tree, an orange tree, a strawberry
un framboisier, de la fougère,	a raspberry bush, fern, [vine,
de mauvaises herbes, f., un chardon,	weeds, a thistle,
des orties, f., une épine, une liane,	nettles, a thorn, a creeper,

in lierre, de l'herbe, *f.*, ivy, grass,
de la mousse, des fruits, *m.*, moss, fruits,
des melons d'eau, du cassis, water-melons, black currants,
des ananas, *m.*, des mûres, une orange, pine apples, mulberries, an orange,
un citron, une figue, un marron, a lemon, a fig, a chestnut,
une amande, des fleurs, une rose, an almond, flowers, a rose,
un œillet, un œillet de poëte, un soleil, a pink, a sweet William, a sunflower,
un myrte, une jacinthe, une tulipe, a myrtle, a hyacinth, a tulip,
un lis, un muguet, du lilas, a lily, a lily of the valley, lilac,
un géranium, un pavot, un souci, a geranium, a poppy, a marigold.
une violette, un chèvrefeuille, a violet, a honeysuckle,
des pois de senteur, *m.*, un bouton d'or, sweet peas, a buttercup,
une belle de jour, une campanule, a morning glory, a bluebell,
un églantier odorant, ne m'oubliez pas, a sweetbrier, forget-me-not,
une pivoine, une rose mousseuse, a piony, a moss rose,
une rose des quatre saisons, [rite, a monthly rose,
une rose trémière, une reine margue- a hollyhock, a china-aster,
un héliotrope, des pommes de terre,*f.*, a heliotrope, potatoes,
des poireaux, *m.*, des haricots, *m.*, leeks, beans,
une citrouille, des betteraves, *f.*, a pumpkin, beets,
des panais, *m.*, du raifort, des pois, *m.*, parsnips, horseradish, peas,
des tomates, *f.*,, des champignons, *m.*, tomatoes, mushrooms,
des concombres, *m.*, cucumbers.

XI.

LE TEMPS, (of the clock) l'heure, TIME,
une heure, une demi-heure, an hour, half an hour,
un quart d'heure, une minute, a quarter of an hour, a minute,
un jour, le matin, midi, a day, the morning, noon,
l'après-midi, *f.*, le soir, la nuit, the afternoon, the evening, the night,
minuit, aujourd'hui, ce matin, midnight, to-day, this morning,
cette après-midi, ce soir, cette nuit, this afternoon, this evening, to-night,
hier, avant-hier, yesterday, day before yesterday,
demain, après-demain, to-morrow, day after to-morrow,
tous les jours, tous les deux jours, every day, every other day,
il y a quelques jours, dans quelques a few days ago, in a few days,
le matin, une semaine, [jours, in the morning, a week,
lundi, mardi, mercredi, Monday, Tuesday, Wednesday,
jeudi, vendredi, samedi, [dernière, Thursday, Friday, Saturday,
dimanche, cette semaine, la semaine Sunday, this week, last week,
la semaine prochaine, d'aujourd'hui next week, this day week,
d'aujourd'hui en quinze, [en huit, this day fortnight,
de demain en huit, il y a huit jours, to-morrow week, a week ago,
dans huit jours, lundi, mardi, etc., in a week, on Monday, on Tuesday, &c.
c'est aujourd'hui lundi, to-day is Monday,
c'est aujourd'hui mardi, etc., to-day is Tuesday, &c.,
c'était hier lundi, etc., yesterday was Monday, &c.,
c'est demain, un mois, to-morrow will be, a month,
janvier, février, mars, avril, January, February, March, April,
mai, juin, juillet, août, May, June, July, August,
septembre (*ou* 7bre), octobre (*ou* 8bre), September, October,
novembre (*ou* 9bre), décembre (*ou* November, December,
le premier, le deux, [10bre, on the first, on the second,
le trois mai, le cinq janvier, on the third May, the fifth of January,
5 mai, 16 juin, 1 *ou* 1er janvier, May 5th, June 16th, January 1st,
une saison, le printemps, l'été, *m.*, a season, spring, summer,
l'automne, *m.*, l'hiver, *m.*, un an, autumn, winter, a year,
une année, cette année, a twelvemonth, this year,
l'année dernière, l'année prochaine, last year, next year.

XII.

Le temps, la chaleur, le froid,
le ciel, le soleil, un rayon de soleil,
la lune, le clair de lune, une étoile,
l'air, m., le vent, un nuage, la pluie,
une averse, une goutte d'eau,
la neige, un flocon de neige, la grêle,
un grêlon, un orage, un ouragan,
un coup de vent, un éclair,
le tonnerre, un coup de tonnerre,
un arc-en-ciel, la gelée, la glace,
un morceau de glace, un glaçon,
une gelée blanche, le dégel,
le brouillard, la bruine, la rosée,
l'aurore, m., le point du jour,
le lever du soleil, le coucher du soleil,
la lumière, l'horizon, l'atmosphère, f.,
l'obscurité, f., la sécheresse,
l'humidité, f., de la boue,
de la poussière, le beau temps,
le mauvais temps, le temps sec,
le temps pluvieux, un ciel clair,
un soleil brûlant, un air piquant,
une forte gelée, une girouette,
les points cardinaux, m., l'est,
l'ouest, le sud, le nord,

The weather, heat, cold,
the sky, the sun, a sunbeam,
the moon, moonlight, a star,
the air, the wind, a cloud, the rain,
a shower, a drop of rain,
the snow, a flake of snow, the hail,
a hailstone, a storm, a hurricane,
a gust of wind, a flash of lightning,
the thunder, a clap of thunder,
a rainbow, the frost, the ice,
a piece of ice, an icicle,
a hoar frost, the thaw,
the fog, the mist, the dew,
the dawn, the break of day,
the sunrise, the sunset,
the light, the horizon, the atmosphere,
the darkness, the drought,
the dampness, mud,
dust, fine weather,
bad weather, dry weather,
wet weather, a clear sky,
a scorching sun, a keen air,
a hard frost, a vane,
the cardinal points, East,
West, South, North.

XIII.

Fêtes, et principales époques de
l'année,   [grâces,
le jour de l'an, le jour des actions de
le jour de jeûne, le jour de Noël,
la veille de Noël, le jour des Rois,
le Carnaval, le Mardi-gras,
le Mercredi des cendres, le Carême,
la Mi-carême, la Bonne-dame,
les Quatre-temps, la Semaine-sainte,
le Dimanche des rameaux,
le Vendredi-saint, Pâques,
le jour de Pâques, la Pentecôte,
le jour de la Pentecôte, la Trinité,
la Fête-Dieu, la Saint-Jean,
la Saint-Michel, la Toussaint,
le jour des Morts, un jour de fête,
un jour gras, un jour maigre,
un jour de jeûne, un jour de naissance,
un jour ouvrier, un congé,
un demi congé, les vacances, f.,
les vacances de Noël,

Festivals, and remarkable days of
the year,
New-year's day, Thanksgiving day,
Fast-day, Christmas-day,
Christmas-eve, Twelfth-night,
Carnival, Shrove-Tuesday,
Ash-Wednesday, Lent,
Mid-lent, Lady-day,
Ember-week, Passion-week,
Palm-Sunday,
Good-Friday, Easter,
Easter-Sunday, Whitsuntide,
Whit-Sunday, Trinity,
Corpus-Christi day, Midsummer,
Michaelmas, All Saints day,
All Souls day, a festival day,
a meat day, a fish day,
a fast day, a birth day,
a working day, a holiday,
a half-holiday, the vacation,
Christmas holidays.

XIV.

La Géographie, l'Angleterre,
Londres, le pays de Galles, l'Écosse,
Édinbourg, l'Irlande, Dublin, la France,
Paris, la Suisse, Genève, l'Italie,
Rome, Gênes, la Sicile, la Sardaigne,
Turin, l'Allemagne, l'Autriche, Vienne,

Geography, England,
London, Wales, Scotland,
Edinboro', Ireland, Dublin, France,
Paris, Switzerland, Geneva, Italy,
Rome, Genoa, Sicily, Sardinia,
Turin, Germany, Austria, Vienna,

la Prusse, la Belgique, la Hollande,	Prussia, Belgium, Holland,
Berlin. la Russie, le Danemarck,	Berlin, Russia, Denmark,
la Suède, la Norvège, la Laponie,	Sweden, Norway, Lapland,
la Pologne, la Hongrie, la Grèce,	Poland, Hungary, Greece,
l'Archipel, la Turquie, l'Espagne,	the Archipelago, Turkey, Spain,
le Portugal, la Chine, le Japon,	Portugal, China, Japan,
la Perse, les Indes orientales,	Persia, the East Indies,
les Indes occidentales, le Mexique,	the West Indies, Mexico,
la Jamaïque, Saint-Domingue, [nées,	Jamaica, St. Domingo,
les États-Unis, le Canada, les Pyré-	United States, Canada, the Pyrenees,
les Alpes, les Apennins, le Danube,	the Alps, the Apennines, the Danube,
le Rhin, le Rhône, la Seine,	the Rhine, the Rhone, the Seine,
la Loire, le Tage, le Pô,	the Loire, the Tagus, the Po,
la Tamise, la Méditerranée,	the Thames, the Mediterranean,
l'Europe, l'Asie, l'Afrique, l'Amérique,	Europe, Asia, Africa, America,
un état, un empire, un royaume,	a state, an empire, a kingdom,
une république, un pays étranger,	a republic, a foreign country,
un pays, le pays natal, une mer,	a country, the native country, a sea,
un continent, un océan, une île,	a continent, an ocean, an island,
une presqu'île, un isthme, un détroit,	a peninsula, an isthmus, a strait,
une montagne, une colline, une vallée,	a mountain, a hill, a valley,
une rivière, un port de mer, un golfe,	a river, a seaport, a gulf.

XV.

LA LOI, un juge, un avoué,	THE LAW, a judge, an attorney,
un conseiller, un tribunal, une cour,	a counsellor, a tribunal, a court,
un procès, un jugement, le jury,	a lawsuit, a trial, the jury,
un juré, un commis, une enquête,	a juryman, a clerk, an inquest,
un témoin, une déposition, un rapport,	a witness, testimony, a verdict,
une amende, un jugement, le maire,	a fine, a sentence, the mayor,
un shérif, la police, un commissaire,	a sheriff, the police, a constable,
l'armée, f., un régiment, un bataillon,	the army, a regiment, a battalion,
une brigade, une compagnie, la ligne,	a brigade, a company, the line,
un escadron, l'infanterie, f.,	a squadron, the infantry,
la cavalerie, la garde du corps,	the cavalry, the life-guards,
la garde à cheval, des lanciers,	the horse-guards, lancers,
des dragons, l'état-major, un général,	dragoons, the staff, a general,
les officiers, un colonel, un major,	the officers, a colonel, a major,
un capitaine, un lieutenant, un sergent,	a captain, a lieutenant, a sergeant,
un caporal, les soldats, les armes, f.,	a corporal, the soldiers, the arms,
un fusil, le canon, la détente,	a gun, the barrel, the trigger,
la baguette, la baïonnette, la charge,	the ramrod, the bayonet, the charge,
une cartouche, de la poudre, une balle,	a cartridge, powder, a bullet,
un sabre, une épée, une lance,	a sabre, a sword, a lance,
l'artillerie, f., un canon, un boulet,	the artillery, a cannon, a cannon-ball,
un mortier, une bombe, le drapeau,	a mortar, a bomb, the flag,
la caserne, le tambour, un tambour,	the barracks, the drum, a drummer,
les baguettes de tambour, f., une trom-	the drumsticks, a trumpet,
un trompette, la garnison, [pette,	a trumpeter, the garrison.
une sentinelle, ou un factionnaire,	a sentinel,
un poste, un camp, un retranchement,	a post, a camp, an intrenchment,
un combat, une bataille, un siége,	a fight, a battle, a siege,
une attaque, une sortie, un armistice,	an attack, a sortie, a truce,
un traité, la marine, un marin,	a treaty, the navy, a seaman,
un matelot, un mousse, le vaisseau,	a sailor, a cabin boy, the ship,
le pont, la cabine, un mât,	the deck, the cabin, a mast,
le grand mât, le mât de misaine,	the main-mast. the mizzen-mast,
les cordages, m., une corde,	the ropes, a rope,

une voile, le gouvernail, un bateau,	a sail, the rudder, a boat,
une rame, un rameur, une ancre,	an oar, a rower, an anchor,
un bateau à vapeur, un paquebot,	a steamboat, a packet,
une flotte, un vaisseau de guerre,	a fleet, a man-of-war,
l'amiral, l'équipage, m.,	the admiral, the crew,
un vaisseau marchand, la cargaison,	a merchant ship, the cargo,
les passagers, m.,	the passengers,
le voyage, ou la traversée, un rocher,	the voyage, a rock,
un naufrage, un corsaire,	a shipwreck, a privateer,
une prise, le butin, l'esclavage, m.,	a capture, the booty, slavery,
un esclave, la rançon, la liberté,	a slave, the ransom, liberty.

XVI.

Dieu, le Tout-Puissant, le Créateur,	God, the Almighty, the Creator,
la création, l'univers, m., le ciel,	the creation, the universe, heaven,
l'enfer, m., un être, une créature,	hell, a being, a creature,
un ange, le monde, le ciel,	an angel, the world, the sky, [earth,
les astres, une planète, la terre,	the heavenly bodies, a planet, the
le monde, une religion, une croyance,	mankind, a religion, a belief,
un préjugé, une erreur, les païens, m.,	a prejudice, an error, heathens,
le paganisme, un culte, une divinité,	heathenism, a worship, a divinity,
une déesse, les anciens,	a goddess, the ancients,
les Égyptiens, les Grecs,	the Egyptians, the Greeks,
les Romains, les Juifs, les Hébreux,	the Romans, the Jews, the Hebrews,
les Gentils, un prophète,	the Gentiles, a prophet,
une prophétie, le Christ,	a prophecy, Christ,
Jésus-Christ, un apôtre,	Jesus Christ, an apostle,
l'évangile, f., la foi, les Chrétiens,	the gospel, faith, the Christians,
le Christianisme, le Saint-Esprit,	Christianity, the Holy Ghost,
la Trinité, un saint, un disciple,	the Trinity, a saint, a disciple,
un croyant, l'église, f.,	a believer, the church,
un sacrement, le baptême,	a sacrament, baptism,
la confession, la communion,	confession, communion,
la confirmation, les Catholiques,	confirmation, the Catholics,
le pape, les évêques, les prêtres,	the pope, bishops, priests,
un ecclésiastique, le clergé,	a clergyman, the clergy,
un couvent, un moine, une religieuse,	a convent, a monk, a nun,
une secte, les Protestants,	a sect, the Protestants,
un pécheur, une pécheresse,	a sinner, m., a sinner, f.,
un péché, la conversion, l'office, m.,	a sin, the conversion, the service,
la Bible, un chapître, un psaume,	the Bible, a chapter, a psalm,
une hymne, une prière,	a hymn, a prayer,
un livre de prières, la messe,	a prayer-book, mass,
la grand'messe, la messe basse,	high mass, low mass,
les vêpres, f., un sermon,	vespers, a sermon,
le prédicateur, la bénédiction,	the preacher, the benediction,
une église, le clocher, une cloche,	a church, the steeple, a bell,
le portail, une tour, le chœur,	the portico, a tower, the choir,
la sacristie, les piliers, m.,	the vestry, the pillars,
les bancs, m., l'autel, m., la chaire,	the pews, the altar, the pulpit,
une chapelle, une croix, un lustre,	a chapel, a cross, a chandelier,
l'orgue, f., les tuyaux, m.,	the organ, the pipes,
le clergé, les marguilliers, m.,	the clergy, the church-wardens,
la paroisse, les paroissiens, m.,	the parish, the parishioners,
un mariage, un baptême,	a wedding, a christening,
un enterrement, un cimetière,	a funeral, a cemetery,
une fosse, une tombe, le cercueil,	a grave, a tomb, the coffin,
une procession.	a procession.

XVII.

Un college, une école, un externat,
A college, a school, a day-school,

un pensionnat, le maître de pension,
a boarding-school, the schoolmaster,

la maîtresse de pension,
the schoolmistress,

une sous-maîtresse, un élève,
a female teacher, a pupil, [room,

un écolier, une écolière, la classe,
a school-boy, a school-girl, the school-

un pupitre, un banc, une carte,
a desk, a form, a map,

un globe, un tableau, un dictionnaire,
a globe, a blackboard, a dictionary,

une grammaire, une leçon, la lecture,
a grammar, a lesson, reading,

l'écriture, l'orthographe, f.,
writing, spelling,

une dictée, une traduction, une faute,
a dictation, a translation, a mistake,

un brouillon, le calcul, la somme,
a rough copy, ciphering, the sum,

une règle, une erreur,
a sum (problem), a mistake (in a sum),

un zéro, le grec, le latin, le français,
a nought, Greek, Latin, French,

l'italien, m., l'allemand, m.,
Italian, German,

du papier, une main de papier,
paper, a quire of paper,

une feuille de papier,
a sheet of paper,

du papier à lettre, papier à lettre,
letter paper, note paper,

petit format, grand format,
small size, large size,

papier brouillard,
curl paper,

du papier doré sur tranche,
gilt edged paper,

du papier buvard, de l'encre,
blotting paper, ink,

l'encrier, m., une plume,
the inkstand, a pen,

une plume d'acier, ou une plume
métallique,
} a steel pen,

un canif, de la gomme élastique,
a penknife, India-rubber,

un crayon, un porte-crayon,
a pencil, a pencil-case,

une règle, une ardoise,
a ruler, a slate,

un crayon d'ardoise,
a slate-pencil,

de la cire à cacheter,
sealing wax,

un pain à cacheter, un carton,
a wafer, a portfolio,

un pinceau, des crayons, m.,
a paint-brush, crayons,

des couleurs, f., l'écriture, f.,
paints, writing,

une ligne, un trait, un plein,
a line, a stroke, a down stroke,

un délié, la ponctuation, un chapitre,
an up stroke, punctuation, a chapter,

une page, un paragraphe, une ligne,
a page, a paragraph, a line,

une phrase, un mot, une syllabe,
a sentence, a word, a syllable,

une lettre, une voyelle,
a letter, a vowel,

une consonne, un point, deux points,
a consonant, a period, a colon,

point et virgule, point d'interrogation,
a semicolon, a note of interrogation,

point d'exclamation,
a note of exclamation,

des guillemets, m,, un trait d'union,
quotation marks, a hyphen,

une parenthèse, un tréma,
a bracket, a diæresis,

un trait ou un tiret,
a dash.

XVIII.

Un outil, un marteau, un maillet,
A tool, a hammer, a mallet,

une vrille, un rabot, des tenailles, f.,
a gimlet, a plane, pincers,

un ciseau, une vis, un tourne-vis,
a chisel, a screw, a screw-driver,

un clou, une cheville, une enclume,
a nail, a peg, an anvil,

une boîte à ouvrage, le couvercle,
a work-box, the lid,

le dedans, le fonds, une pelote,
the inside, the bottom, a pin-cushion,

une épingle, un étui, une aiguille,
a pin, a needle-case, a needle,

une aiguille à tapisserie,
a worsted needle,

une aiguille à repriser,
a darning needle,

un paquet d'aiguilles, du fil,
a paper of needles, thread,

un peloton de fil, un écheveau de fil,
a ball of thread, a skein of thread,

une bobine de fil, une aiguillée,
a spool of thread, a needleful,

17

un dé, une paire de ciseaux, a thimble, a pair of scissors,
un passe-lacet, une coulisse, a bodkin, bobbin,
une ganse, un ruban de fil, a cord. a tape,
un galon, des agrafes et portes, *f.*, a braid, the hooks and eyes,
les boutons, *m.*, un peloton de laine, the buttons, a ball of yarn,
un cure dent, une tabatière, un pied, a toothpick, a snuff-box, a foot,
un pouce, une toise, un mètre, an inch, a fathom, a yard,
un mille, une lieue, une livre, a mile, a league, a pound,
une once, un boisseau, un gallon, an ounce, a bushel, a gallon,
une pinte, une table à jouer, a pint, a card table,
un jeu de cartes, les figures, *f.*, a pack of cards, the court cards,
l'as, le roi, la reine, le valet, the ace, the king, the queen, the knave,
un cœur, un carreau, un trèfle, a heart, a diamond, a club,
un pique, un atout, a spade, a trump,
une partie de cartes, les dames, *f.*, a game of cards, checkers,
le damier, un pion, une dame, the checker-board, a man, a king,
les échecs, *m.*, l'échiquier, *m.*, chess, the chess-board,
le roi, la reine, une tour, the king, the queen, a castle,
un cavalier, un fou, un pion, a knight, a bishop, a pawn,
les billards, *m.*, un billard, billiards, a billiard-table,
les billes, *f.*, une queue, la masse, the balls, a cue, the mace,
un carambolage, les blouses, *f.*, a carom, the pockets,
un raccroc, a scratch.

XIX.

LA CAMPAGNE, un champ, une prairie, THE COUNTRY, a field, a meadow,
une haie, une clotnre, un fossé, a hedge, a fence, a ditch,
un marais, un étang, un ruisseau, a marsh, a pond, a brook,
une fontaine, un puits, un abreuvoir, a fountain, a well, a watering-trough,
une colline, un village, un paysan, a hill, a village, a peasant,
une charrue, le soc, un moulin à vent, a plough, the ploughshare, a windmill,
les ailes, la meule, une ferme, the sails, the grindstone, a farm, [tle]
une écurie, une étable, a stable (for horses), a stable (for cat-
une grange, la cour, la basse-cour, a barn, the yard, the poultry yard,
la laiterie, la serre chaude, le bétail, the dairy, the hot-house, the cattle,
de la paille, du foin, du blé, straw, hay, corn,
du maïs, une gerbe, une meule de foin, Indian corn, a sheaf, a stack of hay,
de l'orge, *m.*, de l'avoine, *f.*, du seigle, barley, oats, rye,
du houblon, une faux, une faucille, hops, a scythe, a sickle,
un pot de fleur, un arrosoir, une bêche, a flower-pot, a watering-pot, a spade,
un râteau, une houe, un fléau, a rake, a hoe, a flail,
un moissonneur, un faucheur, a reaper, a mower,
un hangar, un cheval, le harnais, a shed, a horse, the harness,
le mors, un fouet, les rênes *ou* guides, *f.* the bit, a whip, the reins,
le collier, une selle, une cravache, the collar, a saddle, a riding-whip,
des éperons, *m.*, la moisson, la récolte, spurs, the harvest, the crop,
la vendange, une maison de campagne, the vintage, a country-seat,
un pavillon, un berceau, une office. a summer-house, an arbor, a pantry.

XX.

UN THÉÂTRE, la salle, le parterre, A THEATRE, the house, the pit,
les loges, *f.*, la galerie, l'orchestre, *m.*, the boxes, the gallery, the orchestra,
les avant-scènes, *f.*, le chef d'orchestre, the stage-boxes, the leader,
le foyer, la scène, les décorations, *f.*, the green-room, the stage, the scenery,
les coulisses, *f.*, la toile, le spectacle, the wings, the curtain, the play,
les acteurs, *m.*, un acteur, une actrice, the performers, an actor, an actress,
le directeur, le souffleur, une pièce, the manager, the prompter, a play,
une tragédie, une comédie, un opéra, a tragedy, a comedy, an opera,

un ballet, un drame, un mélodrame,
une farce, un acte, une scène,
un entr'acte, une répétition, un rôle,
une représentation, un bal déguisé,
une salle comble, le public,
rappeler,
les applaudissements, *m.*, bis, bisser,
les battements de mains, *m.*, du bruit,
les sifflets,*m.*, une querelle,une dispute,
l'affiche, *f.*, un billet,
une contre-marque.

a ballet, a drama, a melodrama,
a farce, an act, a scene,
an interlude, a rehearsal, a part,
a performance, a fancy ball,
a crowded house, the audience,
to call out (before the audience),
the applause, encore, to encore,
the clapping, a noise,
the hissing, a quarrel, a dispute,
the bill, a ticket,
a check.

XXI.

UN VOYAGE, la voiture, le dehors,
une voiture découverte, l'intérieur, *m.*,
de la place, un siége, les voyageurs, *m.*,
les chevaux, les malles, *f.*, un sac,
un paquet, le départ, un adieu,
la route, un accident, l'arrivée, *f.*,
la réception, la ville, les faubourgs, *m.*,
une rue, une place, les réverbères, *m.*,
le pavé, le trottoir, les édifices, *m.*,
un magasin,une boutique, le comptoir,
les marchandises, *f.*, le marchand, *m.*,
les rayons, *m.*, une pratique, la vente,
un acheteur, un achat *ou* une emplette,
un marché, une condition, la banque,
une promesse, la bourse, un marché,
la grande poste, la petite poste,
le marché au poisson, un restaurant,
une auberge, un café, le garçon,
la fille, la carte, l'addition,
un bureau, un commis, une galerie,
un musée, une exposition, un pont,
un quai, la douane, un hôpital,
une caserne, une cour, une ruelle,
un coin, une borne, une voiture,
la portière, les stores, les roues,
l'essieu, le timon, le cocher,
un fiacre, un cabriolet, les chevaux,
un chariot (or with two wheels only),
un wagon, le monde, [une charrette,
le bruit, une foule, une assemblée,
un chemin de fer, la station,
un train, la locomotive, [gare,
l'embarcadère, *m.*, le débarcadère, la

A JOURNEY, the coach, the outside,
an open carriage, the inside,
room, a seat, the travellers,
the horses, the trunks, a bag,
a parcel, the departure, a farewell,
the road, an accident, the arrival,
the reception, the city, the suburbs,
a street, a square, the lamps, [ings,
the pavement, the sidewalk, the build-
a warehouse, a shop, the counter,
the goods, the shopkeeper,
the shelves, a customer, the sale,
a purchaser, a purchase,
a bargain, a condition, the bank,
a promise, the exchange, a market,
the general post-office, the penny post,
the fish-market, an eating-house,
an inn, a coffee-room, the waiter,
the maid, the bill of fare, the bill,
an office, a clerk, a gallery,
a museum, an exhibition, a bridge,
a quay, the custom-house, a hospital,
a barrack, a court, a lane,
a corner, a post, a carriage,
the door, the blinds, the wheels,
the axle-tree, the pole, the coachman,
a hackney-coach, a cab, the horses,
a cart,
a wagon, the people,
the noise, a crowd, a meeting,
a review, a railway, the station,
a train, the engine,
the depot.

XXII.

L'AME, *f.*, l'esprit, *m.*,
l'entendement, *m.*, le jugement,
la raison, la mémoire, une faculté,
le caractère, l'humeur, *f.*,
la douceur, la sensibilité,
l'honnêteté, *f.*, la sincérité, la bonté,
la gaieté, la vivacité, la docilité,
la patience, l'attention, *f.*,
l'étourderie, *f.*, la politesse, *f.*, [èreté,
la dureté, la malhonnêteté *ou* grossi-

THE SOUL, the mind,
the understanding, the judgment,
the reason, the memory, a faculty,
the temper, the humor,
mildness, sensibility,
honesty, sincerity, kindness,
gayety, liveliness, docility,
patience, attention,
giddiness, politeness,
harshness, rudeness,

la colère, l'amour, *m.*,	anger, love,
la haine, la jalousie, l'amitié, *f.*,	hatred, jealousy, friendship,
la tendresse, la reconnaissance,	tenderness, gratitude,
l'indifférence, *f.*, la paresse,	indifference, laziness,
l'oisiveté, *f.*, la négligence,	idleness, carelessness,
la tristesse, la timidité, la honte,	sadness, timidity, shame,
une idée, un raisonnement, un désir,	an idea, an argument, a desire,
un souhait, l'espérance, *f.*,	a wish, hope,
la crainte, la fermeté, le courage,	fear, firmness, courage,
la lâcheté, une qualité, un défaut,	cowardice, a quality, a defect,
une vertu, un vice, la sagesse,	a virtue, a vice, wisdom,
la prudence, la folie, la sottise,	prudence, madness, foolishness,
la hardiesse, la timidité, l'orgueil, *m.*,	boldness, bashfulness, pride,
la hauteur *ou* fièreté, le dédain,	haughtiness, disdain,
l'estime, *f.*, la louange, le mépris,	esteem, praise, contempt,
l'égoïsme, *m.*, une passion,	selfishness, a passion,
une inclination, un sentiment,	an inclination, a feeling,
une opinion, une pensée, la curiosité,	an opinion, a thought, curiosity,
l'obéissance, *f.*, l'ambition, *f.*,	obedience, ambition,
l'avarice, *f.*, la générosité,	covetousness, generosity,
l'humanité, *f.*, la charité, la pitié,	humanity, charity, pity,
un présent, un don *ou* un cadeau,	a present, a gift,
l'aumône, *f.*, l'humilité, *f.*,	alms, humility,
la simplicité, la droiture,	simplicity, uprightness,
l'honneur, *m.*, la conduite,	honor, the behavior,
une bonne action,	a good action,
une mauvaise action, une bassesse,	a bad action, a baseness,
la richesse, le luxe, un changement,	riches, luxury, a change,
la misère, la pauvreté, la détresse,	misery, poverty, distress,
l'abandon, *m.*, une faute, une erreur,	abandonment, a fault, a mistake,
la vérité, un mensonge, une promesse,	truth, a falsehood, a promise,
un souvenir, l'oubli, *m.*,	a remembrance, oblivion,
l'inquiétude, *f.*, un aveu, un secret,	uneasiness, a confession, a secret,
la fidélité, la joie, le chagrin,	fidelity, joy, sorrow,
un regret, le repentir, le bonheur,	a regret, repentance, happiness,
l'aise, *f.*, un malheur, un événement,	comfort, a misfortune, an event,
un accident, un contrariété, la santé,	an accident, a disappointment, health,
la force, la faiblesse, la constitution,	strength, weakness, the constitution,
un besoin, la faim, la soif,	a want, hunger, thirst,
l'appétit, *m.*, un cri, une larme,	an appetite, a cry, a tear,
un soupir, un sanglot, un signe,	a sigh, a sob, a nod,
la parole, le langage, une coutume,	the speech, the language, a custom,
une habitude, la sobriété,	a habit, sobriety,
la gourmandise,	greediness.

VOCABULARY

Of over 380 of the ADJECTIVES OFTENEST USED, alphabetically arranged.

These adjectives having been several times read over and memorized, the pupil will, with each one, compose small sentences, in which he will introduce an appropriate noun and verb. *Examples :* Il a un *bon* père, une *bonne* mère, de *bons* frères et de *bonnes* sœurs. Ce garçon est *méchant,* mais sa sœur n'est pas *méchante.* La moisson (harvest) sera *abondante* cette année (year).

In the following Vocabulary, adjectives are written in the masculine singular (see Grammar, No. 16). When an adjective forms its feminine irregularly we give it; letters in italic show those which have to be changed by the termination given. *Ex.:* Accusa*teur, m.,* accusa*trice, f.,* affectue*ux, m.,* affectue*use, f.* If there are no italic letters, the given termination is to be simply added. *Ex.:* Ancien, *m.,* ancienne, *f.,* annuel, *m.,* annuelle, *f.*

If the pupil has perfectly learned the verbs *Avoir* and *Être,* the four conjugations and the preceding Vocabulary of 2000 nouns, the exercise of forming sentences of his own will be easy and pleasant; let him remember well that French adjectives are placed after the nouns they qualify. A few are generally placed before, by exception to the general rule. In the following Vocabulary, those which must be placed before their nouns when used with the signification given, are noticed by an *asterisk;* thus, beau*, bon*.

A.

Abondant, absent, absurde, accessible, accoutumé, accusa*teur*-rice, accusé, adroit, adula*teur*-rice, affable, affamé, affectue*ux*-se, affranchi, agé, agile, agréable, aigre, aimé, alarmant, amère, amical, ancien-ne, anglais, annuel-le, antérieur, ardent, attenti*f*-ve, avantageu*x*-se, avare, avaricieu*x*-se, avide,

abundant, absent, absurd, accessible, accustomed, accusing, accused, clever, flattering, affable, starving, affectionate, freed, aged, agile, agreeable, sour, beloved, alarming, bitter, friendly, ancient, English, annual, anterior, eager, attentive, advantageous, miserly, avaricious, greedy.

B.

Bas-se, beau*, bel-le*, bénin-gne, bienfaisant, blanc-he, blanchâtre, bienveillant, blue, boiteu*x*-se, bon-ne*, borgne, bossu, boudeur-se, bouffon-ne, bre*f*-ve, brillant, brun, buveu*r*-se, brave*,

low, fine, benign, benevolent, white, almost white, benevolent, blue, lame, good, blind of one eye, broken-backed, pouter, buffoon, brief, brilliant, brown, drinking, honest.

17 *

C.

Caduc-que, capricieux-se, camus, causeur-se, certain*, chagrin, charitable, charmant, chaste, chaud, chauve, cher*, chéri, chrétien-ne, civil, clair, clément, comblé, commun, commode, compatible, complet-ète, conducteur-conforme, connu, consolant, [rice, constant, content, contraire, contrefait, convenable, coquet-te, couleur fauve, courageux-se, couronné, cramoisi, créateur-rice, criminel-le, cruel-le,

decaying, capricious, flat-nosed, talkative, certain, sad, charitable, charming, chaste, warm, bald, dear, cherished, christian, polite, clear, clement, loaded, common, convenient, compatible, complete, conducting, conformable, known, consoling, constant, glad, contrary, counterfeit, suitable, coquettish, fawn colored, courageous, crowned, crimson, creator, criminal, cruel.

D.

Dédaigneux-se, délicat, demi, dénonciateur-rice, dénué, déshonnête, désireux-se, dernier-ère*, dévot, dévoué, difficile, difficulteux-se, digne*, discret-ète, différent, docile, dormeur-se, douillet-te, doux-ce, droit, dur,

disdainful, delicate, half, denouncing, destitute, dishonest, desirous, last, lowest, pious, devoted, difficult, very difficult, worthy, discreet, sundry, docile, sleeper, soft, sweet, straight, hard.

E.

Écarlate, économe, enchanté, enclin, ennemi, entêté, enragé, envieux-se, épais, estropié, éternel-le, étroit, exact, excessif-ve, exempt, expérimenté, expert, extérieur,

scarlet, economical, delighted, subject, inimical, stubborn, enraged, envious, thick, crippled, eternal, narrow, punctual, excessive, free, expert, skilled, exterior.

F.

Facile, fâché, faible, fantasque, farceur-se, faux-sse, favori-te, favorable, fécond, fidèle, fier-ère, fin, flatteur-se, formidable, fort, fou, fol-le, froid, frais-che, franc-he*, français, funeste, furieux-se,

easy, angry, feeble, fantastic, joking, false, favorite, favorable, fertile, faithful, proud, fine, flattering, formidable, strong, foolish, cold, cool, frank, French, fatal, furious.

G.

Gai, galant*, généreux-se, glorieux-gonflé, grand*, grec-que, gris, [se, grisâtre, gris de fer, grondeur-se, gras-se, gros*, grossier-ère, guerrier-ère,

lively, honorable, generous, glorious, swollen, grand, grecian, gray, grayish, iron gray, scolder, fat, big, stout, rude, warlike.

H.

Habile, hardie, haut, hautain, heureux-se, honnête, honteux-se, humble,

able, bold, high, haughty, happy, honest, shameful, humble.

I.

Ignorant, impatient, impénétrable, importun, imprudent, inaccessible, incapable, incompatible, inconnu, inconstant, indépendent, indiscret, indocile, indulgent, infatigable, inférieur, infidèle, inexorable, ingrat, injuste, innocent, inquiet-ète, insensé, inséparable, insolent, instructi*f*-ve, intérieur, invulnérable, irréconciliable, ivre,

ignorant, impatient, impenetrable, intrusive, imprudent, inaccessible, incapable, incompatible, unknown, inconstant, independent, indiscreet, indocile, indulgent, indefatigable, inferior, faithless, inexorable, ungrateful, unjust, innocent, anxious, out of one's wits, inseparable, insolent, instructive, interior, invulnerable, irreconcilable, drunk.

J.

Jaune, jaunâtre, jeune*, joli*, julou*x*-se, joueu*r*-se, jovial, joyeu*x*-se, juste,

yellow, yellowish, young, pretty, jealous, playful, jovial, joyful, just.

L.

Lâche, laid, laci*f*-ve, large, las-se, lég*er*-ère, libéral, libre, long-ue*, louche,

cowardly, ugly, lazy, wide, weary, light, liberal, free, long, cross-eyed.

M.

Maigre, malade, majeur, maladroit, malheureu*x*-se, malhonnête*, mali*n*-gne, massi*f*-ve, mauvais, méchant*, meilleur*, mélancolique, même*, menteu*r*-se, merveilleu*x*-se, mignon-ne, mince, misérable, miséricordieu*x*-se, modeste, moindre*, mou, mouillé, muet-te,

thin, sickly, of age, awkward, unhappy, dishonest, cunning, massive, bad, wicked, better, melancholy, same, liar, marvellous, darling, thin, miserable, merciful, modest, least, soft, wet, mute.

N.

Naturel-le, négligent, net-te, neu*f*-ve, noir, noirâtre, noble, nouveau*, nouvel-le*, nuisible, nul-le, nu,

natural, careless, clean, new, black, blackish, noble, new, news, hurtful, void, naked.

O.

Oblong-ue, odieu*x*-se, officieu*x*-se, oisi*f*-ve, ombrageu*x*-se, opiniâtre, opposé, orange, orgueilleu*x*-se,

oblong, odious, officious, lazy, shy, obstinate, contrary, orange, proud.

P.

Parfait*, pareil-le, paresseu*x*-se, parleu*r*-se, patient, pauvre, paysa*n*-ne, perfide, pesant, peureu*x*-se, petit*, pieu*x*-se, plaisant*, plein, poli, porté, préférable, préjudiciable, présent, prêt, prêteu*r*-se, prodigue, profane, prompt, propre, propice, protec*teur*-rice, prudent, pur,

perfect, similar, lazy, talkative, patient, poor, paltry, countrified, deceitful, heavy, fearful, small, little, mean, pious, ridiculous, full, polite, inclined, preferable, injurious, present, ready, lending, extravagant, profane, quick, fit, clean, propitious, protecting, prudent, pure.

R.

Rancunier–ère, raro, ravi, ravissant,	rancorous, rare, delighted, ravishing,
rebelle, reconnaissant, réel–le,	rebellious, grateful, real,
remarquable, rempli, riche, rond,	remarkable, filled, rich, round,
rouge, rougeâtre, roux–sse, rusé,	red, reddish, red, cunning.

S.

Sage, saint*, sale, satisfait,	good, wise, holy, dirty, satisfied,
savant, sec–èche, secret–ète, sensé,	learned, dry, secret, sensible,
sensible, seul*, simple, sincère,	sensible, single, simple, sincere,
sobre, soigneux–se, sot–te*, sourd,	sober, careful, fool, deaf,
subtile, sujet–te, superieur, sûr,	subtile, subject, superior.

T.

Tapageur–se, téméraire, timide,	noisy, bold, timid,
tors, tracassier–ère, tranquille,	crooked, troublesome, quiet,
tributaire, triste*, trompeur–se,	tributary, sad, deceitful,
turc–que,	Turkish.

U.

Umide, utile,	damp, useful.

V.

Vaillant, vain, valeureux–se, verdâtre,	brave, vain, valorous, greenish,
véritable*, vermeil–le, vert,	genuine, crimson, green,
vertueux–se, vicieux–se, vieillot–te,	virtuous, vicious, oldish,
vieux*, vieil–le*,	old,
vigoureux–se, vindicatif–ve,	vigorous, vindictive,
violet–te, voisin, vrai*,	violet, near, true.

Z.

zélé,	zealous.

www.ingramcontent.com/pod-product-compliance
Lightning Source LLC
Chambersburg PA
CBHW020555270326
41927CB00006B/855